College Journalism &
Communication Series

高等院校新闻传播学系列教材

蔡铭泽◎著

XINWEN CHUANBOXUE

新闻传播学

第四版

暨南大学出版社
JINAN UNIVERSITY PRESS

中国·广州

图书在版编目（CIP）数据

新闻传播学/蔡铭泽著. —4 版. —广州：暨南大学出版社，2014.4
（2020.9 重印）
（高等院校新闻传播学系列教材）
ISBN 978 - 7 - 5668 - 0916 - 2

I. ①新… Ⅱ. ①蔡… Ⅲ. ①新闻学—传播学—高等学校—教材 Ⅳ. ①G210

中国版本图书馆 CIP 数据核字（2014）第 018569 号

新闻传播学（第四版）
XINWEN CHUANBOXUE（DISIBAN）
著者：蔡铭泽

出 版 人：张晋升
责任编辑：潘雅琴
责任校对：王嘉涵
责任印制：汤慧君　周一丹

出版发行：暨南大学出版社（510630）
电　　话：总编室（8620）85221601
　　　　　营销部（8620）85225284　85228291　85228292　85226712
传　　真：（8620）85221583（办公室）　85223774（营销部）
网　　址：http://www.jnupress.com
排　　版：广州市天河星辰文化发展部照排中心
印　　刷：佛山市浩文彩色印刷有限公司
开　　本：787mm×960mm　1/16
印　　张：17.75
字　　数：320 千
版　　次：2003 年 9 月第 1 版　2014 年 4 月第 4 版
印　　次：2020 年 9 月第 18 次
印　　数：61001—64000 册
定　　价：36.00 元

作者简介

　　蔡铭泽，男，1956 年 11 月出生，湖南岳阳人，暨南大学教授、博士生导师。本科和研究生毕业于湘潭大学，获历史学学士学位和法学硕士学位；博士研究生毕业于中国人民大学新闻学院，获法学（新闻学）博士学位。先后在湘潭大学、中国人民大学、广州师范学院、暨南大学任教。曾任暨南大学新闻与传播学院院长，兼任教育部高等学校新闻学学科教学指导委员会委员、中华全国新闻工作者协会特邀理事、中国新闻史学会副会长、广东省新闻学会副会长。发表学术论文近百篇，出版专著 5 部，参撰学术著作与教材 6 部。其中，《中国国民党党报历史研究》（团结出版社 1998 年 8 月初版，2013 年 1 月重印，台湾花木兰文化出版社 2013 年 9 月再版)、《〈向导〉周报研究》（福建人民出版社 2004 年版)、《新时期广东报业发展研究》（福建人民出版社 2006 年版)、《新闻细语》（南方日报出版社 2007 年版)、《兴稼细语》（暨南大学出版社 2012 年版）均获新闻学界与读者好评。教学科研之余，发表治学、为人、处世之心得著述。此类文章，言简意赅，文辞考究，日积月累，粲然可观。同时，潜心书翰，于晋唐法帖勤于临习，颇具心得。

君子居其室出其言善則千里之外應
之況其邇者乎居其室出其言不善則
千里之外違之況其邇者乎言出乎身
加乎民行發乎邇見乎遠言行君子之
樞機樞機之發榮辱之主也言行君子
之所以動天地也可不慎乎
戊戌之春二月初六
興稼蔡銘澤書

第四版修订重印说明

应市场需求，《新闻传播学》迎来第16次修订后的重印。此次修订主要集中于以下两点：一是增加和调整了新媒体发展及媒介生态环境的相关内容；二是概括和补充了中共十八大以来，中国共产党人关于新闻传播思想的主要观点。上述修订内容分布于各相关章节中。担负此次修订任务的是暨南大学新闻与传播学院的黄雅兰博士。对她的辛勤劳动，本人深表谢意。对全部书稿，责任编辑潘雅琴同志和本人作了认真审读和校订。虽然如此，书中难免尚有不足之处，期待广大读者批评指正！

蔡铭泽
2018年4月于广州暨南大学松泉居

第四版重印说明

应时代变化和市场需求，《新闻传播学》得以再次修订出版。这次修订主要更新了新闻媒介迅速发展的一些数据，并增加了一些切合实际的案例。同时，将近两年来本人在新闻教学实践中所体悟和表述的一些比较成熟的观点吸纳于其中。虽然力求精当，但限于学识，本书仍有许多不足之处。恳请专家学者和广大读者继续赐教。

蔡铭泽
2016 年 3 月于广州松泉居

第四版说明

　　检视本人治学历程，至今已发表近百篇论文，出版或参撰专著 11 部。这些均为作者心血之作，其中较满意者有二：一是《中国国民党党报历史研究》，二是《兴稼细语》。现在，暨南大学出版社决定将《新闻传播学》第四次修订第十三次印制，发行量可望突破 50 000 册。如此，本书或可成为本人较为满意的第三本书。书逢其盛，由来有因。作者身处南粤，求真务实，对新闻传播学研究中的敏感话题敢于发表见解。历史证明，这些见解并无不妥，已获广泛认同。暨南大学出版社人文社科分社总编辑潘雅琴先生严格把关，求善求美，精益求精，只言片语，未敢稍纵，从而提升了本书的品质。这次修订，在保留第三版主题架构和基本内容的前提下，更新了部分数据和案例，调整了有关新媒体发展的论述，大量压缩了事例性和过程性的论述，其中，第三章第二节第四目"网络媒体及其传播特点"和第五目"媒介融合及其发展趋势"由麦尚文博士协助修订。借此机会，谨向长期以来关心本书的专家学者、广大读者、朋友和家人表示衷心感谢。

蔡铭泽

2013 年 12 月于广州松泉居

第三版说明

　　《新闻传播学》第三版是在该书第二版基础上修订而成的。此次修订主要基于两方面考虑：一方面，随着中国民主政治的不断进步，新闻传播理念不断更新。作为新闻传播学教材，有必要及时关注和反映这方面的进展。另一方面，契合新闻传播教育迅速发展的需要，本书先后3次改版修订，12次印刷，累计发行量达43 000册。有鉴于此，暨南大学将本书纳入研究生教材建设计划，本人亦乐观其成。

　　基于上述考虑，此次修订主要有三个方面：其一，将原第四章第一节"传播符号"扩充并独立成章，是为第四章。而原第四章"新闻传播过程"其余部分，则作为第五章，以下依次类推。其二，为反映新闻传播事业发展的最新变化，更新了一些重要数据，丰富了一些理论观点。其中，特别重要的增加有两处：一是在第三章第二节"新闻传播媒介"中增加了第五目，即"媒介融合及其发展趋势"。这部分的资料和初稿是由我的研究生潘成均同学提供的。二是在第八章第四节"新闻精品及其新闻美"中增加了第三目、第四目，即"新闻传情"和"新闻审美意象"。另外，在第二章"新闻"第一节中，将第三目析解为第三、第四目，即第三目"新闻的本源是事实"，第四目"新闻必须用事实说话"。其三，考虑到新闻传播事业的经营管理属于管理学范畴，删除了原第七章第五节"新闻传播事业经营管理"。

　　本书修订，可谓积累于平时而形制于一刻。吾不才，唯有以勤补拙，择善而从。为尊重历史，感念同仁，仍将此前各版后记收录于后。古人云："人心惟危，道心惟微，惟精惟一，允执厥中。"当今社会急剧变化，有识之士理应诚信为本、敬业无忧，以为学术之风范。

蔡铭泽

2010 年 8 月于广州松泉居

再版说明

　　暨南大学出版社已出版由本人主编的两本新闻传播学教材，一本是《新闻学概论新编》（1998 年 8 月第 1 版，2004 年 7 月第 2 版，2006 年 1 月第 8 次印刷），一本是《新闻传播学》（2003 年 9 月第 1 版，2005 年 8 月第 2 次印刷）。两书分别印制 28 000 册和 9 000 册，共计 37 000 册。

　　现在，根据需要，出版社决定修订再版《新闻传播学》一书。为避免内容重叠，作者决定将两书合并，以《新闻传播学》书名行世。在本书较长时间的修订过程中，参撰者真诚协作，责任编辑潘雅琴副编审悉心指导，部分读者专函、专电匡误。设若本书质量有所提升，首先应归功于他们的合作与指导。对此，本人深表感激。

　　时序绵延，品物流形。南下广州，转瞬十有三年。其间，作者先后在广州师院和暨南大学任教，并主持两校新闻院系工作。聚才谋事，教书育人，耗费几多心血。幸赖领导关怀、同仁戮力，两校新闻教育各有所成。广州师范学院新闻系规模初具、特色鲜明；暨南大学新闻学院老树新枝、申报博士点成功。事业遂而身不居，车马稀而嘈杂远，心神宁而智慧生。风云际会，岁月如歌，相闻相交相识相知者，不知其几也。特将此前两书各版后记收录于后，以为历史见证，聊表感激之心。

蔡铭泽

2007 年 10 月于广州暨南园

第一版说明

　　1997 年国务院学位委员会决定在新闻学和传播学的基础上设立新闻传播学一级学科。为适应新闻传播学学科迅速提升的新形势，近年来，国内诸多新闻传播学家进行了广泛的研究，出版了一批新成果。本人不揣冒昧，忝列其中，冀以枝蔓之得求教于专家学者和读者。

　　本书根据传播学的基本架构，分为"新闻传播要素及其流程"和"新闻传播事业及其基本原则和方法"两大部分，并相应设置八章，目的是求其体系上的完整性。在内容方面，本书参考了国内外新闻学和传播学已有的研究成果，并大量吸收了新闻传播业界的新经验，以期保持内容上的实用性和新鲜感。

　　本书参考了本人编著的《新闻学概论新编》（暨南大学出版社 1998 年版），并保留了其中部分内容。原广州师范学院新闻传播系邱奇志、李近、严三九、李法宝等老师曾为《新闻学概论新编》提供部分初稿。暨南大学新闻与传播学院 2002 级研究生霍敏同学和支庭荣老师分别为本书提供了第四章第四节和第七章第四节的初稿。对他们的合作，本人深表谢忱。

　　本书的出版得到潘雅琴副编审的督促和指导，她为此书付出了大量艰辛、细致和创造性的劳动。对她的敬业精神和专业水平，本人由衷敬佩。

　　文章有佳境，可望而不可即。本书虽经作者和编辑的长期努力，但缺点错误仍在所难免。衷心希望专家和广大读者批评指正。

蔡铭泽
2003 年 8 月于广州暨南园

目　录

第一章
绪　论

内容提要

　　新闻传播事业是一项重要的社会事业，它能够深刻地影响人们的生活。新闻传播学是专门研究新闻传播事业的产生、发展及其规律的科学。具体来说，它包括对新闻、新闻传播、新闻传播要素、新闻传播效果、新闻传播事业、新闻传播事业与社会其他相关事业之间关系等方面的探讨。

第一节 新闻传播事业的广泛影响

一、新闻传播事业是一项重要的社会事业

新闻传播活动，自古有之。可以说，自从有了人就有了新闻传播活动。但是，真正的新闻传播事业则是在资本主义商品经济充分发展之后，于16—17世纪产生的。从那时起，新闻传播事业从小到大、从少到多、从弱到强、从简单到复杂，直至发展成今天数量如此繁多、规模巨大、影响深远的大众传播事业，它在整个社会生活中扮演着极为重要的角色。

据统计，进入21世纪之际，世界各种报刊已超过18万种，其中日报1万多种，广播电台、电视台5 000多座，电视机5亿多台。改革开放以来，中国内地的新闻传播事业飞速发展。随着传播技术的发展，电脑、网络、手机等新媒体突飞猛进，正在改变新闻传播事业的格局。据2018年1月由中国互联网信息中心（CNNIC）发布的《第41次中国互联网发展状况统计报告》统计，截至2017年12月底，中国网站数达到533万个（2011年为230万个，年增长率超过10%），域名总数3 848万个，国际出口带宽为7 320 180Mbps，半年增长10.2%；中国网民规模达到7.72亿，互联网普及率55.8%，较2016年底增加2.6个百分点；从上网方式来看，手机网民7.53亿，较2014年增加5 734万人，使用手机上网人群的占比由2016年的95.1%提升至97.5%；从城乡分布来看，农村网民为2.09亿人，占网民总数的27%，比2016年增加793万；从年龄结构来看，我国网民以10~39岁群体为主，该群体占整体网民的73%，10岁以下和50岁以上的群体分别占比3.3%和19.4%，与2016年底相比，60岁以上高龄群体的占比有所提升，互联网继续向高龄人群渗透；从使用时间来看，网民每周平均上网27小时，比2016年提高0.6小时；从网络应用来看，我国网络新闻用户规模为6.47亿，年增长率为5.4%，其中，手机网络新闻用户规模为6.2亿。据抽样统计，每天人们通过论坛、新闻评论、博客、微信等渠道发表的言论数以亿计，超过66%的中国网民经常在网上发表言论，就各种话题进行讨论，充分表达思想观点和利益诉求。各类新闻

传播事业的从业员工约 350 万人，其中从事采、编、播、译和其他工作的新闻工作者包括网络新闻传播从业人员一百多万人。以如此庞大的人力、设备、财力和信息资源凝聚起来的新闻传播事业，已经成为现代社会中的一种令人瞩目的、须臾不可分离的、心神向往的重要事业。

新闻传播事业作为联系社会各行各业的中介，每时每刻为人们传来各种各样的信息，深刻地影响着人们的生活、工作和学习。这些信息能够满足人们的需求，使人们了解外部世界，从而更好地适应和改造外部世界。这些信息能够增长人们的见识和才干，提高自身的素质，更好地求得生存和发展。这些信息能够解除人们由于紧张劳动而产生的疲劳，娱乐人们的身心，陶冶人们的情操。这些信息能够促成人与人之间资源共享，协调人们之间的相互关系，维护社会的稳定和推动社会的进步。

正因为新闻传播事业具有这种社会中介组织的性质和影响社会舆论的功能，所以各个阶级、政党、团体和国家往往利用它作为宣传工具，作为自己的喉舌。在阶级社会中，新闻传播事业的工具性特点又使得它具有阶级性，经常被用来作为阶级斗争的工具。特别是在阶级斗争激烈的时候（如军事政变），新闻传播事业更是被用来作为阶级斗争和阶级专政的工具。这种情况在资本主义社会是这样，在社会主义社会也是这样。在社会和平发展时期，新闻传播事业是执政党及其国家推行自己的路线、方针和政策，促进经济改革，维护社会稳定，凝聚社会人心的工具和渠道。新闻传播事业是党和国家以及人民的喉舌，这在社会主义中国已经形成广泛的共识。中国共产党的领导人一再强调，新闻传播事业是社会主义的经济基础在上层建筑领域的反映，新闻传播事业是党和国家以及人民的喉舌，新闻传播事业在社会的稳定和发展中担负着传播新闻信息和舆论导向的重要任务。

新闻传播事业既是党和国家的重要喉舌，也是一种独立核算、自主经营的社会经济单位，具有法人资格。新闻传播事业产生之初，本来就是一种传递经济信息的工具和一部分人的谋生手段。19 世纪 30 年代以后，随着世界工业革命的兴起，新闻传播事业在大众化和企业化的轨道上突飞猛进，逐渐成了实力雄厚的企业。中国社会在经过近一个半世纪的动荡之后，终于在 20 世纪 80 年代迎来了自己的辉煌时代。在社会的深刻变革中，新闻传播事业也获得了巨大的发展动力，显示出勃勃生机。改革开放之前，中国新闻传播事业的经费完全靠国家行政拨款，房屋矮小，机器陈旧，版面简单，员工待遇低下。改革开放以来，新闻传播事业已实力大增，旧貌新颜。一般来说，大的新闻单位特别是东南沿海地区的新闻单位，已经积累了数以十亿、几十亿元计的资产，建造了高大华丽的办公楼所，添置了最先进的机器设备，每天刊播大量的新闻和其他各种信息。可见，我国新闻传播事业已成为现代社会物质文明和精神文明的标志之一。

二、新闻传播事业极大地影响着人们的生活

新闻传播事业之所以能够存在和发展，主要是因为它和人们的生存和发展密切相关，它能够深刻地影响人们的思想、行为和生活方式。这种影响可以从积极和消极两个方面来分析。

从积极方面看，主观和客观的沟通，个人的生存和发展，社会的稳定和进步，都离不开新闻传播事业。新闻传播事业能够提供人们生存和发展所必需的信息，从某种意义上说，它和食品、水分及阳光一样，是现代人生活的必需品。在现代社会中，每个人的生存和发展都与新闻传播事业息息相关。他们需要利用新闻传播媒介接受和吸收新的信息和知识营养，从而形成良好的内在传播和外在传播体系，这样他们才能健康地生存和发展。人们通过接触新闻媒介将外部世界的面貌和秩序"内化"为心中特有的"背景图像"。正是通过这种"背景图像"，人们将自己的认识和理解与客观外界实现"视界融合"。在特定的情况下，新闻传播事业也能够激励和警诫人们积极进取、弃恶从善。在社会民主政治生活中，新闻传播事业能够给人们提供参政议政、行使民主权利的渠道，这是国家长治久安的基础。即使是在封建专制时代，信息传递渠道畅通也是维持太平盛世的基础；如果信息阻滞、言路闭塞，则会酿成国破家亡的惨祸。史载，唐代天宝年间因"安史之乱"，唐玄宗李隆基流浪到马嵬坡。有老父郭从谨进言曰："禄山包藏祸心，固非一日，亦有诣阙告其谋者，陛下往往诛之，使得逞其奸逆，致陛下播越。是以先王务延访忠良以广聪明，盖为此也。臣犹记宋璟为相，数进直言，天下赖以安平。自顷以来，在廷之臣以言为讳，惟阿谀取容，是以阙门之外，陛下皆不得而知。草野之臣，必知有今日久矣，但九重严邃，区区之心无路上达。"① 在当代中国的民主政治建设中，新闻传播事业更是必不可少的重要因素。当前，以微博、微信等为代表的新兴信息与传播技术更是以其快捷便利、双向互动、个性化传播等特征促进着公众的政治表达以及官民之间的政治沟通。

从消极方面看，由于新闻传播事业具有工具性的特点，它的消极作用也是十分明显的。首先，它常常被用来作为专制统治者和野心家的工具，对社会的进步造成极大的破坏。在封建社会，虽然还没有正式的新闻传播事业，但是封

---

① 司马光. 资治通鉴（卷二百一十八）. 北京：中华书局，1956.

建统治者对出版印刷的控制是非常严密的。第二次世界大战以前和战争期间，德国和日本法西斯独裁者就利用新闻传播事业来宣传自己的战争政策，剥夺人们的言论自由。在中国无产阶级"文化大革命"期间，也有类似的情况发生，林彪、"四人帮"曾利用新闻媒介作为他们对广大人民"全面专政"的工具。其次，在种族冲突中，它常常被冲突的双方利用作为传播仇恨的工具，造成成千上万生命的丧失和社会的分裂。再次，新闻传播事业常常被一些企业用来刊登不良广告，欺骗消费者，推销伪劣产品，危害社会。同理，一些不良新闻传播者也可能利用新闻传播媒介勒索企业和败坏企业名声，从而给企业带来灭顶之灾。此外，一些素质低下的新闻工作者还利用新闻传播媒介来张扬色情和暴力，揭露和侵害他人的隐私和名誉，甚至置人于死地。1997 年 8 月 31 日，英国王妃戴安娜在巴黎遭遇车祸丧生，这在很大程度上是被一些小报记者围追堵截逼迫所致。2001 年 9 月 11 日，发生在美国的恐怖袭击事件造成纽约世界贸易中心大厦倒塌和数以千计的人员伤亡。其恐怖手段之阴险狠毒和新闻传播媒介平时大量传播有关血腥暴力的信息不无关系。随着互联网的迅猛发展，人们有了更便捷的获得新闻信息的渠道，但是互联网上虚假信息充斥，色情暴力泛滥，又使人们面临许多陷阱，甚至感到迷茫。

这说明，新闻传播事业是一把"双刃剑"，运用得当可以促进个人的全面发展，推动社会进步；掌控失度，则可能危害个人安全，妨害社会管理。因此，人们特别是新闻传播工作者在充分发挥其积极作用的同时，也应该注意避免其消极作用。

新闻传播事业之所以能深刻地影响人们的生活，主要有以下三个方面的原因：首先，新闻是人们日常生活中不可缺少的精神食粮。人们的日常生活，除物质生活条件以外，还需要精神生活。而精神生活的主要来源之一就是新闻传播。其次，人类具有了解自然界和社会新近变动的欲望，新闻传播学将人们的这种欲望称为"新闻欲"。新闻欲是指人类了解社会或自然界新近变动的一种欲望，这种欲望是人的社会联系的必然产物，是人的求知欲的组成部分。正是人们与生俱来的"新闻欲"促使人们去接触新闻传播媒介，去追求新闻信息，去理解新闻信息的含义。再次，新闻传播事业能够为人们了解自然和社会提供必要的信息，是人们求得生存和发展的重要手段。人们具有追求新闻信息的欲望，而新闻传播媒介正是满足人们这种欲望的最佳工具。由此可见，新闻传播事业是人们求得生存和发展的必要条件之一。

第二节　学习和研究新闻传播学的意义

一、社会全体成员都应学习新闻传播学基本知识

新闻传播事业已经成为现代社会中的一种令人瞩目的、须臾不可分离的、心驰神往的重要事业。它深刻地影响着人们的生活、工作和学习。如何更好地认识新闻传播媒介，批评新闻传播媒介和利用新闻传播媒介，已经成为人们所面临的一个重要问题。因此，所有社会成员都应该学习和了解新闻传播学的基本知识。这主要由以下三个方面决定：

第一，正确地认识新闻传播媒介是每个社会成员必备的基本常识。在当今信息社会，新闻传播已经成为社会全体成员须臾不可或缺的重要工具。报纸、广播、电视、互联网等媒介将每一个人和外部世界紧密地联系在一起，深刻地影响着人们的生活、工作和学习。这就要求每一个社会成员要了解新闻传播媒介的性质和功能，树立正确的新闻信息观念和新闻传播媒介观念。

第二，正确地利用新闻信息是每个社会成员求得生存和发展的必要条件。新闻传播能够给人们提供所需要的各种信息，这些信息帮助人们了解外部世界，适应和改造外部世界，更好地求得生存和发展。这些信息能够清除人们由于紧张劳动而产生的疲劳，娱乐人们的身心，陶冶人们的情操。如果不接触新闻传播媒介或不能正确利用新闻传播媒介，人们的生存和发展就会受到严重的影响。

第三，批评新闻传播媒介和监督新闻传播媒介是每个社会成员应有的职责。新闻传播者（含新闻传播媒介）和受众（包括读者、听众和观众）是新闻传播过程中的两个行为主体，新闻传播媒介代表受众对政府实行监督，同时也应该自觉地接受受众的监督，这样才能形成一个良好的舆论环境。从根本上说，新闻传播者和新闻媒介是为受众服务的。但是，在实际工作中，有些新闻传播媒介往往出于政治和经济方面的压力，或出于一己之私利而歪曲事实、误导舆论、"贩黄贩毒"。这些信息垃圾严重毒化社会风气，对于心智发育未全的青少年危害尤甚。

因此，应该在全社会特别是在中小学开设有关新闻传播媒介教育的课程，以帮助人们正确地认识新闻传播媒介，合理地利用新闻传播媒介，自觉地抵制来自各类新闻传播媒介的信息垃圾。

二、学习和研究新闻传播学有利于做好新闻工作

对于新闻传播者来说，学习和掌握新闻传播学具有重要的意义。概括地说，通过学习和研究新闻传播学，可以帮助他们更好地总结和了解新闻传播事业发展的基本规律，指导新闻工作实践。

由于历史的原因，有些新闻工作者没有接受过正规的新闻教育，于是，他们片面地认为，新闻工作者即使不学习或少学习新闻传播理论也可以做新闻工作。应该说，这种认识是片面的，也是不正确的。同其他任何事物一样，新闻传播事业也有自己的发展规律，例如，真实性原则、党性原则、科学技术水平决定新闻传播事业的面貌等等。就其根本而言，新闻传播事业发展的根本规律主要有两条：一条是新闻传播事业的产生和发展及其状况是由社会生产力的发展水平决定的；另一条是新闻传播事业必须不断地满足受众的需求。

第一，社会生产力的不断发展是推动新闻传播事业不断进步的根本动因。新闻传播活动是人类最基本的活动之一，自从有了人类，就有了新闻传播活动。从根本上说，新闻传播活动和新闻传播事业之所以能够产生，是由于它能满足人类生存和发展的需要。但是，由于社会生产力的低下，在很长时间内，人类的新闻传播活动一直停留在比较低的层次上，没有出现正规的新闻传播事业。新闻传播事业是社会生产力发展到一定阶段的产物，是资本主义商品经济充分发展的结果。从这个意义上说，有什么样的社会生产力就有什么样的新闻传播事业，社会生产力水平的高低决定新闻传播事业的面貌。当今一些发达国家（如美国、日本）的社会生产力水平比较高，相应地，他们的新闻传播事业的发展水平也比较高。我国是一个发展中国家，虽然改革开放以来社会生产力有了很大提高，但仍然处于社会主义初级阶段。一方面，改革开放以来，我国社会生产力有了全面的发展，新闻传播事业有了飞速的进步；另一方面，和西方发达国家相比，我国的社会生产力还不高，地域之间的发展还不平衡，人民的生活还不富裕，新闻传播事业的状况也还不令人满意。因此，我们的新闻传播事业仍然需要进一步改革，不改革是毫无作为的，但是这种改革又不能盲目照抄照搬西方国家的模式，应该从我国的基本国情出发。

第二，受众需求的变化是新闻传播事业形式和内容不断改进的根本动因。在新闻传播活动中，人民群众是新闻事实的创造者、新闻传播的接受者和新闻

传播事业服务的对象。社会生产力的发展，主要表现为人民群众生活水平的改善和人民群众素质的全面提高。人民群众是社会生产力中最活跃的因素，人民群众的需求是随着社会的不断进步而不断变化和发展的。人民群众不断增长的对于物质和文化生活的需要，是推动社会生产力不断发展的根本动力，也是新闻传播事业产生和发展的根本动力。改革开放以来，我国的社会生产力水平已经有了极大的提高，人民群众的思想观念、生活方式和道德情操已经发生了极大的变化。据中国社会科学院陆学艺等人研究，目前我国形成了十大社会阶层①，即国家与社会管理者阶层，经理人员阶层，私营企业主阶层，专业技术人员阶层，办事人员阶层，个体工商户阶层，商业服务人员阶层，产业工人阶层，农业劳动者阶层，城乡无业、失业人员阶层。这种社会阶层的新分化构成了受众分化的基础，而受众的不断分化直接导致了传播方式的嬗变和媒介分层化现象的出现。20 世纪 90 年代以后，中国受众开始向细分化和小型化方向发展，于是先后出现过"晚报热""都市报热"和"专业报热"等现象。在这种情况下，中国新闻传播事业党报（台）一统天下的局面开始改变，一种以党报（台）为主，包括晚报、都市报和专业报（频道）在内的多层次的媒介结构已经形成。与此相适应，传播的形式逐渐开始由大众传播向大众传播、分众传播与小众传播并存的格局转变。传播内容也逐渐由比较单一的时政新闻传播向以时政新闻为主，包括经济、科技、娱乐、民生新闻在内的全方位新闻信息传播转变。因此，在当前如何不断地满足人民群众（受众）的需求，如何为人民群众提供更多的生产、生活信息和精神食粮，既是新闻传播学研究中的一个重要的理论问题，也是新闻传播事业改革中的一个重要的实际问题。

三、学习和研究新闻传播学有利于推进新闻改革

新闻传播者通过系统的新闻传播理论的学习和对自身新闻传播实践经验的总结，就能逐渐掌握新闻传播事业的发展规律，达到以"学"驭"术"、事半功倍的效果。这一点，可以从我国改革开放以来新闻改革的发展历程中得到充分的证明。

改革开放以来，我国新闻改革大致经历了以下四个时期：

第一，拨乱反正时期（1978—1982）。"文化大革命"结束后，新闻界在揭发批判"四人帮"的同时，结合自身的特点深入批判了长期以来极"左"路线所推行的新闻专制主义，摒弃了"报纸是阶级斗争工具"的观点，重新

---

① 陆学艺．当代中国社会阶层研究报告．北京：社会科学文献出版社，2002.

肯定了新闻媒介的基本功能和中国共产党新闻工作的优良传统。这些传统包括新闻真实性的传统、批评和自我批评的传统以及为人民服务的传统。由于这些优良传统的恢复和发展，我国新闻传播事业基本步入了按新闻传播规律办事的轨道。

第二，全面探索时期（1983—1989）。这一时期新闻改革全面起步，并向纵深发展。随着整个国家改革开放步伐的加快，新闻界一方面要求澄清和恢复一些积极探索并且为实践证明是正确的新闻理论，另一方面开始打破同西方新闻界完全隔绝的状况，引进西方传播学的概念。同时，新闻界进一步肃清"假、大、空"的"帮八股"文风，提倡"短、小、精"的新文风。这一时期新闻改革特别是新闻业务改革是积极的、有成效的，但有些观点（如盲目照搬西方新闻自由理论）不符合我国国情，不能为中国政治体制所接纳，结果使新闻改革遭受挫折。

第三，反思发展时期（1990—2000）。1989 年政治风波之后到 1997 年 9 月中共"十五大"的召开，我国新闻界通过反思，达成了对于新闻传播事业性质"行政事业单位，企业化经营管理"的共识。按照这种认识，我国新闻传播事业无论在数量上还是质量上都有了全面深刻的发展。一方面，随着电子计算机的迅速更新换代和信息交互网络的迅速普及，各种新闻媒介相互竞争、相互融合，新闻传播事业日新月异。如果仅从技术装备层面看，我国特别是东南沿海地区的新闻传播事业和世界先进国家的新闻传播事业已无明显差异。另一方面，随着社会主义市场经济体制的逐渐建立和完善，新闻传播事业在社会中的地位和作用有了全新的内涵。1996 年 1 月，我国第一家报业集团——广州日报报业集团成立后，中央和全国各省、市、自治区的主要新闻单位均成立了报业集团或广播电视集团。如果仅从社会意义上看，我国新闻传播事业已经确立了独立的法人地位，新闻传播者也确立了在新闻传播过程中的主体地位。这些成就的取得，本身既是新闻改革的结晶，也是新闻传播事业进一步发展的动力。表面波澜不惊，实际暗流涌动、稳健推进，是这一时期新闻改革的重要特点。

第四，全面开放和深化改革时期（2001—2012）。中共"十五大"以后，我国加快了经济改革和政治体制改革的步伐。2001 年底，经过改革开放的长期积累，我国成功加入世界贸易组织（WTO）。这标志着我国的改革开放进入了一个全新的历史阶段，也标志着我国新闻改革进入了一个全新的时期。2012 年 11 月召开的中共"十八大"，继续高举改革开放的旗帜，力图将中国社会主义各项事业导入民主法制的轨道。在新的历史时期，我国新闻改革在以下三个方面已有全新进展：

首先，在新闻传播事业经营管理体制方面，集约化经营管理体制已为各方面普遍接受。2001年8月，中共中央办公厅和国务院办公厅转发《中央宣传部、国家广电总局、新闻出版总署关于深化新闻出版广播影视业改革的若干意见》，要求各省市党委和政府加强对新闻传播事业的领导，审慎推进新闻传播事业集约化经营管理体制改革。根据这一文件的要求，我国新闻传播事业经营管理改革的主线和重点是：控制总量，合理布局，盘活存量资产，优化资源配置，运用联合、重组、兼并等形式，组建一批主业突出、品牌优秀、综合能力强的大型集团，推动产业结构、品牌结构、组织结构、地区结构调整，促进跨地区发展和多媒体经营，提高产业集中度。其中，一个重要的举措就是开辟安全有效的融资渠道，提高资本运作效率。在保障国家主办和经营新闻媒体的前提下，可根据新闻传播事业发展的需要，其经营部门可以以有限责任公司或股份有限公司的形式，吸收国有大型企事业单位的资金。这样，各类新闻传播事业必将逐渐走上集团化和国际化的轨道。

其次，在新闻传播理念方面，我国新闻传播事业在保障继续发挥信息传播和舆论引导主渠道功能的同时，更加强调坚持以人为本、以受众为中心的传播理念。2004年9月召开的中共十六届四中全会提出了"坚持以人为本、全面协调可持续发展"的科学发展观。在这一执政理念之下，大会通过的《中共中央关于加强党的执政能力建设的决定》提出了推进社会主义民主建设制度化、规范化和程序化的新举措。2007年1月17日，国务院公布《中华人民共和国政府信息公开条例》，自2008年5月1日起施行。该条例第六条规定："行政机关应当及时、准确地公开政府信息。行政机关发现影响或者可能影响社会稳定、扰乱社会管理秩序的虚假或者不完整信息的，应当在其职责范围内发布准确的政府信息予以澄清。"2013年8月19日，中共中央总书记习近平在全国宣传思想工作会议上强调指出，新闻宣传工作既要坚持党性原则，又要坚持人民性原则。"坚持人民性，就是要把实现好、维护好、发展好最广大人民根本利益作为出发点和落脚点，坚持以民为本、以人为本。"《中华人民共和国政府信息公开条例》的公布施行和习近平总书记的讲话发表，是我国民主政治建设的重大进步，也是推进新闻改革的一个突破口。

再次，在新闻传播法制建设方面，广东新闻界也为中国新闻改革找到了新的突破口。这就是通过充分发挥人民代表大会对政府及其工作人员的监督作用，将新闻舆论监督作为人民代表大会监督机制的一个重要组成部分。1995年初，广东省人大曾分别开展过对省国土厅厅长和省交通厅厅长的严厉质询。1999年底，广东省人大再次向对污染企业监管不力的省环保厅厅长提出质询。这两次质询由于新闻媒介的积极参与，产生了巨大的反响，收到了良好的社会效果，也实现了新闻自由的真谛——保障人民群众的知情权和表达权。2003年12月公布的《中国共产党党内监督条例（试行）》（以下简称《条例》）是依法加强新闻舆论监督的法制性成果的初步体现。该《条例》明确将舆论监督纳入党内监督的范畴，指出："在党的领导下，新闻媒体要按照有关规定和程序，通过内部或公开报道，发挥舆论监督的作用。"2006年8月，全国人民代表大会常务委员会通过《中华人民共和国各级人民代表大会常务委员会监督法》，确立了这一行之有效的民主监督制度。其中，第六章"询问和质询"规定，人民代表大会常务委员会有权询问和质询本级政府有关部门、人民法院或者人民检察院的工作。这种询问和质询分为书面和口头两种方式，政府部门和人民法院、检察院对于人民代表大会的询问和质询，应以书面和口头的形式答复。"质询案以口头答复的，由受质询机关的负责人到会答复。质询案以书面答复的，由受质询机关的负责人签署。"无论是口头质询，还是书面质询，都必须通过新闻媒介向社会公开。这样，就初步确立了具有中国特色的新闻自由体制和舆论监督有效实施的法制基础。

党的十八大以来，以习近平同志为总书记的党中央高度重视党的新闻舆论工作。从2013年出席全国宣传思想工作会议，到2015年视察解放军报社，再到2016年考察调研人民日报社、新华社、中央电视台以及主持召开党的新闻舆论工作座谈会，习近平多次对新闻舆论工作做出重要部署。他提出了新闻舆论工作的职责和使命：高举旗帜、引领导向，围绕中心、服务大局，团结人民、鼓舞士气，成风化人、凝心聚力，澄清谬误、明辨是非，联接中外、沟通世界。习近平总书记还强调新闻舆论工作应坚持党性和人民性的统一：党的新闻舆论媒体的所有工作，都要体现党的意志、反映党的主张，维护党中央权威、维护党的团结，做到爱党、护党、为党；都要增强看齐意识，在思想上政治上行动上同党中央保持高度一致；都要坚持党性和人民性相统一，把党的理论和路线方针政策变成人民群众的自觉行动，及时把人民群众创造的经验和面临的实际情况反映出来，丰富人民精神世界，增强人民精神力量。另外，他还提到新闻舆论工作必须坚持创新，包括理念、内容、体裁、形式、方法、手段、业态、体制、机制等方面的创新，特别是"要顺应互联网发展大势，勇于创新、勇于变革，利用互联网特点和优势，推进理念、内容、手段、体制机制等全方位创新，努力实现军事媒体创新发展。"伴随着这些新要求和新理念的提出，我国的新闻传播工作也迈进新时期。

第三节　新闻传播学的产生和发展

一、西方新闻传播学的产生和发展

对新闻传播活动的探讨，在中国可以追溯到春秋战国时期。在那个百家争鸣的时代，诸子百家都非常重视信息传播工作，并且对新闻传播活动作过探讨和论述。在西方，最早探讨新闻传播问题的是英国人约翰·弥尔顿（John Milton）。在 1644 年出版的小册子《论出版自由》中，弥尔顿坚决反对出版特许制度，主张"观点的公开市场"和"真理的自我修正"。一般认为，1845 年德国人普尔兹撰写的《德国新闻事业史》是世界上第一本新闻学专著。这本书的出版使得对新闻现象的研究超出了纯业务技能的范畴，因而可以视为新闻传播学的萌芽。

此后，经过两百多年的发展，到 20 世纪 20 年代，新闻传播学才开始产生。其标志是美国专栏作家沃尔特·李普曼（Walter Lippmann）的代表作《舆论学》和新闻教育学家卡斯柏·约斯特（Carspa Johnst）的《新闻学原理》的出版。李普曼的《舆论学》出版于 1922 年，全书 8 个部分共计 28 章。该书论述了舆论的定义及其形成，认为："舆论是公众或许多人对他们共同关心或感兴趣的问题（或事件）公开表达出来的意见"；舆论是由包括新闻传播在内的宣传的"刺激—反映"在人们头脑中所形成的"固定成见"或"刻板印象"的作用下形成的①。由于这本书系统论述了舆论形成与传播的规律，得到美国乃至整个西方新闻界的推崇。美国许多高等学校的新闻传播院系一直将它作为教科书使用。卡斯柏·约斯特的《新闻学原理》出版于 1924 年，共 14 章，比较系统地分析了新闻的起源和性质、新闻的选择和取舍、新闻的真实性以及新闻工作的基本原则。此书被视为美国新闻学的正统，至今仍然被作为美国各新闻院系的教科书。

1942 年，美国《时代》周刊创办人亨利·卢斯（Henry Luce，1898—

---

① ［美］沃尔特·李普曼. 舆论学. 林珊译. 北京：人民日报出版社，1995. 42～44.

1967）邀请芝加哥大学校长罗伯特·哈钦斯（Robert Hutchins, 1899—1977）组织一群教授组成新闻自由委员会（亦称哈钦斯委员会），专门研究新闻自由的问题。1947 年，该委员会将研究报告以"一个自由而负责的新闻界"为题发表。书中提出了四种媒介理论：威权主义理论、自由至上主义理论、社会责任理论、苏联共产主义理论。其中，特别主张社会责任理论。在此基础上，1956 年，美国新闻传播学家韦尔伯·施拉姆（Wilbur Lang Schramm, 1907—1987）等发表了著名的《报刊的四种理论》，把西方新闻传播学的发展推到了一个新的阶段。他把不同历史时期的新闻思想归结为集权主义理论、自由主义理论、社会责任理论和苏联媒介理论等四种报刊理论。他特别主张社会责任理论，认为这应该成为新闻界普遍遵循的准则。社会责任论否认绝对自由的存在，强调自由是伴随着义务和责任的；它认为报刊自由涉及报刊拥有者、公众和社会三者的利益，社会应当保护公众的"获知权"；它认为自由有消极和积极之分，并且主张政府对传播媒介的控制。这种理论适应国家垄断资本主义的需要，是为垄断资本主义国家干预和控制新闻传播事业服务的。

20 世纪 20 年代特别是第二次世界大战后，西方出现了多学科综合的大众传播学。传播学者把人类社会一切信息的交流都包括在"传播"这个概念中，新闻学也被纳入其中并作为一种行为科学来研究。他们认为，社会是人类关系的联络网，主要靠传播活动来维持，新闻、出版、广播、电视、电讯、邮政、图书馆、公共关系机构等都是传播过程中的"信息事业"，传播学就是"研究信息传播规律及生产规律的一门科学"。其主要内容是：它主张深入到传播过程内部去分析影响传播效果的各个环节，研究如何通过"传通"来影响人的思想和行为，研究受众心理及其对信息的反应；它主张大力研究说服艺术，力求达到"传通"的最佳效果，不仅要"传"，而且要"通"，要使所传递的内容真正为对方所接受，成为对方的行动；它强调"反馈"在传播过程中的作用，认为传播是传播者与接受者互相交流的双向活动。因此，不仅要注意信息传播的控制分析，而且要注意信息传播的内容、渠道、效果和受传者心理的分析，从而达到预期的传播效果。

在传播学的产生和发展过程中，美国传播学家哈罗德·拉斯韦尔、保罗·F. 拉扎斯菲尔德、库尔特·勒温、卡尔·霍夫兰作出了巨大贡献，他们被称为传播学"四大先驱"。哈罗德·拉斯韦尔（Harold Dwight Lasswell, 1902—1978）于 1927 年发表他的博士论文《世界大战中的宣传技术》，开创了关于宣传信息内容分析的先例。1948 年，他发表题为"社会传播的结构和功能"的具有传播学纲领性和宣言性的著名文章。在这篇文章中，他提出了"5 个 W"（Who——谁；Say What——说什么；In Which Channel——通过什么渠道；

To Whom——对谁说；With What Effect——产生什么效果）的传播模式和关于传播的三大基本功能（即监督环境、协调社会、传递文化遗产）① 保罗·F. 拉扎斯菲尔德（Paul Felix Lazarsfeld，1901—1976）早年在奥地利从事过"马林塔尔失业研究"，1935 年流亡到美国，随即开展"广播项目研究"，1940 年领导著名的"伊利县研究"并发表了《人民的选择》一书。他对于大众传播学的贡献主要表现为两个方面：第一，开创了媒体效果研究的传统，提出了"舆论领袖""两级传播"等理论概念；第二，通过收集资料，提出了民意测验方法，即分析性地利用样本调查"来作出影响个人行为的、有关因果关系的推论"②。库尔特·勒温（Kurt Lewin，1890—1947）原是柏林大学的实验心理学家，1933 年流亡到美国。他一直致力于"团体动力学"的研究，他认为，每个个体都属于一定的团体，在团体与个体的关系中起决定作用的是团体而不是个体，因此通过控制团体"内聚力"的方法可改变个体的态度。在此基础上，他又提出了信息传播过程中"把关人"的概念。卡尔·霍夫兰（Carl I. Hovland，1912—1961）毕生的研究都集中在"态度的改变"上，他对传播与说服、说服力与说服方法的研究成果为传播学的建立作出了贡献。

传播学研究的集大成者是韦尔伯·施拉姆。他出生于美国俄亥俄州，大学毕业后在艾奥瓦大学任教，1943 年出任该校新闻学院院长。1956 年，他参与撰写《报刊的四种理论》，这本书被称为新闻与传播学方面的经典之作。1973 年，他出版的《传播学概论》（原名《传媒·信息与人——人类传播一瞥》）成为传播学形成的标志。全书共 15 章，分别阐述传播是怎样发生发展的、传播的作用、传播的过程、传播符号和代码、传播的途径、传播媒介、传播者和接受者及其选择过程、社会控制与大众传播、传播模式及其效果、信息革命与未来传播事业。这是第一部全面而系统地阐释传播学基本理论的专著，是作者毕生从事传播学心血的结晶。这部著作的出版，使得施拉姆成为传播学集大成者。1982 年，施拉姆在华裔传播学家余也鲁教授的陪同下来到中国广州的华南师范学院和北京的中国社会科学院新闻研究所讲学，直接开启了中国传播学教学与研究的序幕。

二、中国新闻传播学的产生和发展

在中国古代文献中，就有关于"消息""传播"和"媒介"的记载。《周

---

① ［美］E. M. 罗杰斯. 传播学史. 殷晓蓉译. 上海：上海译文出版社，2002.214.
② ［美］E. M. 罗杰斯. 传播学史. 殷晓蓉译. 上海：上海译文出版社，2002.233，325.

易》第二十三卦《剥·象传》云:"君子尚消息盈虚,天行也。"《周易》第
五十五卦《丰·象传》云:"日中则仄,月盈则食,天地盈虚,与时消息,而
况于人乎,况于鬼神乎?"此后,"消息"一词使用的频率越来越高,例如:
"年不可举,时不可止,消息盈虚,终则有始。"(《庄子·秋水》)与"消息"
一词相关联的词语如"传播"或"媒介",早在春秋战国时期,就已产生。屈
原《离骚》中有这样的表达:"众不可户说兮,孰云察余之中情。""苟中情其
好修兮,又何必用夫行媒。"这里便有"传播""辩解"和"传媒"的意思。

有关中国的新闻传播思想,最早可以追溯到春秋战国时期。在那个百家争
鸣的时代,诸子百家都非常重视新闻信息传播工作,并且对新闻传播活动作过
探讨和论述。有关他们这方面的认识,可以归纳为以下三个方面①:第一,荀
子关于传播过程中有效信息递减与失真问题的论述。《荀子·非相》篇中指
出:"五帝之外无传人,非无贤人也,久故也。五帝之中无传政,非无善政
也,久故也。……传者久则论略,近则论详。"第二,孔子、孟子关于民本思
想的论述。在我国商周时代,即有最初的民主思想的萌芽。《国语》中记载,
召公进谏周厉王曰:"防民之口,甚于防川。川雍而溃,伤人必多。民亦如
之。是故为川者决之使导,为民者宣之使言。"到了孔孟时代,他们更加重视
人民群众在社会政治生活中的作用,主张允许人们发表不同的意见。《孟子·
尽心篇(下)》指出:"民为贵,社稷次之,君为轻。"第三,韩非子等关于劝
说方法的论述。当时诸子百家不但十分重视新闻传播活动,而且注意总结新闻
传播方法。例如,法家十分重视传播内容和态度的真实性,《韩非子·贵信》
篇指出:"天地之大,四时之化,而犹不能以不信成物,又况乎人事。"

汉唐以后特别是宋明时期,随着邸报和小报的产生和发展,封建统治者一
方面利用新闻传播工具为自己的统治服务,另一方面又对新闻传播活动严格控
制。这些控制包括以下三个方面:第一,"定本制度"。这个制度是宋真宗咸
平二年(999 年)开始实行的。当时的规定是,"进奏院所供报状,每五日一
写,上枢密院定本供报"。第二,严禁小报。这一措施开始于北宋末年和南宋
初年。当时朝廷一再颁布诏旨,认为小报"眩惑众听",要求"派人捉拿"
"密切根捉"②。第三,制造"文字狱"。这一措施可溯源于秦始皇时代,到了
明末清初更加严酷。致有因私仇攻讦告密,寻章摘句,无限上纲而九族诛灭
者。上述控制措施的推行,严重窒息了中国人民的思想自由和言论自由,压抑
了中国人民的聪明才智,阻碍了中国社会的进步。

---

① 徐培汀. 中国新闻传播学说史. 重庆:重庆出版社,1994. 16~27.
② 方汉奇. 中国新闻事业简史. 北京:中国人民大学出版社,1995. 17~18.

　　鸦片战争后，近代化报刊在中国兴起，一些著名的新闻工作者在新闻实践的基础上开始探讨新闻学问题。这些人物包括王韬、梁启超、郑贯公等，他们的新闻思想主要表现在以下三个方面：第一，关于新报与邸报的区别。1872年6月，《申报》发表一篇《邸报别于新报说》的文章，认为两者的区别在于：新报纪事，无所限制，"邸报但谈朝廷之政事，不录闾里之琐闻"；新报反映民意，可直荐无隐，邸报传达圣谕，民意不达于上；新报读者众，邸报阅者寡。第二，关于新闻传播事业的性质和功能。王韬、郑观应、郑贯公等人指出，近代报刊是"国之利器，不可假人"，是教育人民的良师益友，是进行政治斗争的"舌战、笔战"的武器。第三，关于舆论引导的方法。梁启超指出，一家报纸办得好坏有四个显著的标准，即"宗旨定而高""思想新而正""材料富而当""报事确而速"。他认为，引导舆论应该采用"浸润法""骇"的方法、"制造舆论"等方法。这些方法虽然不尽妥当，但说明他是积极地思考过新闻学问题的。

　　上述著名的新闻工作者的论述，说明中国近代新闻学已经萌芽。但是，中国新闻传播学却是在西方影响下产生和发展起来的。影响中国新闻传播学产生的，有两部主要的新闻学著作：一部是日本人松本君平的《新闻学》，另一部是美国人埃德温·休曼（Edwin L. Shuman）的《实用新闻学》。松本君平曾留学美国，回日后创办东京政治学校，讲授新闻学，编著《新闻学》出版。该书中文版本于1903年由商务印书馆出版，其中主要论述了新闻事业与文明（社会物质文明）的关系、新闻记者和政治与业务的关系、新闻事业的经营管理等问题。埃德温·休曼是美国著名的新闻记者，《实用新闻学》是他实践经验的总结，出版于1903年，于1913年由上海广学会翻译成中文出版。其中主要介绍了美国报业的发展、关于新闻采访和新闻写作的方法（如"倒金字塔"结构）、广告和新闻法规等问题。这两本书的出版促进了中国新闻传播学的产生，使中国新闻传播学研究从一开始就奠定了理论联系实际的良好基础。

　　中国第一批新闻传播学著作包括《新闻学大意》《实际应用新闻学》和《中国报学史》。《新闻学大意》出版于1918年，作者徐宝璜。该书主要论述了新闻之性质、新闻事业之职务、新闻的定义、新闻价值、新闻的采访、写作和编辑，以及新闻事业之经营管理等问题。《实际应用新闻学》由邵飘萍撰写，出版于1923年9月。该书共分14章，内容包括新闻记者之资格和地位、新闻采访方法、新闻价值、新闻写作等。《中国报学史》由戈公振撰写，1927年11月由商务印书馆出版。该书将中国报刊的发展分为三个阶段。四个时期。三个阶段是"口头报纸"阶段、"手写报纸"阶段和"印刷报纸"阶段。四个时期是"官报独占时期""外报创始时期""民报勃兴时期"和"报纸营业时期"。上述三部新闻学著作的出版，标志着中国新闻传播学的初步形成。

中国无产阶级新闻传播学理论形成于延安整风运动时期。当时，毛泽东、陆定一、胡乔木等发表了一系列文章，提出了一系列关于无产阶级新闻工作的基本原则。他们确立了辩证唯物主义的新闻观，认为"新闻的本源是事实，新闻是事实的报道，事实是第一性的，新闻是第二性的，事实在先，新闻（报道）在后"①。他们论述了党与党报的关系，认为党报是党的事业的一部分，党报"一切要依照党的意志办事，一言一动，一字一句，都要顾到党的影响"，"要与党的领导机关的意志呼吸相关，息息相通"。② 他们提出了全党办报的理论，认为要依靠全党的力量办好党报。

中华人民共和国成立后，由于"左"倾思潮泛滥，新闻传播学研究受到很大干扰。一方面，由于照抄照搬苏联《真理报》的"经验"，丢掉了我国原有的新闻传播事业的优良传统。另一方面，由于批判西方新闻传播学，割断了我国新闻界同西方国家新闻界的联系，将自己完全封闭起来，使新闻传播学的研究陷入停顿。1957年，大规模的"反右派"运动首先从新闻界开始，一大批有思想的正直的新闻工作者被打成"右派"。从此，"报纸是阶级斗争的工具"的观点广泛流传，后来又被林彪、"四人帮"恶性发展。

改革开放以来，我国新闻传播学研究获得长足发展。其成果主要表现在以下四个方面：第一，研究的队伍扩大了。改革开放后，随着新闻教育的恢复和发展，高等院校新闻院系教师增加，此外，从1978年中国社会科学院成立新闻研究所起，各省、市、自治区甚至一些大新闻单位纷纷成立了新闻传播学研究机构，我国有了一批新闻传播学研究的专业人员。第二，涌现出一大批研究成果。据估计，1982—2000年间，我国出版的新闻传播学专著不下1 000本，发表的新闻传播学论文超过10 000篇。此后，为适应学科建设的需要，全国各高校新闻院系更是把学术论著的出版作为竞争力的主要指标，出版了大量的新闻传播学论著。虽然其中难免鱼目混珠，但新闻传播学研究的表面繁荣景象亦不可忽视。第三，开始引进西方新闻传播学的研究成果。从1982年美国著名的新闻传播学家韦尔伯·施拉姆应邀来华讲学开始，一大批外国新闻学家来到中国介绍西方新闻传播学的研究成果和研究中国的新闻事业。与此同时，我国高等院校新闻系的教师开始走出国门，赴英、美、法等国留学和访问。通过这种双向交流，西方新闻传播学研究的一些优秀成果被大量地介绍到中国来，从而开拓和丰富了我国的新闻学研究的思路。第四，新闻传播学研究在思想观

① 陆定一. 陆定一新闻文选. 北京：新华出版社，1987. 2.
② 中国共产党新闻工作文件汇编（下卷）. 北京：新华出版社，1980. 55.

念上有所突破。随着社会主义市场经济体制的逐渐建立，我国新闻传播事业发生了深刻的变化，在坚持新闻传播事业为社会主义服务的根本方向下，承认和确立新闻传播事业企业化经营管理体制，已经成为新闻业界和新闻学界的共识。这种观念的确立，必将进一步推动新闻传播学研究的发展。

第四节　新闻传播学的研究对象

一、传播与传播学

"传播"一词（communication）本来的意义为"交流"，20世纪20年代以后，随着传播学的产生，communication才获得"传播"的意义。按照美国传播学家约翰·彼得斯（John Durham Peters）的解释，在英语中，communication一词至少含有以下四层意义[①]：第一，"给予"或"告知"，即通过某种具体行为来表达社会团体，例如，在西方中世纪，communication是指（领圣餐）参与者。可见，communication最初的意义与对话或互动的观念毫不相关。第二，"迁移"或"传输"，即物质如光、电、磁性或礼品的传输，也引申为把理念、思想或意义作为物质实体来迁移。在这里，communication同样没有双向交流的意思。第三，"交换"（exchange），即相互来往的交流。从这个意义上说，communication包含交换、情感共享的意思。第四，人的关系发展的机制或手段，其中包括心理的一切符号，加上在空间里传达这些符号和在时间里保存这些符号的手段。就其手段而言，communication是观念、信息、态度借以传输和接受的制度与形式。此外，美国传播学家詹姆斯·W.凯瑞（James W. Carey）更进一步认为："传播是一种现实得以产生、维系、修正和转变的符号化过程。"[②]总之，communication是一个含义丰富且界定不甚明确的词语，其基本含义是把资讯、意见、经验、态度从一个人传给另一个人，是与他人建立共同意识的人类信息交流行为和活动。

---

① ［美］约翰·彼得斯. 交流的无奈. 何道宽译. 北京：华夏出版社，2003. 6～8.
② ［美］詹姆斯·W. 凯瑞. 作为文化的传播. 丁未译. 北京：华夏出版社，2005. 12.

按照传播发生的范围和方式，人类的传播行为可以分为以下五种类型：一是亲身传播（interpersonal comunication），即个人与个人之间面对面的信息交流活动，也包括利用电话、书信等媒介进行的传播。在亲身传播中，人们所面对的是信仰、态度、认知、自我表现和沟通能力等问题。因此，亲身传播在人际关系中具有重要的意义。二是群体传播（group comunication），即人们在"小团体"范围内的信息交流行为。与亲身传播相比，群体传播的传播通道有所增加，团体的凝聚力、团体规范、领导与决策、会议技巧等成为其重要的概念。因此，群体传播对于在小团体内部产生因认识一致而形成的凝聚力具有重要意义。三是组织传播（organizational communication），即一群人为了达到某种共同的目的，而生活在一个各具权利和义务的有机体内彼此进行信息交流的活动。其中，组织系统自身的结构、上下之间的互动、决策过程、经营管理、策略运用、不同组织间的冲突与合作等都是研究的对象。由此可见，组织传播在构建组织文化（如企业文化）方面具有重要作用。四是大众传播（mass communication），即专门的传播机构通过大众传播媒介（如报纸、杂志、图书、电影、广播电视、互联网络等）对不确定的广大受众进行的信息传播活动。大众传播需要借助特定的传播媒介传递信息，而且它所传递的信息是公开的。因而，大众传播在整个社会生活中具有举足轻重的影响力。五是文化传播（intercultural communication），即发生在具有不同的国籍、种族和文化背景的人们之间的信息传播和交流活动。其中，又可以细分为国际传播、文化传播、种族传播等。文化传播涉及文化认知、文化价值观、文化认同、文化冲突和文化适应等问题。因此，它在全球性文化交流中具有重要意义。

上述五种类型的传播都是因人的生存和发展的需要而产生的。人通过眼、耳、鼻、身、舌这五种感觉器官或方式进行自身心理调节并与外界联系为一体。其中，眼睛和耳朵主要担负与外界远距离、间接性和抽象性符号感知或传播任务，因而此类传播可以称为外向传播，大众传播、新闻传播、文化传播乃至组织传播属于此种类型。而鼻、身、舌这三种器官主要担负与外界近距离、直接性和具体性的色香味等物理刺激接触的任务，并把所接触的刺激传达给大脑，从而产生相应的意象，确立相应的立场和态度，因而此类传播可以称为内向传播，上述亲身传播即属于此种类型。无论内向传播或外向传播，当人接受外界信息之后，必定要在头脑中形成相应的意识、意象或意念。这些意识、意象或意念可以帮助人们对信息过滤、选择、储存和利用，确立相应的立场和态度，采取正确的策略，获取最佳利益。由此可见，良好的内向传播是人类生存的基础，而良好的外向传播是人类发展的条件，而良好的意象之建构则是所有传播的核心和灵魂。

传播学就是研究上述人类一切传播行为和传播过程发生、发展的规律以及传播与人和社会的关系的科学。

二、新闻传播学

进入 21 世纪以来，新闻传播学界和业界普遍倾向于以"新闻传播学"代替流行已久的"新闻学"。最早倡导这种改变的是上海复旦大学新闻学院的宁树藩教授。早在 1995 年，宁树藩教授就指出："新闻学可分为两类：一是以新闻传播为研究对象而形成的，这可说是本来意义上的新闻学（新闻传播学）；一是以报纸等新闻媒介的活动为研究对象而形成的，无以名之，姑称之为广义的新闻学（即新闻学）。"① 最早采用这一名词的新闻传播学教材，则是同年出版的黄旦教授所著《新闻传播学》一书。

1997 年国务院学位委员会决定，在新闻学和传播学的基础上设立新闻传播学科，作为一级学科，归人文学门类。这一决定提升了新闻传播学在人文社会科学中的地位，也对新闻传播学的教学和科研提出了更高的要求。此后，即有刘卫东教授所著《新闻传播学概论》（天津社会科学出版社 1999 年版）、童兵教授所著《理论新闻传播学导论》（中国人民大学出版社 2000 年版）和李元授教授等所著《新闻传播学》（新华出版社 2001 年版）的面世。

什么叫新闻传播学呢？目前学术界尚无权威定义。但是，有两点人们的认识是一致的，即新闻传播学既是一门新闻学和传播学的综合学科，又是由新闻学演化出来的与新闻学相关、相近、相交叉的分支学科。从前者看，新闻传播学是传播学特别是大众传播学的一个分支，它运用新闻学、传播学、社会学、心理学等相关学科的理论与方法，研究新闻传播现象及其规律。从后者看，随着新闻学与其他学科交融，必将"杂交"出一批新的学科，如新闻传播学、新闻心理学、新闻法学、新闻伦理学等。据此可认为，新闻传播学属于传播学特别是大众传播学中的一种，是"研究人类新闻传播现象、新闻传播事业及其发展规律的科学"②。

新闻传播学是在传统的新闻学的基础上，吸收了传播学的研究成果和方法而形成的。虽然如此，新闻传播学并不是新闻学和传播学的简单相加，而是一门独立的科学。

传统意义上的新闻学最初是有关纪事和日报之学，即"报学"。后来，新

---

① 黄旦. 新闻传播学. 杭州：杭州大学出版社，1995.1.
② 童兵. 理论新闻传播学导论. 北京：中国人民大学出版社，2001.4.

闻传播事业从报纸等"印刷媒介"扩展到广播电视等"电子媒介",新闻学的定义也就扩充为关于报纸、广播、电视、电影的学问,即关于新闻传播事业的产生、发展及其规律的科学。具体来说,新闻学以政治学为理论框架,主要研究新闻、新闻传播过程,研究新闻传播事业的产生和发展、新闻传播事业的性质和功能,研究新闻传播事业和各种社会现象之间的关系(如和政治的关系、和经济的关系、和受众的关系)。而新闻传播学是以传播学为理论框架,以新闻传播活动为研究对象的学科,它主要研究新闻和信息、新闻传播过程、新闻传播要素、新闻传播效果、新闻传播事业及其与社会的关系。从这个意义上看,新闻学的外延比新闻传播学的外延要广,新闻传播学是新闻学的核心组成部分,属于新闻学与传播学的交叉学科。

新闻传播学与传播学的区别主要表现在以下三个方面[1]:第一,研究领域不同。新闻传播学属于传播学的一部分,其外延比传播学的外延要窄得多。新闻传播学主要研究人们通过新闻媒介(报纸、广播、电视、互联网)进行的新闻传播活动和新闻传播事业及其发展规律。传播学是研究人类传播行为、活动及其规律的科学,它除研究人类的新闻传播活动之外,还研究人类的一切传播活动,包括人际传播、组织传播和大众传播。即使在大众传播研究中,它既要研究新闻传播学的所有内容,也要研究所有大众传播媒介及其所刊播的各种信息,例如,图书、杂志、电影、戏曲、书信、集会等所有传播媒介及其内容。第二,研究重点不同。新闻传播学研究的重点是新闻媒介内部的运作状况,其中包括新闻体制、新闻、新闻媒介的特性和功能、新闻工作的基本原则和基本方法等等。传播学研究的重点则是大众传播媒介与社会的互动关系,即社会(包括政治制度、经济体制、文化价值观、社会结构)和社会变迁对于传播媒介的决定作用,以及传播媒介对于社会和社会变迁的反作用等。由此可见,传播学的理论抽象层次要比新闻传播学的理论抽象层次高得多。第三,研究方法不同。新闻传播学基本上沿用传统人文学科的思辨型定性分析方法去研究新闻传播这种社会现象,并较多采用直观分析的方法,找出新闻工作的某些规律。而传播学的研究方法主要采用实验型的定量分析方法,通过调查分析提炼出某项具体的理论,然后回应原先的理论假设,解答实践中提出的问题。正是由于这些不同,所以传播学还不能完全代替新闻传播学,新闻传播学仍然有存在和发展的广阔天地。

---

[1] 李良荣. 西方新闻事业概论. 上海:复旦大学出版社,1997.1.

三、新闻传播学的基本内容

美国传播学家拉斯韦尔在 1948 年发表的《社会传播的结构和功能》一文中提出，人类的一切传播活动都包括以下五个要素，即五个"W"：谁（Who），说什么（Say What），通过什么渠道（In Which Channel），对谁说（To Whom），产生什么效果（With What Effect）。与此相联系，拉斯韦尔还提出了与这五大要素相对应的五种研究，即控制研究、内容研究、媒介研究、受众研究和效果研究，如下图所示。

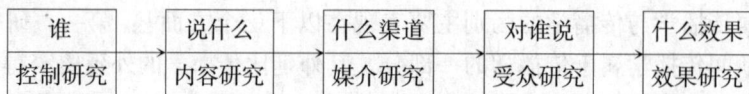

谁	→	说什么	→	什么渠道	→	对谁说	→	什么效果
控制研究		内容研究		媒介研究		受众研究		效果研究

传播要素及其相应研究图

在从内部结构上分析了传播的五大要素，并提出五种相应的传播研究后，拉斯韦尔又从外部功能上概括了传播的三大作用或三大功能，即所谓的监视环境、联系社会、传递遗产。后来，美国社会学家 C. R. 赖特又在三大功能的基础上提出了第四项功能——提供娱乐。五个要素、五种研究和四大功能构成了新闻传播学研究的完整系统。但是，在新闻传播学研究中，这五种要素、五大研究、四大功能并不是等量齐观的，而应当有所倚重。其中，最重要的是"说什么"，即传播内容（新闻）研究。

参考上述框架，结合有关研究成果①，我们可以将新闻传播学划分为以下七个方面的内容：

第一，新闻传播学本体研究，即关于新闻传播学本身理论体系的研究。新闻传播学是一门研究人类新闻传播现象及其发展规律的科学，它有自己特定的研究对象和研究方法。对其基本概念、研究对象与内容、理论体系和方法，以及与相关学科的关系的阐述，是新闻传播学本体理论研究的基本内容。

第二，新闻传播客体研究，即关于新闻传播的内容——新闻的研究。新闻是新闻传播活动的起点，也是新闻传播事业赖以产生的基础，一切新闻传播活动都是围绕新闻展开的，因此新闻是新闻传播学研究的重要内容。

第三，新闻传播要素研究，即关于新闻传播基本构成要素的传播者、传播

---

① 刘卫东．新闻传播学概论．天津：天津社会科学出版社，1999.13.

媒介和受众研究。新闻传播事业是由专业的人即新闻工作者具体操作运行的，因此新闻工作者是新闻传播学研究的重要内容。新闻信息传播必须通过一定的渠道或通道（channel）方能进行，这种渠道或通道在大规模信息传播中叫做媒介（media）或大众传播媒介（mass media）。新闻传播媒介一般包括通讯社、报纸、新闻杂志、广播、电视、互联网。它们是新闻传播过程中传播者和受传者之间的中介，是新闻信息的物质载体。新闻传播事业的生存基础和服务对象是受众，"谁在阅听""怎样阅听""阅听什么""阅听以后怎样"，是新闻传播媒介应该关心的问题。

第四，新闻传播流程研究，即关于新闻从采集、制作、传送、接受到反馈循环往复全过程的研究。新闻传播者将信息"编码"并传播给受众，受众通过对接收到的信息"解码""释码"，然后将意见"编码"反馈给传播者。这是一个双向乃至多向互动循环往复的过程，其中涉及新闻传播符号的"编码"、"解码"和"释码"，新闻传播模式以及新闻选择等问题。对这些问题的分析和研究，是新闻传播学的主要内容之一。

第五，新闻传播效果研究，即关于受众在接受新闻信息之后在感情、思想、态度和行为等方面所发生的变化情况的研究。这是新闻传播活动的出发点和归宿，是整个传播活动的中心。任何一项传播活动如果忽视对传播效果的重视，就会变得无的放矢，新闻传播学如果放弃对传播效果的探讨也会变得毫无意义。在效果研究中，最重要的内容包括劝服艺术和态度改变的研究。前者强调传播者对传播方案的制订和取舍以及对传播艺术的运用，后者侧重对受传者态度改变因素和方式的探讨。

第六，新闻传播事业研究，即关于新闻传播活动内外部环境的研究。新闻传播活动的发展必然导致有专门的人员、依托专门的机构、运用专门的传播技术、以新闻传播为谋生手段的新闻传播事业的产生。因此，一定的社会历史条件下的新闻传播事业的性质、特征、功能、基本原则和运作方法，以及新闻传播事业同社会外部环境如政治制度、经济制度、文化观念、社会结构、相关行业的关系构成了新闻传播学研究的重要内容。

第七，新闻传播控制研究，即关于新闻自由和新闻控制的研究。新闻传播事业产生后即处于一对天生的矛盾运动之中，这就是新闻自由和新闻控制的矛盾。在一定的社会结构中，新闻传播事业必然要同国家和社会上其他行业、团体、个人发生各种各样的关系。其中最根本的是法律和道德关系，因此新闻法律、法规和道德就成了新闻传播学研究的重要内容之一。这种研究包括各国宪法所规定的言论自由的范围和尺度、新闻媒介和新闻工作者的权利和义务、新闻报道和国家安全的关系、新闻报道中的批评揭露和保护个人隐私权的关系，以及新闻工作者的道德规范、新闻自律机制等。

第五节　学习和研究新闻传播学的方法

一、掌握科学研究方法的意义

掌握科学研究的方法之所以重要，是因为如果没有科学方法的指引往往就会导致错误的认识。在没有科学方法的过去，人们对知识的获取只能通过直觉、权威和习惯三个途径。直觉是根据个人的经验和价值观对外界的一种"自我证实"。对于大多数人而言，直觉感知的东西往往是错误的，如太阳围绕地球转。依赖权威的做法，通常是从宗教、道德和政治的来源上寻求真理，以为对外界的事物"不证自明"。对所有的人而言，对权威的依赖只能是盲从和愚昧，因而所感知的东西也是错误的。例如，我国"文化大革命"中对个人迷信的崇拜曾使几代人的思维停止，从而陷入了思想僵化的悲惨境地。习惯是源于我们对于信以为真的东西的自觉的信念，即从别人的强化和经常重复的信念出发获得对外界的认识，这样的认识有时也是错误的。例如，如果从习惯出发，每天太阳从东方升起又从西方落下，似乎太阳围绕地球转，但是实际情况却恰恰相反。在新闻传播学研究中，我们如果仅仅出于对权威的崇拜和对习惯的依赖，就会盲目地接受或者排斥某一现存的结论，而给自身的发展和社会的进步造成巨大的损失。

任何一门具体的学科，之所以能够称之为科学，是因为它的属性既包括系统的研究方法，也包括运用此类系统的研究方法获得有关这方面的系统的知识。这就是人们常说的"方法论"和"知识论"的问题。具体到新闻传播学来说，其研究方法的科学性主要体现在以下三个方面[①]：

第一，理论框架的先导性，即它是一种有理论指导、有控制手段和有验证复制功能的程序化的科学认识活动。

第二，分析过程的操作性，即它能够摆脱传统思辨哲学的影响，非常注重

---

① 吴文虎. 传播学概论. 武汉：武汉大学出版社，2000. 58~60.

对实际问题的探讨。它既能够描述研究对象的现状、回答"是什么"的问题，又能够解释研究对象的活动过程及特点、回答"为什么"的问题，还能够预测与控制研究对象在采取某种措施或创设某种条件以后可能会发生的变化，并向有关方面提出相应的趋利避害的对策。

第三，分析手段的综合化与定量化，即为了保证预测的可靠性（信度）和研究的有效性（效度），它能够综合自然科学和社会科学的各种研究方法（如数理统计法、抽样调查法、文献分析法等），又能够采用甚至主要采用定量分析的手段。

二、学习和研究新闻传播学的基本方法

学习和研究新闻传播学与学习和研究其他所有学科一样，可以应用一些共同的方法，但某一特定的学科需要采用一些特殊的方法。那么，学习和研究新闻传播学的共同的方法和特殊的方法是什么呢？或者说究竟用什么方法来学习和研究新闻传播学呢？总的说来，应该以马克思主义的立场、观点和方法为指导，同时适当借鉴当代其他一些学科，特别是对研究传播学行之有效的科学研究方法。

学习和研究新闻传播学必须以马克思主义为指导，这是因为马克思主义创始人和各国马克思主义者在长期的新闻宣传活动中提出了一系列关于新闻传播学的观点和思想，各国共产党特别是中国共产党制定了许多关于新闻工作的条例和法规，这些观点、思想和条例法规是社会主义中国的新闻工作者必须认真学习和遵循的。但是，马克思主义不是教条，当代新闻传播学发展中的许多具体问题，在马克思主义的经典著作中很少涉及，马克思主义并不能代替其他具体的研究方法。因此，在坚持马克思主义理论指导实践的同时，还必须通过实践不断总结和丰富马克思主义理论。一方面，我们要用马克思主义理论（含当代的一些科学理论）来指导和规范新闻传播学的学习和研究，来指导我们的新闻工作，以保障我们学习和研究新闻传播学及开展实际的新闻工作有明确的方向和轨道。另一方面，我们又要联系新闻工作的实际，特别是中国新闻工作的实际，将实际经验不断地加以总结，不断地上升到理论的高度，不断地丰富和发展具有中国特色的社会主义新闻传播学。

学习和研究新闻传播学除了遵循上述基本原则之外，还应掌握以下五个具体方法：

第一，个案研究法。个案研究法是一种用来检验某一个受研究的客体（如一家报社、一家工厂、一个典型人物等）所具有的许多方面的特征的方

法。采用这种方法时，研究者通常把感兴趣的领域放置于特定的时间内，对客体的各个方面作完整、详尽的研究。个案研究往往通过深入的调查，如现场观察、个别访问、开座谈会、查阅文档等，掌握受研究客体的各个方面的具体情况。例如，1950 年美国学者怀特（O. White）所作的一个早报电讯稿编辑的"守门人研究"就是成功的范例。研究发现，编辑部所存电讯稿的数量是实际刊登的电讯稿的 9 倍，编辑在舍弃这些电讯稿时的主要理由是他们本身的偏好、对受众的观念及对版面的考虑，而不是抽象的新闻价值理论。①

第二，比较研究法。比较研究法是将已有的各种新闻资料和新闻制度等进行比较研究。通过比较，可以知道某一种或某一类新闻事业的特性，某一新闻事业内部各个部分是否均衡发展，由此，可以为自身和其他新闻事业提供学习和借鉴的榜样。比较方法的运用，可以分为纵向比较、横向比较和综合式比较。纵向比较是一种线形比较，是对事物从时间上和发展过程上所进行的比较：从时间上看，可以将过去的和现在的新闻事业进行比较，并且可以窥见将来新闻事业的发展趋势；从事物发展的过程看，可以将某一新闻事业各个发展阶段的情况进行比较。横向比较是一种方形的比较，是对事物从地域上和类别上所进行的比较：从地域上看，有一个国家和另外一个国家、一个地区和另外一个地区的新闻事业之间的比较；从类别上看，可以对不同的新闻事业或相同的新闻事业的相关部分进行比较。综合式比较是一种纵向比较和横向比较相结合的全方位比较，它可以对各种不同的地域和类型的新闻事业，从时间上和发展过程上进行比较，也可以选取特定的时间中的某一新闻事业的某一方面或某一新闻事业的所有方面进行比较。

第三，调查研究法。调查研究法，又叫实地调查法，是以对少数的访问调查而获得多数人态度的资料的一种方法。民意调查就是一种典型的调查研究法。调查研究法大致包括以下五个步骤：一是选择课题和制订研究方案。研究课题确定后，就要制订包括调查对象、抽样范围、抽样方法、问卷设计、后续归类和统计分析等在内的研究方案。二是抽样设计。所谓"抽样"就是从符合调查要求的某些特殊的社会群体（"母体"）中抽选出部分样本作为研究的对象。样本的确定，既要根据母体的数量规模比例（一般为 200 ~ 10 000 份，占母体的千分之一或万分之一），又要特别考虑母体内特定变数的异质性程度，然后按照"随机抽样"或"非随机抽样"选取。这样的样本具有很强的代表性，因而既省时省力，又具有科学性。三是问卷设计。问卷设计就是将所要调查的问题的问卷，让调查对象回答。问卷一般可以设计为三种形式：一是

---

① [美] Werner J. Severin. 传播理论. 孟淑华译. 台北：台湾五南图书出版公司，1995. 50 ~ 51.

开放式问卷，即只提问题，不列出答案，让接受者自由回答；二是封闭式问卷，即既提问题，又给答案，让接受者选择回答；三是混合式问卷，即兼有开放式和封闭式两种方式的问卷。不管哪种形式的问卷，都要求设计得宗旨明确、范例清楚、内容周密、概念准确、措辞简洁、力避诱导。四是采样设计。采样设计是指采用什么方式获取有关问卷调查的资料，如观察、面谈、电话访谈、邮寄等。五是统计分析。这是调查研究的最后一个步骤，即对所获数据和资料进行整理和归类，分析总结出带规律性的东西，得出结论。这一阶段的工作包括三个部分：①描述统计结果，一般采用图表描述、平均值和百分比表达；②推断统计分析，即根据样本所得数据推断出总体的状况，对总体做出准确的评估；③因果分析，即根据所得数据探讨两个现象之间是否有某种必然联系。

第四，内容分析法。内容分析法是分析信息内容的一种系统方法，即将以语言方式表达的文献转换为以数量方式表达的资料。美国传播学者贝雷尔森（Bernard Berelson）称之为"对传播内容进行系统、客观的及量化的描述"的研究方法。在人类传播过程中，信源（传播者）和信宿（接受者）固然是两个主要因素，但信息（传播物）也显得特别重要，而内容分析法就是研究信息内容的有效手段。其研究方法大致包括以下四个步骤：一是选择样本。其方法和调查研究法一样，只不过调查研究法的样本是人，而内容分析法的样本是资料。二是内容分类。即在所确定的母本（出版物）中抽出一个样本，对不同的信息内容分别归类。三是内容编码。即将一个个分析单位分别归纳到不同的类别中去，并按类别将样本内容加以编码。四是资料统计。即将编码后的内容以表格的形式量化出不同的分数。

第五，实验设计法。实验设计法又叫控制实验法，是一种处理因果关系问题的典型方法，即通过控制一组变项来客观地、系统地观测所要研究的对象。实验设计法虽然也进行抽样分析，但它不同于调查研究法：调查研究法主要是了解受调查者意见的分布状况，而实验设计法主要是想了解受试者在某种情况下，接受某种刺激后所产生的某种预期的效果。实验设计法的运作包括以下三个步骤：一是创造实验条件。即根据一定的目的，人为地设计一个特定的、非自然状态的环境，将实验对象置于其中，以便消除外部因素的影响，达到"人为控制"。二是确定实验对象。即在所要研究的对象母体中随机抽出两组特性相似的项目，即配对组，再选择其中的一项进行特定内容的实验。三是观察实验结果。即根据实验所得数据观察两个配对组之间在实验前、实验中和实验后的变化，找出两者之间的关系，得出结论。

思考题

1. 在当代社会生活中，新闻传播事业对人们的生活主要有哪些影响?
2. 新闻传播事业为什么能够深刻地影响人们的生活?
3. 学习和研究新闻传播学有何重要意义?
4. 新闻传播事业发展的基本规律主要有哪些?
5. 改革开放以来，我国新闻改革经历了哪些发展阶段?
6. 进入 21 世纪后，我国新闻改革取得了哪些突破性进展?
7. 新闻传播学的产生和发展经历了哪些主要阶段?
8. 新闻传播学的主要研究内容有哪些?
9. 新闻传播学和新闻学、传播学的区别有哪些?
10. 研究新闻传播学为什么要掌握科学方法?

第二章
新　闻

内容提要

　　新闻是新闻传播事业的细胞，是新闻传播学研究的起点和基本内容。本书主张这样一种关于新闻的定义：新闻是经由新闻传播媒介传播的为广大受众所关心的新近发生的事实或情况的信息。本章着重阐述"新闻的起源和本源""新闻和信息""新闻的定义本质和特征""新闻的分类及其与历史、宣传和文学的关系"四个方面的问题，意在从动态、静态和事物与事物之间的联系中把握"新闻"的内涵、外延及其基本特征。

第一节　新闻的起源和本源

一、新闻起源于人们社会性生产生活的需要

新闻是整个新闻传播事业的细胞，是一切新闻传播活动的起点和支点。而新闻传播事业又是在人类新闻传播活动充分发展的基础上产生的，因此对人类早期新闻传播活动的考察，自然成为新闻传播学研究的起点。

在大千世界中，为什么会有新闻传播活动这种社会现象呢？它是从来就有的，还是人类社会创造出来的呢？它是人们任意创造的，还是一定社会历史条件下的产物呢？根据辩证唯物主义的基本原理，我们认为新闻是人类社会的产物，是人类社会交往活动的产物，是人类为了满足自身的生存和发展的需求的产物，是人类社会性生产、生活的产物。人类出现以前，自然界是不存在新闻这种现象的。那时，地球也像宇宙中其他星球一样，日夜不停地发生着变化，有时甚至是巨大的变化。例如，冰川出现，洪水暴发，恐龙消亡，高山夷为平地，平地变成沧海等等。所有这些变化都是按照自身的规律产生和发展的，没有谁去传播，也用不着向谁传播，因此也就无所谓新闻和新闻传播活动。只有在人类社会出现以后，新闻和新闻传播活动才有可能产生。按照达尔文进化论的观点，人是由类人猿进化而来的。在从猿进化为人的漫长过程中，劳动起了决定作用。它促进了由猿的体质到人的体质的转变，促进了语言的产生和发展，促进了人类思维活动的产生，也促进了新闻传播活动的产生。所以说，劳动创造了人本身，也创造了人类的新闻传播活动。

人和动物的根本区别在于人能够制造工具，进行生产劳动，并通过生产劳动来改造自然，求得生存和发展。在生产劳动中，人必须了解客观世界的变化，并且把这种变化及时地告诉自己的同伴。原始社会，人面临的主要危险来自自然灾害、部落战争和猛兽。正是人生存和发展的需要，刺激了新闻传播活动的产生。同时，由于原始社会生产力极度低下，原始人无法在自然界单独地求得生存和发展，必须许多人一起协同行动。所以，原始人的生产、生活从一开始就是社会性的。所谓社会性生产、生活，是指人们在一定的社会生产力条

件下结成的相互依存的生存方式或者生存状态。这种相互依存的生存方式或者生存状态越紧密，其社会性生产、生活水平就越高，反之，其社会性生产、生活水平就越低。在为了共同的生存和发展而结成的社会性生产、生活中，人们必须互相联络，沟通消息，传递情况，商讨对策，一致行动。由此，最早的新闻传播活动就产生了。所以，站在新闻传播学的角度看，完全可以说，是人类社会性生产、生活的需要刺激了新闻传播活动的产生。新闻传播事业是人类社会性生产、生活发展到一定阶段的产物。

按照上述观点看问题，我们自然而然地会推导出下面两个结论：

第一，人类社会性生产、生活发展到了一定阶段，新闻传播活动必然导致新闻传播事业的产生。大量的考古和探险资料表明，人类新闻传播活动古已有之，而且新闻传播活动都是出于人类团结起来战胜自然灾害以求得生存和发展的需要。例如，南部非洲的什门人往往集合两三百人狩猎，主要联络方式是用火作信号。达尔文在他的《研究日志》中提到，火地岛上的土著居民同样用火传递情况，相互联系。普列汉诺夫在《没有地址的信》中也提到，在澳大利亚内地，原始人在水溪边的岩石上画出袋鼠和人手的图画，目的是要告诉同伴：附近有水源，人和动物在此饮过水。人类社会经过了漫长的新闻传播活动的积累，直到 16 世纪资本主义商品经济充分发展之后，正规的新闻传播事业才产生。

第二，一个国家或地区的社会性生产、生活程度越高，其新闻传播事业就越发达，反之，其新闻传播事业就不发达。当今世界，美国、日本等发达国家的社会性生产、生活水平很高，所以其新闻传播事业就非常发达。在一个国家内部，由于社会性生产、生活的发展水平不平衡，也影响地区与地区之间新闻传播事业的发展水平。例如，在我国东南沿海地区的社会性生产、生活水平明显地高于广袤的内地特别是西南边疆地区，所以珠江三角洲地区和长江三角洲地区的新闻传播事业的水平和面貌，明显地高于其他地区的新闻传播事业。改革开放以来，我国的社会生产力水平提高了，社会性生产、生活的水平提高了，在此基础上，新闻传播事业获得了迅猛的发展。

二、新闻起源问题上的唯心主义观点批判

在新闻起源问题上的唯心主义观点，可以归纳为主观唯心主义的"观念论"和客观唯心主义的"唯意志论"两种类型。主观唯心主义的"观念论"具体表现为"群居说"和"好奇说"，客观唯心主义的"唯意志论"具体表现为"意志论"和"不可知论"（或"神秘论"）。下面，对新闻起源问题上

的这四种唯心主义观点进行具体分析。

第一，"群居说"批判。"群居说"是西方新闻学界一种关于新闻起源的观点，这种观点认为，在人类社会早期由于人们"结群而居"，相互间需要进行信息的沟通和经验的交流，于是产生了新闻传播活动。这种观点正确地看到了人的自然属性，而忽视了人的社会属性。马克思主义唯物史观认为，人既是自然的人，也是社会的人，社会性才是人的本质属性。人类之所以要"群居"，有着深刻的社会历史原因。大致来说，有这样四个方面的原因：一是人有群居结社的天性，可以说是天性使然。英国 18 世纪著名的政论家博克（Edmund Burke，1729—1797）认为，人之所以要群居，主要的并不是要社交，因为社交本身并不能给人任何积极的快感。相反，那只是它的反面，"孤独寂寞"，"乃是所能想象到的最大的积极的痛感"。所以，人要求社交或群居，乃是为着避免"孤独寂寞"。① 这种观点可以从心理学上说明问题，但并不能从社会学意义上解释问题。二是生存环境恶劣，单个的人很难存活，只有结群而居才能求得生存。三是信息交流的需要，人类生存的基本条件是相互交流信息，实现经验共享。四是社会化劳动的需要，信息的交流促成了社会化劳动的产生，社会化劳动反过来促进了新闻传播活动的产生和发展。因此，"群居"是在原始社会生产力极其低下的情况下，人类为了生存和发展的需要，结成了社会性的生产和生活。正是这种社会性劳动实践，促进了新闻传播活动的产生和发展。因为"群居说"忽视了新闻传播活动产生的这个根本原因，所以是错误的。

第二，"好奇说"批判。"好奇说"也是西方新闻学界一种关于新闻起源的观点。这种观点认为，人们由于生理的需要，天生就对外界充满着好奇心理。例如，有眼睛就爱观察事物，有耳朵就爱打听消息，有嘴巴就爱传播新闻。正是由于这种好奇心理（或新闻欲）导致了新闻传播活动的产生。我们认为，新闻传播媒介应该承认和尊重人的好奇心，并且在可能的情况下尽量满足受众的兴趣。但是，按照马克思主义的观点，应该主要是人们的社会性生产、生活的需要，而不仅仅是人的"好奇心"，推动了新闻传播活动的产生和发展。这一点，我们可以从人们"好奇"的层次上得到印证。如果以"我"为中心，人们的"好奇"首先是"与我关系密切的人和事"，其次是"与我有关系的人和事"，最后是"有关社会和人类命运的人和事"。可见，人们之所以"好奇"，主要是为了自身的生存和发展的需要，并不仅仅是由于生理上的原因。只要稍微留意，就可以发现人们所"好"之"奇"，主要是那些和自己

---

① 朱光潜. 西方美学史（上卷）. 北京：人民文学出版社，1979. 288.

生存和发展的需要密切相关的"奇",而不只是一味地"好"那些稀奇古怪之"奇"。因此,从根本上说,新闻起源于人类社会性生产、生活,"好奇说"也是错误的。

第三,"意志论"批判。"意志论"又叫"唯意志论",是客观唯心主义"唯意志论"在新闻起源问题上的表现。"唯意志论"哲学的代表人物叔本华认为,世界分为两个方面:一方面是"现象世界",即围绕人的世界("世界是我的表象"),这是非本质的世界。另一方面是"本质世界",即由意志支配的世界("世界是我的意志"),这是真实的世界、本质的世界。显然,他是把意志作为世界的基础和本源,现实世界只不过是意志的"外化"(客观化)。这种观点运用到新闻传播学中来,则认为新闻不是客观社会生活的反映,而是意志的表现,只有作为意志表现的新闻才是真实的,而客观社会生活是虚伪的。按照这种观点来解释新闻的起源问题,必然颠倒客观事实和人的意志之间的关系,无限夸大意志的作用,并进而颠倒客观事实和政治性的关系,无限夸大事实的政治性,主张"事实为政治服务"。这种"意志论"实际上就是一种法西斯主义的新闻传播观。因此,在解释新闻的起源问题时,所谓"意志论"或者"唯意志论"是不可取的。

第四,"神秘论"批判。按照上述所谓"意志论"或者"唯意志论"观点解释新闻的起源问题,势必否认客观现实世界的真实性和可知性,滑入"不可知论"的泥淖。表现在实际的新闻工作中,就是所谓的"神秘论"。这种观点认为,世界上一切事物的背后都有某种神秘的、高深莫测的力量在起作用。新闻也不例外,它是由隐藏在其背后的神秘力量的推动而发生和发展的。改革开放以来,在新闻传播事业大发展的形势下,也出现了大量的各种"天方夜谭"的假新闻。例如,"千年巨龟之谜""屠夫杀猪百刀不死""不明飞行物""火娃""小保姆和她的专著""乒乓名将神佛保佑""另一世界的人仍和科研单位保持特殊联系""关于'8341'部队番号的来历""神农架野人标本活体""八十岁老太太十年不睡觉""某人吃玻璃瓶2 000个"等等,不一而足。这些荒诞不经的"新闻",除了欺世盗名、骗取钱财之外,在认识论上都源于"神秘论"。"神秘论"在当代中国新闻界曾风行一时,是封建迷信思想和资本主义庸俗思想杂交的怪胎。因此,在新闻起源问题上的"神秘论"的观点应为新闻界所鄙弃。

三、新闻的本源是事实

新闻的本源是指新闻的来源问题,即新闻是什么,由什么构成的问题。那么，新闻的本源是什么呢？辩证唯物主义的观点认为，新闻的本源是事实，是人类在同自然界的斗争中和在社会生活中所发生的各种各样的客观事实。客观事实是指客观世界中已经发生或正在发生的各种各样的事实，它是不依人们的主观意识而存在的。

客观事实可以分为两大类：一是自然界发生的事实，二是人类社会所发生的各种事实。自然界发生的事实，有的可能成为新闻（如台风、地震、奇异天象等），有的不可能成为新闻（如遥远天体的巨大变化、长江水日日夜夜向东流、小树苗天天生长等）。不能成为新闻的自然界的事实，要么是天天发生但没有明显变化的事实，要么是已经发生但人们无法认识到的巨大的变化。人类社会中发生的事实是指人们在同自然界相互联系过程中所发生的各种各样的事实。人类社会所发生的各种事实一般都可以成为新闻，但很大一部分由于受到各种各样的限制（如新闻媒介数量、人的认识能力、政治和经济势力等）而难以成为新闻。值得指出的是，人的思维活动也是一种客观存在，它一般可以导致客观事实的产生，这种客观事实也是可以成为新闻的。但思维活动毕竟不是客观事实，因此它不能成为新闻的本源。所谓"合理想象""狠斗私字一闪念""最高最新指示""预发性事实""想象性事实""推测性事实"等，都不可能成为新闻。

我们把自然界发生的事实和人类社会发生的事实统称为普通事实，而把它们中间那些能够成为新闻的事实称为新闻事实。新闻事实是指那些被人们选取、经过人的主观意识反映并以一定的方式表达出来的客观事实。它已经脱离了事实的自然状态，经过了新闻工作者初步的选择和加工，并且准备通过新闻传播媒介传播或者已经经过新闻传播媒介传播。因此，新闻事实又可以称为预备报道的事实和新闻报道中的事实。这一类事实是由客观事实所决定的，但是已经明显地带有主观色彩。

事实是客观存在的，新闻是对客观事物的反映。事实是第一性的，新闻是第二性的。有事实才有新闻，先有事实，后有新闻，没有事实，就没有新闻。背离事实，就是假新闻。在事实和新闻的关系之间可以有不同的组合，大致有以下四种情形：

第一，"真事实真新闻"。这是新闻传播媒介反映客观世界、报道事实的唯一常态，各种新闻传播媒介每天刊播的大量的新闻即属于此种情况。新闻传播媒介只有坚持按照客观事实的本来面目报道新闻，才有真实性可言，才有公信力可言。如果新闻传播媒介捏造事实、背离事实、歪曲事实，或仅仅片面地反映事实，就会制造假新闻，就会丧失其赖以生存和发展的基础。

第二，"真事实假新闻"。这是新闻传播媒介反映客观世界、报道事实的一种变态，是对客观世界和客观事实的一种歪曲的反映。历史上和现实中，有些独裁者为了强奸民意，指使奴才上演"劝进"或"民选"的假戏，他们百分之百地"当选"。在我国由计划经济体制向社会主义市场经济体制的过渡时期，也可能出现一些形形色色的假先进和假典型，出现一些光怪陆离的现象。表面看来，这些"事实"可能是"真实"的，但和实际情况却正好相反。新闻传播媒介如果仅仅停留在对事物表面的观察上，不加区别地一味据"实"报道，也可能制造出假新闻。另外，某些"摆设新闻"或"掩饰新闻"根本不能反映客观事实，如果新闻传播媒介不加区分，随意加以报道，不但自己制造假新闻，还会引起其他新闻传播媒体的"猜测"和"炒作"。更有甚者，如果新闻记者和新闻传播媒介与那些所谓的"先进"和"典型"沆瀣一气，公开为他们鼓吹，则可能散布谣言，欺骗受众，以致污染社会风气。《南方日报》2004 年 5 月 20 日报道，广东省河源市 96 位保护恐龙蛋化石功臣受奖，其中"刘阳新一年上交 97 枚恐龙蛋"。如果仅就刘阳新"献蛋受奖"这一单纯关系而言，事实和新闻都是真的。但是，如果由此认为刘阳新是保护文物、热爱国家的"功臣"，则不一定是真的。果然，该报 5 月 25 日紧接着报道，"家中搜出恐龙蛋化石 557 枚，献蛋功臣刘阳新原是窃蛋大盗"。据刘阳新交代，他之所以"既窃蛋又献蛋"，是为了牟取更大的利益。这样看来，即使是"真事实"也有可能导致假新闻。在许多血的教训面前，新闻传播媒介应该深刻反思，坚守新闻真实性原则和新闻职业道德。

第三，"假事实真新闻"。这也是新闻传播媒介反映客观世界、报道事实的一种变态，这往往是由于新闻工作者别有用心或粗心大意或一时无法辨别其真伪而造成的。这种情况的出现，主要是因为突发新闻事实本身需要一个逐渐澄清的过程，也可能包含着某些人为的因素，例如新闻当事人因利害而故意隐瞒或张扬新闻事实。在这种情况下，新闻传播媒介据实报道，无论事实真伪都是真新闻，但是其后续报道必须跟进。否则，假事实就真的成为假新闻了。

第四，"假事实假新闻"。假事实是指客观世界根本不存在或者尚未发生而由新闻传播者或新闻当事人故意凭空捏造的事实。根据此类"事实"而报道的新闻必然是假新闻。"假事实假新闻"是新闻传播事业中常常发生的现象，是新闻传播媒介对于客观世界的一种歪曲的反映。这种情况的发生，有些是某些新闻传播者或新闻传播媒介为了自私自利而隐瞒事实真相、捏造事实造成的，有些是由于新闻传播者粗枝大叶、道听途说造成的，有的是新闻当事人因利害关系而故意捏造，提供给新闻媒介的。

四、新闻必须用事实说话

鉴于上述"事实"与"新闻"的关系,在新闻传播实践中,准确把握事实与新闻的关系,对于新闻传播者而言具有重要的意义。一般来说,在处理"事实"与"新闻"的关系时,新闻媒介和新闻传播者应该注意以下三个问题:

首先,他们应该始终坚持新闻的真实性原则,坚持先有事实后有新闻,做到所有的新闻不仅"有据可查",而且所有的新闻必须"查有实据"。这样,才能真正克服一个时期以来出现的所谓"想象式""推测式"和"预告式""疑似新闻"的弊端。

其次,他们应该学会"用事实说话"的基本方法。所谓"用事实说话",就是客观地报道客观世界所发生的各种各样的新闻事实,而不要加入记者的主观感受、褒贬评论或明示引导。多年来,我们的新闻报道中不善于用事实说话,形成了一些不好的习惯。其中,一个重要的表现就是生硬的概念加例子。例子固然是事实,但是正如新华通讯社原社长穆青所说的,"事实一旦被当作例子,便直接违反了新闻用事实说话的原则。因为所谓例子是用来例证某一抽象的概念和论点的,当这个概念和论点,一般人不易了解时,作者才不得不举例以明之。因此例子是和概念分不开的,没有概念,也无所谓例子,例子是从属于概念的。"① 新闻本身就是事实,它可以表达一定的主题思想,根本不需要例子来说明。用事实说话首先要"吃透"事实。

再次,不要笼统地提倡"事实为政治服务"的口号。"事实为政治服务"是一种法西斯主义的新闻观点。这种观点认为,新闻不一定是对客观事实的报道,而是意志对于客观外界的一种需要,是意志的"外化"。只要人有某种需要,特别是政治斗争的需要,就可以虚构某种新闻。在第二次世界大战期间,德国和日本法西斯统治者利用这种错误的观点制造了大量假新闻和谣言,欺骗本国人民,鼓动对外侵略扩张政策。纳粹德国的宣传部长戈培尔说,"谎言重复一千遍,就可以变成事实"。在中国"文化大革命"中,林彪、"四人帮"集团又把这种荒谬的观点推演到极端。林彪曾经说过,"事实可以为政治服务",也就是说为了他们的阴谋活动的需要,他们可以捏造事实。他们正是这样利用新闻传播事业造谣生事,打击别人、抬高自己,把他们控制的新闻传播事业作为对全国人民实行"全面专政"的工具。应该看到,有些事实能够为

---

① 穆青. 新闻散论. 北京:新华出版社,1996. 27.

政治服务，报道关于这一类事实的新闻也就是为政治服务；有些事实不能直接为政治服务，如果在报道这一类事实时笼统地要求为政治服务，就会步入荒唐的境地。

第二节 新闻和信息

一、信息的定义和特征

为了确切地认识新闻，有必要先引入信息的概念。人们之所以需要传播和接受新闻，是因为新闻能够帮助他们了解外界新近发生的情况和变化，使他们更好地生存和发展。而他们所需要了解的关于外界的新情况或新变化，就是他们所能感知的关于外界客观事物新的变化的信息。

信息正式作为一个科学概念提出，是 20 世纪 40 年代后期的事情。1948年，信息论的创始人、美国数学家克劳德·申农（Claude E. Shannon）发表了著名论文《通讯的数学理论》，第一次阐述了信息论的基本理论问题。他指出："信息（information）就是消除或减少收信人对讯息（message）的某种不确定性，信息是不确定性减少的量。"[①] 与此同时，美国数学家诺伯特·维纳（Norbert Wiener）发表《控制论》一书，也提出了关于信息的概念。他说："信息这个名称的内容就是我们对外界交换来的东西。"[②]

按照他们的观点，我们可以得出如下关于信息的定义：

信息是我们在适应外部世界并且使这种适应反作用于外部世界的过程中，同外部世界实行交换的内容的名称。通俗地说，信息是认识过程中沟通客体和主体的中介。

从整个物质世界的构成看，物质、能量和信息是构成客观世界三位一体的基本要素。世界是物质的，物质是运动的，运动中的物质能够蕴含和释放出相应的能量。在一定能量的驱使下，物质把自己的要素、结果和功能显现出来，

---

① 李元授等．新闻传播学．北京：新华出版社，2001. 20.
② 吴文虎．传播学概论．武汉：武汉大学出版社，2000. 152.

这就是信息。外界事物能够直接刺激人的感官、进入人的头脑的，只能是信息，而不是物质或者能量。

信息的这种中介性，使得它具有既非纯粹的物质又非纯粹的精神的性质。换句话说，信息既具有物质状态的外壳，又具有精神状态的内涵。根据这种物质性和精神性统一的特征，我们可以从以下四个方面概括出信息的主要特征。

第一，在传播过程中，信息最大的作用在于它能够消除接受者的不确定性。这既是信息的功能，也是信息最主要的特征。人们认识过程中不确定性减少的数量就是信息量，信息量的大小一般用"熵"来表示。"熵"是热力体系中不能用来做功的热能，也是人们认识过程中不确定性的标志。所以，信息量是指"负熵"。一般来说，信息量的大小与以下四个方面的因素密切相关：一是与事物变动的影响力成正比。事物变动的影响力即事物变动对社会、对人们切身利益的影响程度越大，其信息量越大，反之越小。二是与事物变动的规模和空间成正比。事物变动的规模和空间越大，其信息量就越大，反之越小。三是与事物发展的速度成正比。事物发展变化的速度越快，持续的时间越短，其信息量就越大，反之越小。四是与事物发生的可能性概率成反比。事物按照常规常态发展，在人们的意料之中，其信息量比较小。反之，如果一反常态，完全出乎人们的意料，其信息量就变大。

第二，可虚拟传递性。信息不等于物质本身，它可以脱离客观事物而相对独立地存在，并能够通过相关事物反映出来。因此，它可以被人的感官和大脑摄取，并负载于声音、文字、图画和电波、光波等物质载体，在广阔的空间之上和悠远的时间之内传递。从这个观点出发，我们可以将商品（服务）分为物质的商品、精神的商品和中介性质的商品（服务）三种形态。物质的商品包括各种实物性交换产品；精神的商品包括科技成果转让、技术拍卖、知识产权转移、文艺作品展览等；而中介性质的商品（服务）则是以信息咨询商品（服务）为主体的新型商品和劳务交易。信息商品（服务）的主要功能是向人们提供、显示或引导社会各类物质商品和精神商品的时间、空间分布状态。人们通过各种渠道获取各种信息，并且经过科学的分析后，作用于其预期的行为。

第三，共享性。信息不同于实物，它不因享用人数的多寡而灭失，不因交流而为某一方所独占。在交流的过程中，信息既可以为传和受双方所共享，也可以为众多的接受者所共享。这就使得信息资源可以发挥最大的效用，例如，一条新闻可以使亿万受众同时受益。当然，在特定的时候某些特定的信息不宜在广泛的范围内为广大的人群所共享，例如，有关国家机密事项的信息和有关企业相互竞争的商业机密事项，就应该在一定的时间内限制在一定范围的人员知悉，而不能广为宣扬。尽管如此，从长期发展过程看，国家机密和商业机密终究会公开出来，成为广大人群所共享的信息资源。

第四，扩缩性。信息的数量和实用价值可以随着实际应用而不断增长，并且经过积累和重组可以衍生为新的信息。同样，在传播过程中，信息也可能随着时间的推移，时过境迁而被压缩、减损和消失。因此，不同的新闻传播媒介对同一条新闻信息既可以无限扩展，也可以尽量压缩乃至淹没。不过，扩展或压缩的依据不是传播者的主观愿望，而是受众的心理需求。在信息传播的过程中，受众作为新闻信息的接受者、检验者和反馈者，可以将新闻媒介所传播的信息加以弱化或强化。作为信息的接受者，如果新闻媒介反复传送一些过时的、空洞的或虚假的信息，受众就会忽略、抵制或反驳此类信息。这样，此类信息在受众那里就由强变弱，以致出现减速、失真、失效和信息量递减的趋势。有时候，新闻媒介对于现实生活中普遍存在和突出存在的信息充耳不闻，甚至制造假象而故意掩盖事实真相。作为信息的检验者和反馈者，受众就会通过各种渠道自动传播真实信息，并最终改变新闻媒介的态度，从而使真实信息得以通过新闻媒介在更大的范围内公开传播。这样，信息在受众那里就会由弱变强，信息的流量和覆盖面就得以扩张。

二、信息的分类

按照不同的方法，对信息可以进行多种分类。大致来说，可以从以下三个方面对信息进行分类。

第一，从哲学认识论的角度看，信息可以划分为本体论信息和认识论信息两种类型[①]。所谓事物的本体论信息，是指事物的运动状态和状态变化方式的自我表述。这里所说的"事物"既可以是外部世界的物质客体，也可以是主观领域的精神现象；"运动"是指一切意义上的变化和过程；"状态"是指事物运动过程中呈现出来的相对稳定的形态；"状态变化方式"是指事物运动的动态变化情形。事物本体论信息是纯客观层次上的信息，它只与客体本身的因素有关，与主体的因素无关。按照这个定义，如果得到了某个事物的本体论信息，就是知道了这个事物处在什么样的运动状态，以及这个运动状态会按照什么方式发生变化。所谓认识论信息，是指主体关于某个事物的运动状态变化方式的具体描述，包括对于它的"状态和方式"的形式、含义和价值的描述。这是从主体立场来考察的信息层次，既与客体因素有关，也与主体因素有关。

① 吕信奎．中国信息化．北京：电子工业出版社，2002.3～4.

由于引入了主体因素，认识论信息的内涵比本体论信息的内涵更丰富。按照这个定义，如果得到了某个事物的认识论信息，就既知道了这个事物的运动状态和状态变化方式的表现形式，也知道了这种"状态和方式"的含义以及它们对主体的价值。人们如果获得了足够的认识论信息，就可以根据它的形式、含义和价值做出恰当的判断和决策。因此，认识论信息在人们认识和改造客观世界的过程中具有更重要的意义，人们认识和改造客观世界的任务之一就是不断地将本体论信息转化为认识论信息，并做出科学的决策。

第二，从语言学的角度看，信息可以划分为语法信息、语义信息和语用信息三种类型①。语法信息是陈述事物运动状况的符号编码的排列组合，例如，形象、颜色、声音、气味等自然信息和语言、数字、电码等人工信息。这类信息只能表述事物的客观运动状况，而不能表述信息所包含的内容。语义信息是上述语法信息对观察者所具有的意义，例如，从声音信号中可以听懂语言，从光波信号中可以辨别物体。语用信息是上述语法信息对于接受者所具有的效用、价值和利益，例如，"滴水贵于油"对于久旱无雨的农民、"商机值千金"对于商人。

第三，从信息呈现的方式看，信息可以分为显态信息和隐态信息两类。显态信息是显露于外的信息，接受者可以通过五官直接感受到；隐态信息是隐含于内的信息，接受者不能通过五官直接感受到，需要通过对显态信息的比较、推理和分析才能获得。显态信息有目共睹，隐态信息见仁见智。例如，"一朵红花""花是红的"，这是显态信息；"花为什么红""花红和周围环境有何关系"则是隐态信息。又如，唐人颜真卿的法帖《颜勤礼碑》实际上是一篇优秀的人物传记。其中讲道："杲卿忠烈有清识……杀逆贼安禄山将李钦凑，开土门擒其心手何千年、高邈。"杲卿忠烈是显信息，安史之乱是一场阶级战争和家族战争，而这场战争又是由李姓皇室家族和包括严氏家族在内的贵戚家族贪污腐败所引发的，则是隐信息。显态信息又可以分为主信息、次信息、亚信息、余信息和负信息。以新闻作品为例，主信息就是那些要告诉受众的主要事实的信息；次信息是那些与主信息并列但重要程度略低的事实的信息；亚信息是指新闻事实得以产生的依托如空间环境、历史背景、时代氛围等等；余信息就是重复多余的信息；负信息则是指那些过时的、已毫无意义的信息。隐态信息又可分为由倾向、诱导和审美三个方面的显态信息所暗示的信息。所谓倾向性信息，是指由事物的显态信息所显示出来的倾向性，它能够自发地引起人们的注意和判断；所谓诱导性信息，是指事物的显态信息对接受者所具有的吸引

① 戴元光.传播学通论.上海：上海交通大学出版社，2000.249.

力，它能够诱导人们思考和选择；所谓审美性信息，是指事物的显态信息本身所具有的审美价值，它能够为接受者提供愉悦并为接受者所欣赏。在许多场合下，显态信息和隐态信息是交织在一起的，新闻报道如果能使二者共振，由显态信息揭示出隐态信息，就能形成精品。在新闻活动中，客观事实的新闻价值往往通过隐态信息来体现。能够洞察隐态信息，是新闻工作者的重要基本功之一。

三、新闻和信息的关系

新闻和信息一样，也是客观事物的情况、特征及其运动状况的表征在人脑中的反映。对于接受者来说，新闻和信息都是未知的。当接受者得到这些信息或新闻后，就能够消除他们对外界事物认识的某些不确定性，取得对客观事物的了解，从而有助于他们正确地认识世界和改造世界。从这个意义上说，新闻就是信息。

新闻是信息，但信息并不一定是新闻。新闻和信息毕竟不是同一个概念，它们之间有许多区别。新闻除了具有信息的一般特征外，还有不同于信息的其他特性。从这个意义上说，新闻是一种特殊的信息。新闻和信息的区别在于以下四个方面：

第一，概念外延的宽窄不同。信息的外延要比新闻的外延宽广得多，所有的新闻都是信息，但并不是所有的信息都能够成为新闻。新闻只是信息中的一部分，凡是能够帮助人们消除不确定性的东西都是信息，但只有那些新近发生的具有新意的信息才是新闻。

第二，主观色彩的有无不同。根据信息对接受者的作用，信息可以分为语法信息、语义信息和语用信息三个不同的层次。语法信息是指陈述事物运动状况的符号编码的排列组合，这一类信息是客观存在的，只表述事物的客观运动状况，而不会表述信息所包含的内容，它们对于任何观察者来说毫无差别。语义信息是指上述"语法信息"对观察者所具有的意义，这类信息渗入了接受者的主观意识，具有主观色彩，人们对于语义信息的理解有很大的区别。语用信息是指上述"语法信息"对于接受者所具有的效用、价值和利益，这类信息也具有主观色彩，不同的接受者对于同一信息具有不同的感受。可见，信息可能有主观色彩，也可能无主观色彩。但是，新闻是人的头脑对客观外界的反映，具有明显的主观色彩。

第三，作用的范围不同。信息着重于越来越个人化的服务，新闻则着重于共同体间的服务。信息的服务是个别的，新闻的服务是共同的。广告是一种信息，但不是新闻，因为广告本身不能决定它必须是一个全社会共同需要的信息。个人所发送的手机短信也是一种信息，但它不完全是新闻，因为它不能满足一般社会大众的信息需求。与广告和手机短信不同，新闻必须是社会普遍需求的信息，它的价值的实现是获得尽可能多的受众。

第四，利用传播媒介的多寡的不同。信息的传播可以通过各种媒介和传播方式在各种场合下实现，而新闻的传播只能通过新闻传播媒介（报纸、广播、电视、互联网）来实现。随着科学技术的进步，信息的传递可能越来越多地通过个性化的媒介来实现，如打电话、写信、发手机短信等，但那些"信息"还不是真正意义上的新闻。它们要成为新闻，必须由具有广泛公信力的新闻传播媒介传播。因为现代化的社会既需要多元化的信息渠道，更需要权威的新闻传播媒介。当然，在某些社会或社会发展的某些时期，执政者或新闻传播媒介所有者有意隐匿某些重大的新闻，造成"大道不传小道传"的不正常现象。那么，能否以此作为新闻无须经由新闻传播媒介传播的理由呢？我们认为，如果考虑到以下两种情形，即使这种特殊的现象也不能作为新闻无须经由新闻传播媒介传播的理由。首先，这种特殊现象不可能长期存在，事实的真相总会或迟或早地暴露出来。其次，在某一特殊社会或社会特殊时期，所有为广大人民群众关心的重大事实，即使某些新闻传播媒介不报道，与之不同或相对立的新闻传播媒介也必定要大肆报道。

第三节　新闻的定义、本质和特征

一、关于新闻定义的辨析

在中国古代文献中，"消息"和"新闻"常常并用，但"消息"一词的出现比"新闻"早。"消息"中的"消"，灭也，"息"，生也，意思是外界事物的变化，特别是那些与人们切身利益相关的外界事物的变化。

"新闻"一词最早出现于唐朝初年。唐初，尉迟枢写的《南楚新闻》一书，专门记载当时南方民间的奇闻逸事。其书名即标以"新闻"二字，其内容大约相当于新闻报道。宋朝人赵昇所著的《朝野类要》中对"新闻"作了更为具体的说明："其有所谓内探、省探、衙探之类，皆衷私小报，率有泄漏之禁，故隐而号之曰新闻。"① 据考证，这是第一次将报纸和新闻联系在一起。可见，这时的"新闻"已不再只是人们茶余饭后的奇闻逸事，而是关系时局发展的社会政治动态。到了清朝以后，"新闻"一词出现的频率越来越高，并且融进了"消息"的内容。例如，《红楼梦》第一回记载，甄士隐跟着疯道人飘然而去，"当下轰动街坊，众人当作新闻传说，封氏知此信，哭得死去活来"。又如，"漫向风尘试壮游，天涯浪迹一孤舟。新闻总入夷坚志，斗酒难消块垒愁"（蒲松龄《感愤诗》）。可见，"新闻"的含义已经扩大为新近发生的与人们切身利益相关的事实或奇闻逸事。

在英语中，"news"一词作为"新鲜事实的报道"的意义，最早出现于1423 年苏格兰国王詹姆士一世的诏书中；1622 年，在伦敦出版的《每周新闻》（*Weekly News*）正式以"新闻"命名；到 1700 年前后，"news"一词已流行于欧洲各国，如德语中的"neues"，法语中的"nues"等；后来，有些人用"拆字法"将"news"的含义解释为"四面八方的情况汇集"（north east west south），这是不准确的。

在现实生活中，"新闻"一词使用得相当广泛，在不同的情况下具有不同的含义。有时候，"新闻"是指新闻报道的体裁，例如，消息、通讯、新闻特写、调查报告、新闻图片，新闻公报等；有时候，"新闻"专指新闻报道体裁中的一种，即消息（包括简讯、电讯等）；有时候，"新闻"是指报道某种事实的方式，例如，新闻传播媒介为传播新闻所进行的新闻采访、新闻写作、新闻编辑等活动以及各种各样的记者招待会、答记者问等；有时候，"新闻"是指某种具有特殊性质的被大众传播媒介报道（传播）的事实或者是有关这种事实的信息，例如，新闻传播媒介上所报道的有关新近发生的各种各样的事实。在前三种情况下，"新闻"是属于新闻业务研究的范围，无法包含作为理论意义上的"新闻"的内容。只有在第四种情况下，"新闻"才着眼于新闻的内容方面，是研究"新闻"是一种什么样的事实（信息）的报道，或者是研究"新闻"是一种什么样的被报道的事实（信息）。这是从理论意义上分析"新闻"的含义，因而新闻所包含的这层意义应该是新闻学即新闻理论研究"新闻"的出发点和基本范畴。

---

① 方汉奇. 中国新闻事业简史. 北京：中国人民大学出版社，1995. 17.

二、新闻的定义

关于新闻的定义，历来众说纷纭，莫衷一是。大致说来，可以将中外新闻传播学家或新闻工作者关于新闻的定义分为以下五种：

第一，"事实说"。即将新闻看作是一种事实或者是被传播的事实。其中，以美国新闻学家弗兰克·莫特和我国著名记者范长江为代表。他们认为，"新闻是新近报道的事情"；"新闻就是广大群众欲知、应知而未知的重要的事实"。事实是新闻的本源，强调这个观点，划清了新闻传播活动中的唯物主义与唯心主义的思想认识路线的界限。但是事实本身还不是新闻，因为不是所有的事实都具有新闻的价值，即使有新闻价值的事实要成为新闻，也需要经过新闻传播媒介的报道，而新闻传播媒介又是由人掌握的，因而新闻又带有主观色彩。一个关于新闻的定义如果不考虑这些因素特别是人的主观因素，是不完善的。

第二，"报道说"。即将新闻视为一种报道或传播的活动。其中以我国新闻宣传事业的长期领导者陆定一为代表。他认为，"新闻是新近发生的事实的报道"。事实要成为新闻，必须经过新闻传播媒介的报道，但是新闻传播媒介的"报道"本身不是"新闻"①。新闻和报道是两个不同的但又极容易混淆的概念。新闻报道是新闻传播媒介对于新闻进行的报道，是一种社会活动形式及其表达方式。新闻是新闻报道的对象，是新闻传播过程中的传播内容。"报道说"虽然广为流传，但也有不确切的地方。

第三，"手段说"。即将新闻归结为为达到某种目的特别是政治目的的手段。其中，以日本新闻学家小野秀雄和我国新闻学家甘惜分教授为代表。他们认为，"新闻是根据自己的使命对具有现实性的事实报道和批评，是用最短时距的有规律的、连续的出现来进行广泛传播的经济范畴内的东西"；"新闻是报道或评述最新的重要事实以影响舆论的特殊手段"。他们的着眼点是新闻传播媒介的舆论导向功能和新闻传播事业的阶级性。新闻和新闻传播事业是两个既有联系又有区别的概念。新闻传播事业负有舆论导向的任务，在阶级社会中具有阶级性。新闻只是新闻传播媒介在新闻传播活动中用来进行舆论导向的载体，本身并无阶级性可言。

第四，"兴趣说"或者"趣味说"。这种观点将新闻看成是能够引起受众的兴趣，特别是能够引起受众感官刺激的因素。这是西方早期报人比较一致的看法，他们认为，"对一个足以引起读者兴趣的观念或事情，在不违背正确原

---

① 李卓钧.新闻理论纲要.武汉：武汉大学出版社，1995.23.

则下，所作的最新报道，皆为新闻"；"狗咬人不是新闻，人咬狗才是新闻"。受众的兴趣是构成新闻的因素，但不是构成新闻的必要的和主要的因素。不能把受众的兴趣放在首位，更不能一味追求和迎合受众的低级趣味。

第五，"信息说"。这种观点认为，新闻是经过新闻传播媒介传播的事实的信息。其中，以日本新闻学家和田洋一和我国复旦大学新闻学院宁树藩教授为代表。和田洋一认为："所谓新闻，就是当人们生活着的社会环境突然或者急剧地发生了变动，使人们处于新的状态之下，'瞭望者'判断一旦把变动告诉民众，将会使民众产生利害感、好奇心、兴趣或正义感，于是决定对变动加以报道，其报道的内容就是新闻。"① 宁树藩指出，新闻的特性就是"向公众传播新近事实的讯息"。② 这种定义既强调了新闻的内容，又肯定了新闻传播媒介（新闻传播者）和新闻价值的功能，因而比较符合学术规范。

据此，可以得出如下关于新闻的定义：新闻是经由新闻传播媒介传播的为广大受众所关心的新近发生的事实或情况的信息。

三、新闻的本质

新闻的本质是什么，这是一个难以解释的问题。吴高福教授认为，新闻是一种精神现象，是新闻传播者对社会生活的主观能动反映。

现实世界可以分为物质世界和精神世界两大类。物质世界是不依赖于精神世界客观存在的，而精神世界是对物质世界的一种反映。从本质上看，新闻不是物质世界客观存在的事物本身，而是物质世界客观事物的信息在人的头脑中的反映，是人对于客观存在的事物的认识和反映。新闻以事实为基础，具有客观性，但它不是客观事实本身，而是人们对于客观存在的物质性事实的反映、报道的结果。因此，新闻具有主观性，属于精神世界的一部分，是一种精神现象③。

从表面上看，新闻是新闻传播者个人对客观事实的反映，是一种个人意识。但是，个人是不能离开社会的，他每时每刻都处于复杂的社会关系之中，任何个人的意识活动不能离开社会的一般意识。因此，新闻这种精神现象不是个别人的精神现象，而是整个社会的精神现象的反映。新闻作为社会意识的一部分，具有其他社会意识形态（政治、法律、哲学、宗教、文学、艺术等）

---

① ［日］和田洋一. 新闻学概论. 吴文莉译. 北京：中国新闻出版社，1985.8.
② 宁树藩. 论新闻特性. 新闻大学，1984（8）.
③ 吴高福. 新闻学基本原理. 武汉：武汉大学出版社，1993.6.

所具有的一切特性。例如，社会意识形态对社会生活的"主观映像性"、相对独立性和主观能动性等等。

在新闻这种社会意识形态中，作为认识世界和反映客观世界的主体的新闻传播者，在报道有关客观事物的信息时并不是完全被动的，而是具有主观能动性。根据辩证唯物主义的基本原理，事实是新闻的本源，是新闻的客观内容，新闻必须忠于事实。但是，新闻也是新闻传播者对事实进行选择性报道的结果。同时，还应该看到由于新闻传播者的政治立场和价值观念不同，他们对于相同的新闻可能有不同的评价及不同的舆论导向和价值取向。新闻之所以具有主观能动性，是因为人的活动与动物的活动有着本质的不同。动物的活动是被动地为了满足生存的需要，是一种无意识的生理本能活动，而人的活动是有目的、有意识的。蜜蜂的本领使建筑师感到惭愧，但它永远不可能像建筑师那样在活动之前就有一定的目的和计划。另外，新闻工作者在反映社会生活之前是有一定的目的和计划的。他们根据一定的目的和计划选择事实、写作新闻和传播新闻。这样，就使得新闻在反映社会生活的过程中包含着新闻工作者的目的性和主观倾向性，从而使新闻在反映社会生活时具有主观能动性。

新闻的主观能动性集中地表现在新闻传播者的主体意识上。这种主体意识是指新闻传播者在新闻传播过程中的主体地位和精神动力以及对于传播客体的社会责任感。从主体地位来看，它要求新闻传播者在新闻传播过程中处于主导和支配的地位，克服只从客体和直观形式去理解事实和新闻的机械决定论。从精神动力看，它表现为新闻传播者的"生存意识"和"成就意识"。"生存意识"既表现为新闻传播者对于满足自身生存和安全的物质条件的需求，也表现为对于整个人类生存和安全的关注。从社会责任感看，它要求新闻工作者将自己的命运和整个国家的命运、人类的命运有机地结合起来，由此产生出高度的社会责任感。新华通讯社记者黄文认为："一个人要做成一件事情，最重要的是他要有职业责任感，慢慢地你看到你做出成绩了，你会有一种成就感。我觉得作为记者，你要有一种信仰，对你的工作要有一种自豪感，有了这种自豪感后，会给人带来一种品质：那就是超人的意志力。"① 这里所谓的职业责任感、成就感、自豪感和意志力，就是新闻传播者在新闻传播过程中主体地位和生存意识的具体表现。这是新闻传播者区别于其他社会成员的主要标志，也是新闻传播事业区别于其他行业的根本使命。

中外一切著名的新闻工作者，无一例外都具有高度的社会责任感，都能够自觉地意识到和体现新闻的本质。我国著名记者穆青在回答"青年记者怎样

---

① 方芳. 名记者清华演讲录. 北京：人民日报出版社，2003. 4～5.

成才"时说，"勿忘人民"。他认为，只有爱人民的人才会被人民所爱，新闻工作者有了这种感情，"在采写新闻时，就能充分唤起自己的各种'储能'，理论、知识、文采、技巧就会形成有机的整体，发挥巨大的整体效应"①。美联社记者乔治·艾斯珀采访肯特郡20年前4名学生被国家卫队杀害的事实。当他采访第四位受害者的母亲时，却遭到了她的拒绝，最后因真诚感动对方，采访大获成功。受害者母亲为什么改变主意，艾斯珀有自己的解释："或许那只是出于可怜：一个浑身湿透的记者出现在她的门前，她不忍心将他置于门外。或许是艾斯珀露出的同情心起了作用：尽管一生都在报道悲剧的发生，可他并没有由此变得冷酷无情。"②2004年3月12日《北京晚报》的报道《30多行人脱衣围成"产房"，北京一孕妇街头生产母子平安》，因为体现了对人的关爱，无疑是一篇好新闻。

由此可见，关心人，关心社会，关心国家，关心人类的命运，这是新闻工作者主体意识中最高层次和最主要的表现，是新闻传播事业的使命，也是新闻的本质。凡是自觉意识到新闻的本质和自觉践履新闻传播事业的使命的新闻记者，就是优秀记者和名记者。凡是自觉体现新闻的本质和自觉践行新闻传播事业使命的新闻作品，就是新闻精品和名品。相反，如果为了某种轰动效应而一味炒作那些亵渎生命的所谓新闻，则这样的新闻多不如少，有不如无。

四、新闻的特征

根据上述定义，我们可以推知新闻具有以下三个基本特征：

第一，新闻必须真实。所谓真实，是指作为主观世界的人的头脑对客观外界事物真伪评判的一种认识活动，或者说是客观外界事物在人的头脑中的反映。认识活动的真实性所反映的对象是客观的，但是反映的过程或标准是主观的。因此，真实性的问题是一个非常复杂的问题。大致说来，从认识的对象上看，有所谓事实的真实和逻辑的真实。从具体的认识方式上看，有所谓哲学的真实、文学的真实、新闻的真实和法律的真实。新闻是通过新闻传播媒介传播的关于客观事物的一种信息，所以它必须真实地反映客观事实的本来面目，它必须具有真实性。所谓新闻的真实性，是指新闻报道反映客观事物的准确度，它是新闻的本质特征，是新闻的生命。新闻必须真实这个特点，把新闻与上层建筑领域的其他方面如文学、哲学、法律等区别开来。上层建筑领域的其他方

---

① 穆青. 从记者走西口想到的. 中国记者, 1991 (3).
② [美] 施瓦茨. 如何成为顶级记者. 曹俊，王蕊译. 北京：中国编译出版社，2003. 1～2.

面也要真实地反映客观世界，但是反映的方式或手段是不相同的。哲学讲究真实地概括真理、表述真理，但它使用的方法或手段是抽象思维。从这个意义上说，哲学的真实可以称为逻辑的真实。逻辑的真实可能是对客观世界一种现实的真实性的概括，也可能只是一种纯粹的逻辑上的推理。古希腊哲学家芝诺认为，"要达到事物的真理，采用思想的方式要比采用感性的道路更加可靠"①。为此，他提出了著名的"运动场悖论"。他认为："一个跑步者从起点到终点，必须在有限的时间里穿过无限分割的数量的点，所以跑步者难以到达终点。"②显然，逻辑的真实在逻辑推导中可能是正确的，但如果套用到现实世界中来，则可能是荒谬的。例如，宗教也是对现实世界的一种反映，但是它只是一种虚幻的反映，所谓上帝的存在是根本不真实的。文学也讲究真实，它要求通过作品和人物真实地反映现实生活。但是，文学的真实并不等于具体事实的真实，也不是对现实生活的简单反映。它的真实是艺术的真实，是抽象化的真实，是源于生活而高于生活的真实。而新闻所要求的真实则是事实的真实，是具体的、现象的真实。所谓新闻事实必须完全真实，就是新闻报道的具体事实要真实无误。新闻报道要具备 5 个"W"，即 When（何时），Where（何地），Who（何人），What（何事），Why（何因）。其中，What（何事）处于核心地位，其他几个"W"都是围绕它展开的。一则新闻报道要真有其事，确有其人，适当其时，恰于其地，不允许有任何塑造和虚构。法律是国家按照统治阶级的意志制定和认可的，并由国家强制力保证其实施的行为规范的总和。在法律贯彻实施的过程中，也要讲求事实的真实和准确。事实是否真实和准确直接关系到当事人的利益和命运，直接关系到司法工作的公正性和权威性。它不仅要求事实完全真实准确，而且要求事实能够得到印证和各有关当事人的确认。从这个意义上讲，法律事实的真实性比新闻事实的真实性要求更高、更严格。虽然不能用法律事实的真实性标准来要求新闻工作，但是真正严肃的新闻工作者所报道的新闻事实应该逐渐接近法律事实的真实。

第二，新闻必须具有新意。新闻总是和事实的新变化相联系，它是通过新闻传播媒介所报道的正在变化着的事实的信息。从这个意义上说，新闻贵在"新"，新闻必须具有新意。具体说来，新闻的新意体现在以下五个方面：一是从时间上看，新闻所反映的事实必须是新近发生、刚刚发生或者正在发生的事实。新闻所反映的是变动中的事实，具有时效性，必须及时报道。失去时效，也就失去了新闻的价值。二是从内容上看，新闻所反映的事实必须是具有

① ［美］撒穆尔·伊诺克·斯通普夫等. 西方哲学史. 丁三东等译. 北京：中华书局，2005. 26.
② ［美］撒穆尔·伊诺克·斯通普夫等. 西方哲学史. 丁三东等译. 北京：中华书局，2005. 26.

新意的事实。有些事实天天发生，不一定能够成为新闻，但如果发现它具有某些新意则可能成为新闻。有些事实早已发生，但如果是最近发现并且具有新意，也可以成为新闻。有些事实虽然是多家媒介同时报道的，但是由于选择了其中不同的内容，也可以成为不同的新闻。三是从事物发展的过程看，新闻所反映的事实的新意是在不断变化的。在事物发展过程中，由于各种矛盾处于相对平衡的状态，可能没有明显的变化。但是，由于某一矛盾的突然变化，这种平衡状态就会很快被打破，全新的局面就会展示出来。2007 年 6 月，广东省九江大桥被运沙船撞垮，于是立即成为震惊中外的大新闻。随着矛盾的进一步加剧，大量因腐败而引起的桥梁建设质量的问题，因巨额索赔而引发的大桥长期超额收取过桥费的问题，亦成为引人关注的重大新闻。世界在不断地发展变化，生活像奔腾不息的河流，永远有新的东西产生，高潮迭起，新闻传播事业永远充满生机。四是从报道的角度上看，新闻报道应该有新角度和新视野。事物在发展中总是向人们呈现其多面性，新闻传播者完全可以从多种层面去发现事实中所包含的新意。五是从事物与事物的比较上看，新闻的"新"是通过事物与事物的相互比较而显示出来的。新闻报道如果时常注意过去与现在、现在与将来、大与小、多与少、真与假、美与丑、善与恶的对比，则可不断发现好的新闻。在这个意义上说，有比较才有新闻，而且新闻的"新"也是相对的、暂时的。

第三，新闻必须经过新闻传播媒介传播。新闻是以满足社会全体公众的需求为目的的，只有最大限度地让社会知道，才能实现新闻的价值。这是它最根本的价值所在，也是它最根本的特点之一。如果没有大众传播媒介的传播，事实本身并不能成为新闻。因此，新闻必须是经过大众传播媒介传播而为受众所接受的关于新近发生的事实的信息。有人认为，新闻机构发布新闻的活动只是整个人类社会的新闻活动的一部分，"新闻机构发布的某些新闻，人们并不认为是新闻"，新闻机构不予报道的也可能是新闻，甚至是重大的新闻。因此，他们主张"应以整个人类社会的新闻活动所传播的新闻作为研究对象"[①]。对此，应作具体的分析。首先，在新闻传播事业产生后，特别是在新闻传播媒介高度发达的今天，新闻传播媒介所传播的新闻已经覆盖和取代了人际传播所传播的新闻。个人化的信息不是新闻，要使信息成为新闻必须有一个共享的范围，这个范围越大，新闻的价值就越高。其次，所谓新闻是相对的，客观世界发生的具有新闻价值的事实无穷无尽，无论是人际传播或者是新闻传播媒介传播都不可能将其穷尽。在这种情况下，只有那些符合"人们长期形成的对于

---

① 李卓钧. 新闻理论纲要. 武汉：武汉大学出版社，1995. 20.

新闻的规范"的有关信息，才有可能通过新闻传播媒介的报道而成为新闻。除此之外的信息传播，要么是情报，要么是传闻。再次，在实际生活中，可能会发生这样的情况，某些新闻传播媒介传播的"某些新闻不是新闻"，这是新闻传播媒介没有履行职责的表现。还有一种特殊的情况，就是新闻传播媒介对于"重大新闻不予传播"。应该看到，这只是某些特殊的时期特殊的新闻传播媒介极个别的现象，随着时事的发展，这种僵局必然会被打破。即使在同一时期，某些新闻传播媒介对某些新闻不予传播，其他新闻传播媒介必然予以传播，即使某些新闻传播媒介没有正面传播和直接传播，它必定会从侧面或者反面进行传播。

第四节　新闻的分类及其与历史、
宣传和文学的关系

一、新闻的分类

按照不同的标准，可以对新闻进行不同的分类。例如，按照新闻内容可以分为政治新闻、经济新闻、文教卫生新闻、体育新闻、军事新闻、法制新闻、社会新闻等；按照新闻发生的地域可以分为国际新闻、国内新闻、地方新闻、都市新闻、乡村新闻等；按照报道体裁可以分为一般新闻报道、解释性新闻报道、深度报道、调查性报道等；按照新闻与受众的关系可以分为"硬新闻"和"软新闻"。在这四类新闻划分中，只有第四类即"硬新闻"和"软新闻"符合新闻传播学理论的要求。

所谓"硬新闻"，是指那些题材比较严肃的，着重于思想性、指导性和知识性的政治、经济、科技新闻。受众在接受这些新闻时，只能产生"延缓报酬"效应。"硬新闻"具有以下四个特点：一是直接关系到人们的切身利益，关系到人们在社会上的生存，是人们赖以采取行动的依据；二是人们出于生存和发展的需要，千方百计地要去了解它；三是它具有强烈的时间性，晚了就毫无价值；四是要求报道尽可能准确和量化。

所谓"软新闻"，是指那些人情味较浓、写得轻松活泼、容易引起受众的

感官刺激和阅读、视听兴趣的新闻，如社会新闻、体育新闻、"花边新闻"等。受众在阅读或视听这类新闻时，很快就会产生"即时报酬"效应。和上述"硬新闻"的特点相反，"软新闻"也具有以下四个特点：一是它和人们当前的切身利益并无直接关系，仅供人们一般了解和消遣之用；二是它并不能当作人们决策的依据，不急于去了解它；三是报道这类新闻并无十分严格的时间要求；四是报道这类新闻要求讲究写作技巧，用生动活泼的文笔娓娓道来，引人入胜。

由此可见，在人类新闻传播活动中起决定作用的是"硬新闻"。新闻传播媒介对于这类新闻应该大量地、及时地、重点地传播，以满足受众生存和发展的需求。对于这一点，无论中外，所有严肃的新闻传播事业都是非常注意的。但是，如果认为新闻越"硬"越好，如果认为"硬新闻"就是发布会议消息、传达政府的政令和某个领导人的"起居注"，那就是片面的甚至是错误的。在保障思想内容健康的前提下，新闻传播媒介把新闻写得"软"一些，对于强化新闻传播的效果也是有益的。根据新闻传播媒介的社会功能和受众的接受心理，在新闻传播中应该以"硬新闻"为主，以"软新闻"为辅，"软硬兼施"，硬新闻软制作，软新闻高格调。

要做到这一点，一家权威的新闻机构往往从以下三个方面入手：第一，根据受众的兴趣和需求，准确定位、合理配置报纸的版面和广播电视的节目时段。以报纸的版面而言，既有新闻版又有娱乐版和其他副刊版，新闻版中既有要闻版，又有其他新闻版（如法制新闻版、社会新闻版）。孤立地看，各个版面承担着不同的任务，但从整体上看它们又是一个相互配合、"软硬兼施"的有机整体。第二，找准权威性、指导性与可读性的结合点。"硬新闻"具有权威性和指导性，但是权威性和指导性并不等于只刊登文件和领导人的活动，也包括为群众释疑解惑、排忧解难。这个关系把握好了，也就找到了权威性、指导性和可读性的结合点，能够收到"两头满意"（领导满意和群众满意）的效果。第三，"硬"新闻"软"包装。有些政治性特别强的"硬"新闻，如果采用人性化、生活化的表现方法，即采用"软"包装，必然使人耳目一新、兴趣盎然。

二、新闻与历史、宣传和文学的关系

从表面上看，新闻与历史似乎是两个完全不同的概念。新闻是关于人们现实生活的报道，而历史则是后人对前人的记载和研究。但是，认真思考，我们会发现，它们的关系其实是非常密切的。

马克思曾经指出："我们仅仅知道一门唯一的科学，即历史科学。"① 按照马克思的意思，所谓历史包括了自然界和人类社会一切事物发生和发展的过程，而且任何一门科学都有其产生和发展的历史。新闻也不例外，它属于人类史的一部分，而且新闻传播学也有其自身产生和发展的历史。因此，毫无疑问，新闻也是人类历史活动的一部分，新闻传播学理应包含在历史科学之中。意大利历史哲学家贝奈戴托·克罗齐（Benedetto Croce）也强调指出，"一切历史都是当代史"②。按照克罗齐的观点，历史并不仅仅是人们关于以往历史活动的资料记载（即编年史），而更主要是和当代社会生活密切相关的人类社会以往的经验在当代人心灵的感应和复活。"历史绝不是用叙述写成的，它总是用凭证或变成凭证并被当作凭证使用的叙述写成的。"从这个观点出发，我们不难发现，"昨日之新闻为今日之历史"，"今日之新闻为明日之历史"。因此，人们往往用"新闻即史"来形容新闻和历史的关系。

正是由于这种密切的关系，新闻传播者应该具有崇高的历史责任感，以对历史负责的精神来保持新闻的真实性。当具有重大历史意义的事件发生时，新闻传播者应该真实地、准确地、详细地记录事件发生发展的经过，以便为后来的历史研究保留大量的、生动的、准确的第一手资料。当刚刚发生和发现的某一新闻事实和新闻线索与某一重大的历史事件和重要的历史人物相关联时，从历史责任感出发，新闻传播者可以由历史说明新闻，由新闻追溯历史，适当地"回放"历史和"解密"历史细节。这样的新闻作品才能给人以历史的厚重感，增加读者的兴趣。当然，新闻传播者也不能为历史而历史，而应该"走出"历史，让历史衬托新闻，否则就会变成简单的"历史回放"。在运用"历史"关照"新闻"的时候，新闻传播者还应特别注意尊重历史，不能为了新闻宣传的需要而篡改历史，而要做到这一点是需要历史学家的胆量和勇气的。即使在平时，一个具有历史知识和历史责任感的新闻传播者，也会自觉地运用历史眼光审视新闻事件，使其所报道的新闻显现出历史的厚重感。历史与现实在某种特定情境中往往紧密相接，彼此难分。西哲克罗齐有言："一切历史都是当代史"，"一切历史都是思想史"。依此而言：衣食住行者为现实，道德文章者为历史；一己目前之私利者为现实，大众远久之福祉者为历史；平庸苟且者为现实，卓尔高蹈者为历史；万事繁杂者为现实，事理精华者为历史；周旋应酬者为现实，静寂沉思者为历史。诸如此类，一言以蔽之，物质具象者为现实，精神思想者为历史。新闻报道如果能够体现这样的思想和情怀，则自然具

---

① ［德］马克思，［德］恩格斯．马克思恩格斯全集（第三卷）．中共中央马克思恩格斯列宁斯大林著作编译局译．北京：人民出版社，1974. 20.

② ［意］贝奈戴托·克罗齐．历史学的理论和实际．傅任译．北京：商务印书馆，1986. 2.

有历史的厚重感。

相比较而言,新闻和宣传的关系则比较复杂,它们是两个既相关联又相区别的概念。它们的关系究竟怎样,以前人们并不完全清楚,往往将它们混为一谈。所谓宣传,是宣传者(政党、集体、企业或个人)为了一定的目的,向宣传对象阐述自己的思想观点,以便得到对方的同情和拥护,是一种争取群众的社会行动。美国传播学家拉斯韦尔将宣传定义为:"宣传就广义而言是借由控制人们心中的具象(符号)以达到影响人类行为目的的技术。这些'具象'(符号)可以用语言的、文字的、图画的或音频的形式。"①

从相同方面看,新闻和宣传都是一种传播活动,目的都是为了反映和影响阶级舆论。新闻传播事业的功能和性质(即工具性和阶级性),决定了它必定要担负政治宣传的任务,特别是在阶级斗争比较激烈的时候,更是这样。而且有时候,新闻可以用来宣传,甚至宣传也是新闻。

从不同方面看,新闻和宣传的区别主要表现为以下四点:一是内容不同。新闻传播的内容是关于新近发生的事实的信息,而宣传传播是某种观念,这是两者最根本的区别。二是出发点不同。新闻的出发点是受众的需要,而宣传的出发点则是宣传者自身的需要。信息可以消除人们认识上的不确定性,所以人们要千方百计地去追求它,而新闻传播事业正是为了满足人们的这种需要而存在和发展。宣传者正相反,他们要把一定的观念传播出去,让受众了解、理解和接受,从而争取受众的信任和支持。三是归宿点不同。新闻发布者报道新闻主要是以新闻谋利,而宣传者的目的主要是通过传播带倾向性的事实或意见,使人们仇恨敌人、联络盟友、拉拢中立者、瓦解敌人的民心士气。四是传播方式不同。新闻是报道事实、以事实说话、就事论事、以事感人,这就要求它真实、全面、客观、公正、准确。宣传则重在说理,以理服人,即使有时摆事实,也是为了用事实说明道理,这就要求它观点和材料统一,观点正确、鲜明,材料真实、典型。

在新闻和上层建筑领域方面的关系中,新闻和文学的关系最为密切,也最容易引起麻烦。最初,新闻这种体裁是从文学的体裁中演化而来的,后来随着新闻传播事业的发展,新闻报道求新、求速、求实、求简,新闻和文学逐渐脱离关系。但是,第二次世界大战以后(中国是改革开放以后),随着深度报道或解释性报道的兴起,新闻和文学的关系又日益密切起来,甚至有人提出了"新闻文学"或"文学新闻"的概念。这样做的好处是新闻传播媒介日益贴近受众,新闻日益"求新""求活""求大""求全""求深""求广",其弊端

---

① [美] Werner J. Severin 等. 传播理论. 孟淑华译. 台北:台湾五南图书出版公司,1995. 161.

是假新闻泛滥成灾，降低了新闻传播媒介的威信。其实，新闻与文学的区别是非常明显的，一般可以列出以下四点：

首先，新闻与文学的本质不同。新闻的本质是信息，文学的本质是艺术。信息是客观事物特征的外露的信号，是人与外界交往的内容的名称。新闻就是信息的传播，它必须准确、迅速地传递信息。艺术是人们对客观事物产生的美感，是对客观世界一种美的回报，是人创造的。因此，文学不像新闻那样直接反映事物的特征，而是通过艺术的手法间接地反映事物的面貌和本质，并且带有作者强烈的主观色彩。新闻的真实是事实的真实、具体的真实、现象的真实。文学的真实是艺术的真实、本质的真实、抽象的真实。

其次，新闻与文学的功能不同。从功能上看，新闻是让人知道，文学是让人欣赏。新闻如饭，供人充饥，满足人起码的生存需求；文学如酒，供人品尝，解决高层次的需求。新闻是雪中送炭，文学是锦上添花。新闻的实用性强，文学的欣赏性强。

再次，新闻与文学的内容不同。从表现对象和内容上看，新闻主要表现事情，文学主要表现人物；新闻是"事学"，文学是"人学"。从这个角度讲，新闻只要把事情报道出来就行了，不需要过多描写人物的心理活动。

最后，新闻与文学的表现手法不同。从表现手法上看，总体而言，新闻追求一个"实"字，要求客观公正，不带个人感情色彩。文学则可以运用虚构、想象、形象刻画等手法塑造人物，这就要求作者怀着强烈的感情色彩，以感染和影响读者。这就要求新闻传播者像摄影师那样工作，而不是像绘画家那样创作。

思考题

1. 为什么说新闻是人类社会性生产、生活的产物？
2. 怎样认识新闻与事实的关系？
3. 新闻为什么必须用事实说话？
4. 什么叫信息？信息的特点有哪些？
5. 新闻和信息的关系怎样？
6. 怎样理解新闻的定义？
7. 新闻的本质是什么？
8. 新闻的主观能动性和新闻传播者的主体地位有何关系？
9. 新闻有哪些特点？这些特点各包括哪些方面的内容？
10. 为什么说新闻一定要经过新闻传播媒介的传播？
11. 什么叫"硬新闻"和"软新闻"？它们各有哪些特点？
12. 怎样认识"新闻"和"宣传"的关系？

第三章
新闻传播要素

内容提要

　　新闻传播是一个"事实—新闻传播媒介—受众—事实—新闻传播媒介"的循环往复的过程。在这一过程中，有三个必不可少的要素，这就是新闻传播者、新闻传播媒介和新闻接受者（受众）。新闻传播者是新闻传播的主体，他们控制着新闻的来源、新闻的选择和新闻传播，是新闻传播的"把关人"。新闻传播媒介是新闻信息传播的物质载体，其中包括报纸、广播、电视和互联网络四种类型。它们各有其优势和特点，随着社会的发展和科技的进步，各种新闻媒介之间呈现出一种相互融合、共同发展的局面。新闻接受者（受众）是新闻传播的终端和新闻事实的源头，同时也是新闻传播效果的检验者和新闻传播事业发展的决定者。

第一节 新闻传播者

一、新闻传播者的职业特征

在传播过程中，传播者又称"传者"或"传方"，他们是信息的处理者和发出者。在人际传播或组织传播过程中，传播者和受众之间的关系是直接的、相对的、双向的。在大多数情况下，传播者和受众为面对面直接交流，而且传和受双方的角色也不断相互转化。在新闻传播过程中，传播者特指新闻传播机构及其工作人员，如记者、编辑、节目主持人、校对员、资料员、电讯技术人员、广告和发行部门的经理人员等，他们统称为新闻传播者。一般来说，新闻传播者同受众之间的关系是间接的、绝对的、单向的，传和受双方的角色是固定不变的。新闻传播者通过新闻传播机构控制着新闻的来源、新闻的选择和新闻的管理与流通。他们既可以选择、过滤新闻，又可以放大或缩小新闻的影响，他们是新闻传播真正的"把关人"。

新闻传播者作为一个职业群体，同其他社会职业群体一样，有自己的职业特征。一般说来，新闻传播者的职业特征有以下四个方面：

第一，责任重大。有人把新闻记者比作"无冕之王"，这个比喻虽然不太确切，但反映了他们在社会生活中的重要地位。和其他职业相比，新闻传播者更应该消息灵通、头脑清醒、目光远大，具有强烈的使命感。他们报道新闻，揭示隐藏在新闻背后的事实真相，分析其可能导致和出现的严重后果；他们传播科学知识，启迪人们的聪明才智，推动社会的全面进步；他们同社会实际有着密切的联系，同政府有着密切的联系，同人民群众有着密切的联系。美国著名报人普利策（Joseph Pulitzer）对新闻记者作过如下形象的描述①：

什么是新闻记者？新闻记者既不同于公司经理，也不是出版界的发行人，更不是做生意的商家。新闻记者就好像是昂立在船首的领航员，他不但要注意

---

① 郑贞铭. 新闻原理. 台北：台湾五南图书出版公司，1995. 11 ~ 12.

周围往来的船只，即使在风平浪静的天气里，他也要注意地平线那一端任何可疑的黑点。他不但要随时援助那些遭到海难的人们，同时在有雾或暴风雨的天气里，他要找到一条安全的航道，引导船只安然驶过。在做这些工作时，他心目中所想的，不是自己的工资，也不是船东的利润，而是船上所有人的安危，因为他们把自己的生命交托到他手中。

第二，工作辛苦。新闻记者是一个重要而光荣的职业，也是一个辛苦的职业。由于新闻每时每刻都在发生，新闻记者必须以最快的速度向广大受众报道新闻。为此，他们或者奔波于采访途中，或者笔耕于斗室之间，或者注目于电子终端显示屏之上，或者熬夜于编辑室内，夜以继日、永不停息。他们的工作是"全天候"式的，没有节假日，终年得不到休息。一般认为，新闻传播者是脑力劳动者，其实这是不确切的，应该说他们是"体脑并用"劳动者。就外勤记者而言，为了采访新闻，他们不仅要在都市中走街串巷，而且要深入穷乡僻壤、跋山涉水，甚至要亲临火线、深入匪穴，随时有生命危险。中外众多名记者的实践表明，越是在艰苦的环境中，越能采访到好新闻、重大新闻和独家新闻。就内勤编辑而言，为了保障受众能够及时接收到新闻，他们必须整天守候在编辑部内。特别是夜班编辑，他们常常是昼夜不分。这种"体脑并用"和"全天候"工作的特点使新闻传播者备尝人间的辛苦，饱享人间的欢乐。

第三，环境复杂。新闻传播者活动的范围非常广阔而又极其复杂。就外勤记者而言，他们每天接触的人物上至领袖人物，下到普通百姓、三教九流，无所不包。就内勤编辑而言，他们处于"把关人"的地位，他们手中的纸笔和键盘牵连着社会的每一根神经。因此，社会上各种各样的人都需要借助新闻媒介来隐恶扬善。这种职业特征势必对新闻传播者产生两个方面的不利影响：一方面，在复杂的环境中，各种各样的腐朽思想和行为不可避免地会反映到新闻传播者中来，一些人可能见善不齐、见恶随波，甚至以职谋私。另一方面，由于接触面广，涉及领域宽，新闻传播者可能因此养成一种"浮光掠影"的坏习惯。著名新闻工作者商恺指出："历史经验证明，凡是当形势发展顺利，一些实际工作者头脑发热的时候，记者也最容易受感染，跟着发烧。当一些实际工作者过高估计了主观能动性，盲目蛮干瞎指挥的时候，记者也最容易闻风而动，跟着摇旗呐喊。结果写出的报道，十之八九是主观的、片面的、不符合实际情况的。"[①] 由此，可能给新闻工作者造成巨大的精神压力和新闻报道的失实。

---

① 商恺. 报海帆影. 北京：光明日报出版社，1997. 206～207.

第四，工作风险性大。由于新闻媒介可以为各种势力利用来自我宣传和相互攻击，使得新闻传播者时刻面临着巨大的风险。这种风险首先来自于战争，由于国际上每年区域性战争不断，新闻记者必须冒着生命危险才能采访到独家新闻，因此每年都有新闻记者在战争或冲突中丧生。据国际新闻传播者联合会统计，2001 年全世界有 100 名新闻从业人员殉职，其中 7 人死于"9·11"恐怖袭击事件，8 人死在阿富汗战场。（羊城晚报，2001 - 12 - 18）这种风险也来自于各种政治派别的倾轧，记者由于其职业特性而招致各种政治势力迫害的现象，古今中外屡见不鲜。近年来，由于受狭隘经济利益的驱使，新闻传播者干预生活的难度越来越大。他们经常遭到地方"黑恶势力"的骚扰，有的甚至被殴打致死。在社会转型过程中，对新闻传播工作的另一个现实威胁来自对新闻媒体和记者的"滥诉"与"缠诉"。这说明，从事新闻工作既光荣又危险，新闻传播者应该忠于职守，依法保护自己的权利和履行自己的义务，全社会也应该尊重新闻传播者的权益。

二、新闻传播者的权利和义务

新闻传播者是社会成员的一部分，又是一个特殊的部分。他们享有其他公民享有的一切权利，也行使由于其职业特征所决定的某些特定的权利。在公民的权利中，与新闻传播密切相关的是知情权和表达权。知情权是指公民了解公共事务，获得和知悉相关信息特别是官方信息的权利。表达权是指公民表达自己真实意愿的权利。新闻传播者的权利就是由代表公民的知情权和表达权而衍生出来的。大致说来，新闻传播者的权利主要包括以下四个方面：

第一，采访权。采访权是指新闻记者通过访问、观察和实地调查的方法合法采集新闻材料的权利。这是记者最基本的一项权利，也是整个新闻工作能够顺利进行的前提和基础。一般来说，除在战争时期或特殊危机时期和国家有特别规定的保密部门和事项，记者都有权前往采访新闻，任何人不得阻挠。

第二，报道权。报道权是指新闻记者在法律范围内有权利将从各方面获取的有关材料和数据经过写作编辑后利用新闻媒介公开传播。这是记者采访权的延续，是记者"社会角色"的第一需要，因而也是记者权利的核心。在我国，在遵循新闻传播规律和新闻宣传政策的基础上，新闻传播者有权决定新闻传播的内容和方式。

第三，评论权。评论权是指新闻媒介和新闻传播者在尊重事实的基础上有对新闻报道所涉及的人和事发表评论、展开批评的权利。这既是新闻传播者职业特性使然，也是新闻传播者代表公民行使对国家机关及其工作人员监督的权利、参与国家事务管理的主要途径。一般来说，只要法律没有特殊的限制，凡属新闻报道所涉及的人和事，新闻媒介都可以发表评论。

第四，新闻来源保护权。为了自我保护，新闻来源通常要求记者隐匿自身的情况，如果记者食言，那他将会失去新闻来源的提供者。但是，当法庭审理涉及国家安全案件时，记者也可以按法院的要求披露新闻来源。

新闻传播者享受一定权利，也应履行相应的义务。这些义务既包括公民的基本义务，也包括新闻传播职业所要求的特定义务。一般来说，新闻传播者应该履行以下三个方面的义务：

第一，维护国家安全和社会稳定。为了保证国家的安全和社会稳定，政府往往对新闻自由加以限制。这种限制包括：为国家安全保守秘密，禁止煽动他人以武力变更政府或扰乱社会治安，不得发表不健康的文字图片等。

第二，不得侵犯公民的合法权利。记者不得故意歪曲和捏造事实，传播有损公民名誉或荣誉的内容，不得窥探他人的隐私秘密，不得公开宣扬使他人遭受困窘的私事。

第三，维护司法独立和法律尊严。在这方面，新闻界要特别注意防止"新闻审判"和"藐视法庭罪"的发生。所谓"新闻审判"，是指新闻报道凌驾于司法之上、干预和影响司法的行为。"藐视法庭罪"是指法院为了维护法院秩序限制新闻记者的采访而设定的一种罪名，它一般是由以下四种情况导致的：一是未经法官许可，在法庭上使用照相机、摄像机、录音机记录法官审理案件的过程；二是不顾法官要求，与当事人、证人和律师在案件尚未宣判前讨论案件；三是登载或使用法庭明令禁止的资料，对当事人、证人和国家安全造成不利影响；四是由评论案件进而对法庭和法官进行人身攻击。

三、新闻传播者的职业素质

新闻传播者的上述职业特征和职业权利与义务，要求新闻传播者具有特殊的职业素质。概括地说，新闻传播者应具有以下五个方面的职业素质：

第一，为坚持真理而献身的精神。新闻传播者首先要热爱新闻传播事业，要有为宣传真理、捍卫真理而献身的精神。在这方面，著名新闻工作者邹韬奋和范长江为广大新闻传播者树立了光辉榜样。毛泽东指出："热爱人民，真诚地为人民服务，鞠躬尽瘁，死而后已，这就是邹韬奋先生的精神，这就是他之所以感动人的地方。"[①] 为人民服务是要冒风险的，一个正直的新闻传播者应

---

① 邹韬奋. 邹韬奋新闻工作文集. 北京：新华出版社，1985. 386.

该为人民的利益赴汤蹈火，而绝不能见风使舵，甚至助纣为虐。范长江说："一个稍有能力的记者，在他的旁边一面摆着优越的现实政治地位，社会的虚荣，金钱与物质的享受，温柔的女人，这些力量诱惑他出卖贞操，放弃认识，歪曲真理。另一方面摆着诽谤，诬蔑，冷眼，贫困，软禁，杀头，这些力量强迫他颠倒是非、出卖灵魂。新闻记者要能坚持着真理的火炬，在夹攻中奋斗……本着富贵不能淫，贫贱不能移，威武不能屈的精神，实在非常重要。"① 毛泽东曾经要求新闻传播者要有"五不怕"的精神，这"五不怕"包括："一不怕撤职，二不怕开除党籍，三不怕老婆离婚，四不怕坐牢，五不怕杀头。有了这五不怕的准备，就敢于实事求是，敢于坚持真理了"。② 在这方面，古人司马迁为我们做出了表率。司马迁称自己在遭受宫刑后，"所以隐忍苟活，幽于粪土之中而不辞者，恨私心有所不尽，鄙陋没世，而文采不表于后世也。古者富贵而名磨灭，不可胜记，惟倜傥非常之人称焉"③。

第二，政治意识和社会责任意识。在社会主义中国，新闻传播事业是中国共产党和人民政府的喉舌，新闻传播者担负着宣传党的路线方针政策、反映人民群众的意愿和心声、及时报道改革开放和现代化建设的伟大成就、忠实记录祖国日新月异的发展变化、促进改革发展、维护社会稳定的重要任务。因此，新闻传播者要坚持团结、稳定、鼓劲和正面宣传为主的方针，要增强政治意识、大局意识、责任意识，增强政治敏锐性和政治鉴别力，特别是在关键时刻，更要保持政治上的清醒和坚定，一切从大局出发，时刻牢记新闻工作的社会责任，严格把关、严守纪律。要宣传科学理论，传播先进文化，塑造美好心灵，弘扬社会正气，倡导科学精神。

第三，过硬的新闻业务技能。这些能力包括以下五个方面：一是纵横驰骋的社会活动能力。新闻传播者是社会活动家，应该具有社会活动能力。他们一方面要准确地把握领导机关的动向，经常出没于政府机构之间；另一方面要及时了解人民群众的工作和生活，要浪迹于江河湖海之间。这样才能真正起到上情下达、下情上传、左右情互达的作用。二是广博的知识。由于新闻工作涉及面广，新闻传播者必须具有广博的知识。这些知识包括文史知识、社会知识、各种科学技术常识等。广博的知识能够帮助新闻传播者成为学识渊博的名记者、名学者，能够帮助记者沟通与被采访者之间的联系，能够帮助记者辨别真

---

① 范长江. 通讯与论文. 北京：新华出版社，1981. 290～291.

② 吴冷西. 忆毛主席. 北京：新华出版社，1995. 157～158.

③ （汉）司马迁. 报任安书. 吾楚材，吴调侯选. 古文观止. 上册（卷五）. 北京：中华书局 1959. 225.

假、避免失误。三是良好的新闻敏感能力。新闻敏感能力是新闻传播者捕捉生活变动的信息与衡量信息是否具有新闻价值的能力。西方新闻界把它形象地称为"新闻鼻"或者"第六感觉"。一件有新闻价值的事实发生后，有的人不知不觉不去报道，有的人后知后觉报道了但时间性不强，有的人先知先觉及时报道。这就是新闻报道敏感能力强弱不同的表现。四是独特的新闻发现能力。新闻发现不仅仅是抓新闻线索，而是指新闻工作者看出或找到客观事物所蕴含的新闻价值，或者识别新近发生的事实所包含的使公众共同感兴趣的东西的本质所在。发现是主观对客观事物的能动认识，是"看到人人看到的，想到别人想不到的"。正如法国伟大的艺术家罗丹所说："美是到处都有的。对于我们的眼睛，不是缺少美，而是缺少发现。"[1] 新闻记者能够发现新闻，就能够使新闻线索具有原创性，就能够在同质化竞争日益严重的环境中报道出有独到见解的好新闻。新闻的发现，不仅靠记者的眼睛，更主要靠记者的心灵。只有在长期观察和思考的基础上，才能在平常的生活中发现具有重大实际意义和美学价值的新闻。五是扎实的文字、图像和版面时空的表达能力。如果说新闻敏感能力和新闻发现能力是新闻传播者的"慧眼"和"慧心"，那么文字、图像和版面时空的表达能力就是新闻传播者的"神笔"。从文字表达能力来说，它包括严密的逻辑思维能力、丰富的语言知识和高超的语法修辞能力。毛泽东把这三方面的能力概况为准确、鲜明、生动。新闻的写作不仅要遵循一般的新闻写作规范，也要善于选择不同的角度和表达方式。其中包括"由此及彼""由彼及此""由近及远""由远及近""由内到外""由外到内""由大到小"和"由小到大"等不同的新闻视角，也包括新闻体裁的不断创新。从图像和版面时空的表达能力来说，要善于利用图片的各种框架、色彩的元素，实行图文有机配合，达到图文并茂的效果。同时，也要充分利用各种新闻编辑、编排手段，调动受众的阅读、审美兴趣，达到最佳的新闻传播效果。此外，在新兴信息与传播技术的背景下，新闻工作者的表达工具也应当从传统的文字、图像、版面等拓展到以数字技术和互联网为基础的新媒体领域，学习和掌握网络新闻直播、VR/AR 新闻采编、无人机辅助报道、数据新闻及其可视化等新型报道手段。

第四，深入实际和吃苦耐劳的精神。新闻工作流动性大，工作环境有时非常恶劣，没有强健的体魄和吃苦耐劳的精神是做不了新闻工作的，更成不了名记者。另外，新闻时时在发生，新闻传播者要将最鲜活的新闻奉献给广大受众，必须深入新闻发生的现场。只有这样，新闻传播者才能发掘出最有价值的

---

① ［法］罗丹. 罗丹论艺术. 沈琪译. 北京：人民美术出版社，1978. 62.

新闻，才能使新闻具有现场感。许多新闻精品都是新闻传播者长期深入实际的产物，许多名记者都具有长期深入实际的生活积淀。德国摄影家布鲁诺·迪特里希为了拍摄翠鸟捕食的照片，花了 192 天，等了六年，拍摄了几百米胶卷，终于一举成名。正是因为如此执着，许多杰出的新闻工作者的作品才能屡屡获奖，他们才能成为学者型的记者。所以，强健的体魄、坚韧的毅力和深入实际、吃苦耐劳的精神对于新闻传播者来说尤为重要。

第五，要具有法律保障能力。随着我国社会由计划经济体制向社会主义市场经济体制转变，全社会民主和法制的意识普遍加强。在这一过程中，新闻传播者应该养成学法、守法和用法的习惯。一方面，他们要自觉地宣传法律，引导人们遵守宪法和法律，为社会培养实行法治的坚实基础。另一方面，他们也要依法从事新闻传播工作，自觉地尊重和捍卫公民的合法权益和社会的公共利益，并善于运用法律来保护自己的正当权益。同时，他们应该自觉维护法律的尊严，在法律允许的条件下，对于各种违法现象实施舆论监督。只有这样，社会的民主和法制程度才能逐步提高。新闻传播事业的改革才能稳步推进。否则，仅凭借计划经济体制下所享有的媒介特权，一味"揭丑""定性"和"宣判"，则可能陷于非常不利的地位。有些新闻记者由于采访方式不当，不尊重采访对象的权利以及缺乏必要的自我保护，往往遭到当事人的阻拦或伤害，有的甚至被提起法律诉讼。这些教训，每个新闻传播者都应该引以为戒。

第二节 新闻传播媒介

一、新闻传播媒介的产生和发展

只有借助某种中介，信息才能在传播者和受众之间顺畅地传播。这种连接传播者和受众的中介就是媒介，它是信息传播的物质载体。

媒介是用来表达含义的静态或动态的任何物体或物体的排列。例如，烟火、路标、手势、绘画、舞蹈等，都能够表达一定含义的物体或动作，都是媒介。其中包括自媒介（如人体、能发光发热显示某种性质的物体）和他媒体（一切经人加工，被人用来传播信息的媒体）两种。自媒体是传播的基础，他媒体是人的附属物，属于人体的延伸。此外，还有所谓"穷媒体"与"富媒体"之分。"穷媒体"是指为大多数人提供服务的媒体，其特点是方便、免费，如广播、免费报纸、免费电视频道、墙报、广告等。"富媒体"是指传播媒介需要向信息消费者收取一定费用或专门为特定的人群提供信息服务的媒体，其特点是需要掌握一定的传播技术，用户需要支付一定费用，且其信息内容的供给或费用的划拨完全掌控在具有支配权的媒体一方。在当今利益格局固化的情况下，此类"富媒体"无孔不入地发展，固然也为少数富人提供了各种信息需求的便利，但也人为地剥夺了广大受众基本信息消费权力，而且人为地制造了社会贫富的分化，不利于社会的和谐发展。

传播媒介是媒介中的一种，是承载和传递信息的物理形式，包括物质实体（如文字、印刷品、通信器材等）和物理能（如电波、光波、声波等）两部分。事实上，物理能量往往隐含于物质实体之中，因人的接受理解能力不同而表现出差异性。

新闻传播媒介又叫大众传播媒介，它是传播媒介中的一种，也是其中最主要的一种，是专门用来传播新闻信息的。新闻传播媒介泛指所有用以向广大受众传递信息的技术手段的总和，特指新闻传播媒介，如报纸、杂志、广播、电视、网络等。新闻传播媒介是新闻传播者和新闻接受者之间交流的中介和纽带，是新闻传播得以实现的物质基础。自从有了人类就有了新闻传播活动，也就有了新闻传播媒介。新闻传播媒介的最新发展是所谓"新媒体"。新媒体是指以网络技术为支撑、以媒介融合为特征的信息传播媒介，其中包括网络媒体、报网融合媒体、广播电视网络融合媒体和手机媒体，以及个人微博、QQ、微信等。传统媒体与新媒体之间的相互融合，以及新媒体之间的相互融合，又产生了所谓全媒体。全媒体并不是一种媒体，而是一种全新的信息资源共享的媒介运作方式。

加拿大经济史学家英尼斯（Harold Adam Innis，1894—1952）在 20 世纪 50 年代出版《帝国与传播》和《传播的偏向》等重要著作，提出了一种把传播技术及其发展同人类社会变迁密切相联系的媒介理论[①]。这种理论认为，一切文明都有赖于对空间领域的时间跨度的控制，与之密切相关的是传播媒介的时空倾向性，因而一种文明的兴衰与其占支配地位的传播媒介息息相关。英尼斯认为，任何媒介都具有时间偏向或空间偏向，或者说，传播媒介具有易于长久保留却难以运输的倾向性，或者具有远距离运输却难以长久保存的倾向性。前者便于时间跨度的控制，是谓"偏向时间的媒介"。后者便于空间的控制，

---

① 张咏华．媒介分析：传播技术神话的解读．上海：复旦大学出版社，2002. 51~52.

是谓"偏向空间的媒介"。就它们与权力结构的关系而言,"偏向时间的媒介"有助于树立权威,有利于形成等级严格的社会体制。"偏向空间的媒介"有助于远距离对广阔空间的管理,有助于帝国领土的扩张,从而形成中央集权但等级性不强的社会体制。英尼斯认识到媒介的性质与知识的垄断密切相关,而后者又和权威与权力相连。因此,新的传播媒介的出现将改变社会体制的形态,它不但开创人们交往的新形式,发展新的知识结构,而且常常会转移权力中心。

具体到中国社会变迁与媒介结构,其情形有所不同。中国是文明古国,纸在中国的大量供应,使佛教徒能够大规模发展雕版印刷。中国的文字给行政管理提供了基础,它强调的是按空间来组织帝国,而不足以满足时间的要求,因此中国总是暴露出改朝换代的问题。而古代中国社会则是空间媒介与时间媒介同样发达的社会,所以国家既疆域广阔又等级森严,但社会周期性变化不居。家族制度是两种偏向媒介的结合点,是中国封建社会的基础。动乱相继的中国社会,最稳定者当属家族制度,因为它既重视利用空间媒介(如墓碑、祠堂等)又重视利用时间媒介(如族谱、家训等)。正因为有家族制度的支撑,所以才形成了疆域辽阔、改朝易代、周期变化而又超稳定的中国封建社会特殊结构。家族制度仍然是当今中国社会特色的基础。家族利益高于一切,为了家族利益可以丧失理智;家族墓地扩展和墓碑盛行;家谱重新复活和盛行。这既是中国文化的传统,在一定程度上有利于社会稳定,又是推进社会民主法制改革的难点所在。

美国传播学家马歇尔·麦克卢汉(M. Mcluhan, 1911—1980)指出:"所谓媒介即讯息只不过是说:任何媒介(即人的任何延伸)对个人和社会的任何影响,都是由于新的尺度产生的;我们的任何一种延伸(或曰任何一种新的技术),都要在我们的事务中引进一种新的尺度。"[①] 按照他的观点,"媒介即信息","媒介是人体的延伸"。媒介不仅仅是信息的消极的静态的载体,也是对信息有着积极的强烈反映的因素,它决定着信息的清晰度和结构方式;媒介与人的关系是相对独立的,反过来对于人的感知有强烈的影响,不同的媒介对不同的感官起作用。他还把媒介分成"冷媒介"和"热媒介"。所谓"冷媒介"是指低清晰度的媒介(如手稿、电话、电视、口语),因为它们清晰度低,所以它们要求人们深刻参与和深度卷入;所谓"热媒介"是指高清晰度的媒介(如拼音文字、印刷品、广播、电影等),因为它们为受众提供了充分而清晰的信息,所以受众被剥夺了深度参与的机会和再创造的用武之地。

---

① [加] 马歇尔·麦克卢汉. 理解媒介. 何道宽译. 北京:商务印书馆,2000. 33.

　　大致说来，到目前为止，新闻传播媒介的产生和发展经历了以下五个发展阶段。

　　第一，口头媒介阶段。口头媒介是人类最早的新闻传播媒介，在这一阶段人们利用自身的发声器官来传播新闻。其中，又可以分为"符号或信号媒介"和"口头媒介"两种形式。"符号或信号媒介"是在语言产生之前，人们利用自己的手势或其他姿态，乃至含混不清的声音来向别人传播信息和表达自己的意愿。大约35 000年前，人类的声音逐渐有了固定的意义，语言在信息传播中逐渐取代手势或其他姿势而成为主要的方式。自此，人类开始进入"口头媒介时期"。口头媒介的优点和缺点都是十分明显的。其优点，一是方便简单，人人都会；二是亲切生动，易于理解。其缺点是出口即逝，难以保存，传不远、传不广、传不准，容易受歪曲、出现误导或谣言。

　　第二，书写媒介阶段。书写传播媒介是人类利用绘画、文字的形式来传播信息的形式，这是传播媒介发展的第二个阶段。最早的书写媒介出现在原始社会末期，人类先是在洞壁、石板、地面、兽骨上绘制图画，相互传递信息。文字产生后，人类就将文字刻写在兽骨、金属、竹简、绢丝、纸张上，以此传递信息。文字既是人们认识世界和改造世界的产物，又帮助人们更全面、更准确、更深刻地认识世界和把握世界。葛兆光教授认为："语言文字建构了人们意识中的世界，在语言文字中可以呈现一个民族深层次的思维和意识结构。"[1]例如，汉字的象形化深刻地影响了汉民族的具体感性思维方式，汉字的归类法使中国人思想中的世界图像被人的感觉整齐化等等。书写媒介的优缺点也是非常明显的。其优点是更稳定、更准确，便于复制与保存，也传得较远。其缺点是传播速度不快，传播范围不广。

　　第三，印刷媒介阶段。印刷媒介是指利用印刷技术来进行新闻传播的手段。随着科学技术的不断发展，在公元1000年左右，出现了印刷媒介，人类开始运用印刷手段大量复制和传播新闻。公元1040到1049年间，中国的毕昇发明了活字印刷术。在欧洲，1450年德国人古腾堡（Gutenberg Johnnes）发明了铅活字和金属活版印刷术。此后，印刷术逐渐被应用于新闻传播。中国在南北两宋之交出现了印刷的"邸报"，明末已有活版印刷的邸报。16世纪中叶，活版印刷的报纸开始在欧洲产生。与口头媒介和书写媒介相比，印刷媒介有着明显的优势：在空间上，它可以在无限长的链条上进行传播；在时间上，它可以使新闻在长时间内流传；在影响上，它打破了以往那种封闭的传播状况，促进了有专人从事的面向社会大众的新闻传播事业的诞生。

---

　　① 葛兆光. 中国思想史（第一卷）. 上海：复旦大学出版社，2001.40.

　　第四，电子媒介阶段。电子传播媒介是利用电波及其辅助设备来进行信息传播的一种手段。利用电子媒介进行新闻传播是 20 世纪 20 年代初期的事情。1906 年，美国科学家李·德·福斯特发明了能够产生电波，使微弱的电子信号得到放大并且传到远方的电子三极管。与此同时，美国匹兹堡大学的范斯顿教授发明了外差式线路，使广播出来的声音的传真度大为提高。1906 年圣诞之夜，范斯顿首次作了实验广播，将人的语言、音乐等播放出去。世界上第一个广播电台是 1920 年 11 月 2 日开始播音的美国匹兹堡 KDKA 电台，因为它第一个向政府领取营业执照。KDKA 广播电台的播音，标志着新闻事业发展到了一个崭新的阶段，即电子媒介阶段。1936 年，英国广播公司在伦敦亚历山大宫建立了世界上第一个大众电视台，并且从当年的 11 月 2 日开始定期播送节目。1940 年，美国无线电广播公司试制成功彩色电视机。1954 年，美国全国广播公司首先正式播送彩色电视节目。电子媒介的产生打破了以前依赖于印刷和交通的传统的传播方式，使新闻传播更迅速、更真实、更生动、更普遍。从此，人类进入了一个全新的现代化的新闻传播阶段。由于电子传播媒介具有传播速度快、覆盖面积广的优势，它已经成了新闻传播媒介中最具影响力的一种媒介。

　　第五，光电子和网络传播阶段。在广播电视发展方兴未艾之际，一种全新的数字化的多媒体网络传播媒介已经产生。这种传播媒介建立在光电通信技术和计算机技术之上，具有传播速度快、信息容量大、多媒体传播、传和受双方互动等明显优势，真正实现了新闻传播由单向传播向双向传播和多向互动传播的转变，促进了传统新闻传播媒介之间的相互融合。

　　新媒介的产生、发展和普及是一个长期的转化过程，其间，新旧媒介共存共荣，相互促进。而且，传播媒介的每一次重大发展都必将深刻地影响人们的思维方式和表达方式，从而推动人类社会的进步。以纸代替简素为例，据记载，纸最早出现于西汉末期。"光武车驾徒洛阳，载素、简、纸经凡两千辆。"[1] 纸作为一种高级形态的传播工具，长时期内为少数人所享有。《资治通鉴》卷四十八记载，邓太后即位后，"郡国贡献，悉令禁绝，岁时但供纸墨而已"。到东汉末年，纸已取代素、简成为最主要的信息传播载体。蔡邕有书近万册，载数车书于王粲，此书当为竹简。《后汉书·列女传·董祀妻》载：（曹操曰）"闻夫人家先多坟籍，犹能忆识之否？"文姬曰："昔亡父赐书四千许卷，流离涂炭，罔有存者，今所颂忆，才四百余篇耳。"操曰："今当使十

---

　　① 查屏球. 纸简替代与汉魏晋初文学新变. 中国社会科学，2005（5）.

吏就夫人写之。"文姬曰："妾闻男女之别，礼不亲授，乞给纸笔，真草唯命。"① 这说明，纸的普遍使用和简纸的转换是在东汉中后期。纸的普及导致了人们的思维方式和表达方式的深刻变化。在现存文献中，最早论述简纸转换的是晋初人傅咸的《纸赋》："盖世有质文则治，有损益故礼随时变，而器与事异。既作契以代绳兮，又造纸以当册。夫其为物，厥美可珍，廉方有则，体洁性真，含章蕴藻，实好斯文，取彼之淑，以为此新，揽之则舒，舍之则卷，可屈可伸，能幽能显。若乃六亲乖方，离群索居，鳞鸿附便，援笔飞书，写情于万里，精思于一隅。"② 由此可见，纸的新型功能对思维方式和写作方式的影响有二：第一，纸取代简释放了写作空间，使创作思维获得了极大的自由。人们脱离了笨重的简册的空间束缚，不再冥思苦想、慎重落笔，而是可以捕捉瞬间的创作冲动，尽情挥洒才智。而且，由于纸张成本较低，舒展方便，作者可以于一纸上展示全文内容，从而保持思维的连续性和整体性，使得文气更加流畅。第二，与简素相比，纸质轻便，改变了文本的传播条件。它能在短时间内将个人的情思传到千里之外，如同面晤。这种交流的便利与自由，大大改变了文人间的交流，促进了书信体文学的发展，文学的私人化色彩愈益明显。一个人即使身处偏僻、职位低微也可以借助纸抄的传写名扬天下，从而大大促进了个人的创作欲和表现欲。正如曹丕《典论·论文》所言："盖文章，经国之大业，不朽之盛事。年寿有时而尽，荣乐止乎其身，二者必至之常期，未若文章之无穷。是以古之作者，寄身于翰墨，见意于篇籍，不假良史之辞，不托飞驰之势，而声名自传于后。"

二、报纸的传播手段及其传播特点

报纸是以刊载新闻和时事评论为主要内容，以散页的形式定期连续向公众发行的出版物。

作为一种历史悠久的新闻传播媒介，报纸具有独特的传播手段和传播特点。所谓传播手段，是指信息传播的符号，即物质承载形式。报纸的传播手段主要是文字和图片（包括版面）。文字是对语言的记录，属于语言符号系统，具有语言符号所具有的基本特征。这种特征包括：第一，任意性，即符号的"施指"（声音形象）和符号"受指"（概念）之间不存在自然的、必然的联系，而是任意联系。第二，符号施指以线性关系呈现。符号施指在语言中是一

---

① 查屏球. 纸简替代与汉魏晋初文学新变. 中国社会科学，2005（5）.
② 查屏球. 纸简替代与汉魏晋初文学新变. 中国社会科学，2005（5）.

种声音，必须依时间顺序接连出现。当语言变成文字时，这种线性关系就更加明显。因此，语言符号能够条理清晰地表述抽象而深刻的道理。图片是一种非语言符号，而非语言符号的指代关系和表述关系之间具有必然性。同时，非语言符号可以通过多渠道、非线性传播。因此，非语言符号比语言符号更真实、更生动。第三，以语言符号的线性传播方式能够吸纳读者的想象思维。报纸的传播手段以语言符号为主，以非语言符号为辅，这就使得报纸既能表达抽象而深刻的概念，又能展示具体的事物，从而为读者提供宽广而深邃的阅读和想象空间，实现传播者与受众之间的良性互动。

上述传播手段决定了报纸具有以下五方面明显的传播特点：

第一，传播速度相对缓慢。和广播电视相比，报纸出版过程复杂，采写、编辑、排版、印刷、发行等缺一不可，报道新闻的速度不如广播电视迅速、及时。另外，报纸以文字符号传递信息，对阅读者的文化水平有一定要求，直接受众不如广播电视广泛。但是，这种"缓慢"也是相对的。在一定的时间、一定地区和一定事件上，报纸的传播速度甚至相对地快于广播电视。在当今激烈的媒介竞争中，报纸既要发挥自身的优势，又要不断地随着科学技术的进步克服自身的缺点。这说明，新闻传播的速度不仅与新闻传播媒介的速度有关，而且也与受众收视习惯相关。就大多数正常工作、学习和生活的人们而言，他们对于报纸的依赖并不亚于对广播电视的热衷。

第二，便于深度报道。报纸主要以文字符号传播信息，便于对新闻事件进行深入的分析，还可以提供背景材料和相关历史知识，说明新闻事件的因果关系，预测新闻事件的发展趋势，从而帮助读者更深刻地理解重要新闻。广播电视产生以后对报纸的时效性形成了极大的挑战，于是报纸另辟蹊径，向深度报道、解释性报道、调查性报道等深度报道方向发展。这样就形成了广播电视以快取胜，报纸以深度报道见长的局面。2005 年 5 月 20 日，民政部网站发布广州市区划大调整的消息后，各类新闻媒介均作了及时报道。报纸是传统的传播媒介之一，因其出版过程复杂，无法同信息传播速度快且交互性强的电子媒介匹敌。但是，报纸特别是晚报可以充分利用自身优势，在深度报道上将文章做足。5 月 21 日的《羊城晚报》即以 6 个版面的篇幅推出了《广州行政区划调整》的特别报道（广州行政区划调整. 羊城晚报，2005 – 05 – 21），从历史、现实、区位比较、对老百姓生活的影响等方面，作了全面而深入的报道。这些报道与民生息息相关，受到老百姓的高度重视。报纸的这种深度报道优势，在民主法制社会逐步完善、民生新闻日益受到重视的情况下，会显得越来越重要。

第三，选择性强。所谓选择性是指新闻传播者和新闻接受者在新闻传播过程中所具有的多种选择的可能性。从新闻传播者的角度来看，每当重大新闻发生之时，为了弥补与电子媒介相比在传播速度方面的竞争弱势，报纸采编者往往会通过加深新闻的内涵和扩展新闻的外延的方式深化对新闻的报道。这样，就使新闻得以深化和展开，从而能够全面满足受众需求。从新闻接受者的角度来看，报纸上所有内容以版面的形式呈现于读者面前，读者阅读报纸可以不受时间、空间和内容上的限制；从时间上看，读者阅读报纸可早可晚、可快可慢，完全可以根据生活和工作的节奏安排阅读时间；从空间上看，报纸便于携带和保存，读者阅读不受地点的限制和环境的干扰；从内容上看，读者阅读新闻可详可略，不必像接受广播电视新闻那样按时间和顺序一条一条地接受。

第四，便于传播者和受众之间的良性互动。受众的支持和参与，是新闻传播媒介生存和发展的基础。而且，各类新闻传播媒介信息传播与反馈的特性是与生俱来的。例如，国际互联网之所以能够迅速发展，就是因为它便于受众与媒介沟通，其信息传播带有双向沟通、传授互动的特点。广播电视可以通过现场直播、观众互动等方式达到此目的。相对而言，报纸在这方面似乎稍逊一筹，其实这是一种误会。从根本上来说，以纸张为传播载体、以文字为主要传播符号的报纸，更具有与读者良性互动的天然优势。在自由阅读的过程中，读者充满着快乐，充满着创造，能够极大地扩充想象的思域。这样，报纸传播的信息在受众那里就得以重新创造和发挥，受众在心灵深处，具备和媒介实行良性互动的基础。在此基础上，受众会将自己对新闻信息的感受和新发现通过各种方式反馈给媒介，并参与和影响媒介的传播过程。据广州市团校青少年研究所对广州市中学生进行的一项阅读习惯的调查显示，随着时代的发展，青少年阅读方式有所改变。从狭义上来讲，阅读方式的改变是指从传统纸质书籍向电子书籍转变，而从广义上讲，阅读也从一种被动地接受信息向一个互动的双向传播的过程转变。有65.2%的被调查者表示，还是喜欢读传统纸质图书（青少年仍青睐传统纸质书籍．南方日报，2006－12－11）。2002年10月25日，《羊城晚报》发表题为"都市阿炳"的系列报道。街头"二胡艺人"杨某带着6岁的女儿卖唱乞讨学费的消息见报后，热心的广州市民纷纷致电报社表示愿意资助。但"阿炳"已不知去向，于是记者和市民一道寻找"阿炳"。最后，在中共广东省委领导的关怀下，问题得到圆满解决，"阿炳"父女带着广州市民的厚爱回家安居。这既是新闻人性美的一个范例，也是报纸与受众良性互动的生动演示。

第五，记录性和保存性强。报纸是纸质载体，"白纸黑字"，便于长期保存。报纸之所以能够长期储存和保留各种信息，主要是因为它以纸张为载体。和光电载体相比，纸张能够在相对长久的时间内保持信息的原始记录状态而不会失真。即使原始载体磨损后，人们仍然可以用相同的材料加以复制，如此循环下去。和自然界其他天然载体（如木材、石料、龟甲等）相比，纸张虽然不能历久不朽，但它容量较大，便于携带，能够在广阔的范围内、广泛的人群中传播和保留信息。另外，报纸的记录性和保持性强的特点，也与它的信息接受者密切相关。和其他媒介的信息接受者相比，报纸的阅读者具有较高层次的文化水平。他们不但接受信息和利用信息，而且再度传播信息，是所谓的"意见领袖"。因此，他们可以在更广泛和更长久的时空之中传播和放大信息。就当下而言，信息的接受者和利用者是社会大众。就长久而言，信息的利用者和再度传播者是知识分子，即社会的精英。他们是人类文明得以传承和发展的真正载体，他们是历史的记录者和阐释者。从这个意义上说，报纸是现实生活的记录者，也是历史研究的珍贵资料。所以，人们常说的"报纸是历史的教科书"，"今天的新闻就是明天的历史"，就是这个道理。

三、广播电视的传播手段及其传播特点

广播（broadcast）是通过无线电波或导线向广大地区传送声音和图像符号的新闻传播媒介。按照传输方式，广播可以分为无线广播和有线广播两大类：只传送声音的称为"声音广播"，即人们通常所说的"广播"（radio）；同时传送声音和图像的称为"电视广播"，即人们通常所说的"电视"（television）。

广播电视的传播手段主要是声音和图像，它们都属于非语言符号。声音是由于物体振动激发周围的空气，形成各种强弱不同的振幅的声波扩散而产生的。声波作用于人们的听觉器官，使人们感知并形成联想和想象，从而起到塑造形象的效果。客观存在的声音在人们感知的过程中带有感知者的主观色彩，具有很强的感染力。广播电视的声音包括语言、音响、音乐三要素。广播语言是广播运载信息最基本的符号系统，是经过加工而形成的符合语言规范，便于多数人"听"和"知"的一种规范化的口头语言。它介于书面语言和口头语言之间，以口头语言为基础，要求通俗易懂、严谨准确。音响是广播中除广播主体（记者、播音员、主持人）的语言之外的其他一切声音，包括新闻广播中的实况音响和文艺广播中的效果音响。

电视图像是指电视屏幕框架内所记录的能够表达一定信息的具体可视的运动影像。它是由一帧帧画面或一个个镜头连接构成的，是客观运动过程的展示。电视画面是一个静态的概念，在视像运动流程中，若干静态的画面组成动态流程的基本表意单位，即镜头。电视镜头既有二维平面表现三维立体的空间特性，也有影像连续出现的时间特性。因此，通过各种镜头特别是运动镜头，

可以使画面更为生动、丰富，有利于增强视觉动感，形成富于表现力的节奏和气氛。

由于以无线电波为载体和以声波和图像为传播手段，广播电视和报纸相比具有以下四个方面的特点：第一，迅速及时，时效性强。无线电波每秒钟30万公里，同时由于广播电视节目制作比较简便，这就使得广播电视成为最理想的新闻传播工具。迅速及时是广播电视特别是广播最大的优点。第二，渗透性强，覆盖面广。由于电波的穿透能力极强，加之接收条件简便，广播不受时空的限制，只要电波可以达到的地方，都能够收听到广播电视节目。另外，广播电视的听众和观众不受文化水平、年龄、性别和职业的限制，听觉正常的人都可以成为广播电视的受众。第三，视听兼备，亲切可信。广播电视以传送声音符号和图像符号而诉诸人们的听觉和视觉，从而提高了信息的可信度。另外，音乐可以娱乐身心、陶冶情操，可以给人以身临其境的感觉，从而达到以"声"感人和以"情"动人的效果。第四，广播电视虽然具有上述独特的优势，但也存在一些明显的不足。一是转瞬即逝，难于理解。广播电视以声音符号传播信息，但声音符号看不见、摸不着，转瞬即逝。二是循序而进，选择性差。由于广播电视的节目时间是固定的，受众只能循序而听，无法对节目的内容和收听、收视方式进行选择。三是"表面陈述"，想象性弱。电视传播的信息形象、直观，观众可以直接感受到客观事物，而无须展开联想和想象。这样就极大地削弱了受众参与形象再创造的积极性。这就要求广播电视要扬长避短，更好地为受众服务。

四、网络媒体及其传播特点

国际互联网又叫因特网（Internet），它是继报纸、广播和电视之后的一种全新的媒体，有人将它称为"第四媒体"。因特网的雏形是美国国防部高级计算机局（Advanced Research Projects Agency）于1969年建立的ARPnet（通常称为ARPA网）。ARPnet是一个实验性的计算机网，开始时仅有4台计算机联网。为了改变这种脆弱的链接方式，1983年主要用于民用的美国国家科学基金会（National Science Foundation）的NSFnet被允许加入ARPnet。为此，专家们制定了传输控制协议和国际互联协议（TCP/IP），以便成千上万的计算机用户能够进入互联网络，由此形成了因特网的基础。20世纪90年代，随着WWW（World Wide Web，即万维网）的加入，因特网增加了容量巨大的可以超文本链接的浏览服务器。由此，因特网真正成了影响全体社会成员的网络传播媒介。

根据国务院新闻办公室和国家信息产业部 2000 年 11 月颁布的《互联网站从事登载新闻业务管理暂行规定》，我国的网络媒体可以分为两类：一是中央新闻单位和中央各部委、各省市、自治区及其所辖地市新闻单位依法所设立的新闻网站（页）；二是非新闻单位依法所设立的综合性互联网站（综合性非新闻单位网站）。新闻网站或传统媒体网络版是指传统媒体利用自身的新闻资源和互联网的功能在互联网上建立的网站，它们在网站上发布自己采集的新闻报道，播放自己制作的节目，实际上是传统媒体在互联网上的延伸。综合网站或网络自生媒体是指某个组织或个人利用网站、主页等网络工具定期制作和发布新闻而形成的网络新闻传播媒体。这类网站又可分为三种形态：一是商业网站，如新浪、搜狐、网易等，它们通过提供多方面的信息和搜索引擎开展商业活动，新闻频道只是其中的一项服务；二是专业网站，如健康、旅游、体育、女性、交友等方面的网站，它们以提供专业化的信息服务为特色；三是个人网站，即公众人物和网络爱好者为了提高自身的知名度或推销自己的观点和业务而设立的网站。

随着宽带无线接入技术和移动终端技术的飞速发展，人们迫切希望能够随时随地乃至在移动过程中都能方便地从互联网获取信息和服务，移动互联网应运而生并迅猛发展。移动互联网，即将移动通信和互联网二者结合起来，成为一体，是移动通信技术、互联网技术、计算机技术等融合下催生的产物，主要指由蜂窝移动通信系统通过移动便携终端接入访问互联网络。移动互联网的主要功能是能使用户实现随时随地访问互联网，从而获取互联网上无限丰富的信息资源，享受到互联网上各种各样的应用和服务。

截至 2017 年，全球移动互联网用户将达到 30.7 亿。移动互联网与 PC 互联网相比，具有小巧轻便、高便携性、通信便捷、隐私性和应用简单等特点。智能终端的普及使得台式机、笔记本电脑与移动终端的界限越来越模糊，许多以往只能在台式机或笔记本实现的功能已经越来越多地可以在智能移动终端上实现了。移动互联网的浪潮正席卷社会的方方面面，新闻阅读、即时通信、视频节目、电商购物、公交出行等热门应用都出现在移动终端上，在苹果和安卓商店的下载已达到数百亿次，而移动用户规模更是超过了 PC 用户。

技术革命进一步推动了媒体形态加速演变。移动互联网对媒体结构产生了深刻影响，传统单一媒体形式的传播机构开始向移动互联网延伸，呈现出融合发展的趋势。首先是移动数据终端和纸质媒体的融合，如手机报的出现。其次，移动终端与广播媒体的融合，如手机等移动终端中嵌入广播应用，广播能够在移动互联网终端上拓展影响力。第三，广电媒体借助移动互联网走向移动化，主要表现是广电内容生产机构开始与移动通信运营商合作布局手机电视业务，将自身制作的优质内容推向移动智能终端，并提供点播、直播等服务。

在此发展过程中，手机作为移动终端的一个重要介质，扮演着愈发重要的媒体角色。截至 2017 年 12 月，我国网民使用手机上网的比例高达 97.5%，较 2016 年底提升了 2.4 个百分点，使用台式电脑、笔记本电脑上网的比例分别为 53% 和 35.8%，较 2016 年底均有所下降，其中使用台式电脑的比例变化尤为明显，下降 7.1 个百分点。除即时通信功能，在其他网络应用（如搜索引擎、网络新闻、网络购物、旅行预订、网上支付等）中，使用手机终端的比重均呈现稳步增长的趋势。这说明，越来越多的人，通过手机，而非台式电脑获取资讯与服务。手机媒体，作为网络媒体的延伸，被认为是继报刊、广播、电视、互联网之后的"第五媒体"。它具有超强互动性、综合性、即时沟通、个人化体验、跨地域传播等多种传播特性。随着智能手机的升级，手机终端上的各种功能被进一步整合，比如微博、微信等新兴的社交应用平台，还能拓展新的功能需求，手机屏幕上由此集合了新闻发稿、资讯获取、社交聊天等功能，融合了自媒体、新闻媒体与综合信息平台的功能，在角色上越来越丰富。可以预见，在未来的互联网时代，手机媒体将会成为一种最主要的传播媒介。

作为一种新型的传播媒介，网络媒体具有和传统的三大媒体不同的传播特点，这主要表现在以下五个方面：第一，多媒体传播。所谓多媒体，是指将数据、文本、声音及各种图像在单一、数字化环境中一体化。网络传播突破了传统媒体依靠单一符号或以某一符号为主要载体的局限性，真正实现了多种符号交融，用户可以自由选择信息的符号传递方式。第二，非线性传播。传统媒体都是线性传播，都体现出一种时间流程的不可逆转性和空间界面的不可交替性。网络传播突破了时间与空间的二维限制，以超链接的阅读方式，使得网络中的信息处于相互通融状况，从而为受众提供了广阔的选择。第三，信息传播的个人化和交互性。在网络传播中，用户可以对网络信息进行加工、处理、修改、放大和重组，成为信息的操作者，享受个人化的信息服务。同时，用户可以通过网站设置的"用户论坛""电子公告板""时事评论"甚至"电子邮件"等对网站所发布的信息进行及时反馈，与网站和其他用户共同探讨和发表意见。由于传和受双方角色交互性改变，传统媒介中"把关人"嬗变为"信息服务者"。他们在传统媒体时代所承担的信息筛选和议程设置角色被削弱，而信息服务功能得到加强。第四，信息容量巨大。由于电脑巨大的信息储存量和万维网、联网数据库、邮件目录群、新闻讨论组和电子邮件等多种采集途径的同时使用，使得网络媒体拥有超常规信息容量。一个只有 9G 的硬盘可以储存 45 亿个汉字的信息量，而一份对开 100 版报纸一天最多只能提供 50 万字的信息。第五，能够直接推动社会民主政治的进步。传统媒体无疑也是社会民主政治进步的推进器之一，但是除了政治、经济力量的干预之外，传统媒体本身的媒介特性如单向传播、守门人过滤、缺乏互动性等，很难提供给社会大众直接发表言论，相互交流的平台。因此，在传统媒体不能直接表达民意的情况下，民意的直接表达只能通过集会、游行、联名上书请愿的方式来实现。互联网作为一种新媒体，由于其强大的交互性功能，为民意的表达提供了最方便、最直接的平台。一方面，网民可以通过新闻评论、网络论坛、新闻跟帖、网络调查和网上签名等手段，对于国内外发生的重大事件和突发事件，见证事实、发表意见，从而形成强大的网络舆论。另一方面，网民可以自己开设"博客"或"播客"，自己提供内容，和其他网民共享和互动。这一新型舆论的巨大作用已经在中国当代民主政治生活中充分显示出来，而且将会以更大的影响力推动中国民主政治的进步，从而协调社会公平的逐步发展。这种新型舆论的巨大影响力是任何人都不能漠视的。

网络传播在给人们生活带来巨大便利的同时，也带来了一些负面影响。首先，由于互联网的无界性，境外敌对势力更方便对华进行意识形态方面的渗透。据称，现在境外有2 000多家反华中文网站，其创办者背后均有强大的经济支持。在2009年新疆"7·5暴乱事件"中，民族分裂分子也是通过手机短信煽动分裂、组织暴乱，给人民的生命财产造成极大破坏。其次，由于缺乏必要的"把关人"，网络上传播的内容难以保障其真实性。虚假信息流行容易侵害公民权利和知识产权，误导网民，混淆视听，不利于维护社会稳定。再次，一些别有用心的人也会利用网络传播错误思想观念和腐朽文化。网络游戏的凶杀暴力倾向严重，低俗"恶搞"流行，特别是色情泛滥不利于青少年的健康成长。因此，在充分发挥互联网优势的同时，各国都十分注意加强对互联网的管理。

五、媒介融合及其发展趋势

互联网特别是手机媒体的迅猛发展对报纸、广播电视乃至图书出版等传统媒介的生存和发展带来了严峻的挑战。为了适应传播技术发展的要求，各类传统媒介纷纷谋求变革。经过为时不长的探索，目前各种媒介之间相互融合的趋势日渐显示出来。所谓"媒介融合"（media convergence），是指在互联网的基础上各种媒介之间相互依存、相互渗透、逐渐融合的发展趋势。它涉及媒介的技术层面、组织层面、制度层面和社会层面。

关于媒介融合的讨论，最早出现在媒介技术层面上。1978年，美国麻省理工学院媒体实验室创始人尼古拉斯·尼葛洛庞蒂（Nicolas Negroponte）在

《媒体实验室：在麻省理工学院创造未来》一书中描绘了"媒介融合"的蓝图。尼葛洛庞蒂用三个圆圈来描述计算机、印刷和广播三者的技术边界，认为三个圆圈的交叉处将成为成长最快、创新最多的领域，并且这三个圆圈呈现出叠加和重合的发展趋势。他认为媒介融合是在计算机技术和网络技术二者融合的基础上用一种终端和网络来传输数字形态的信息，由此带来不同媒体之间的互换性和互联性。

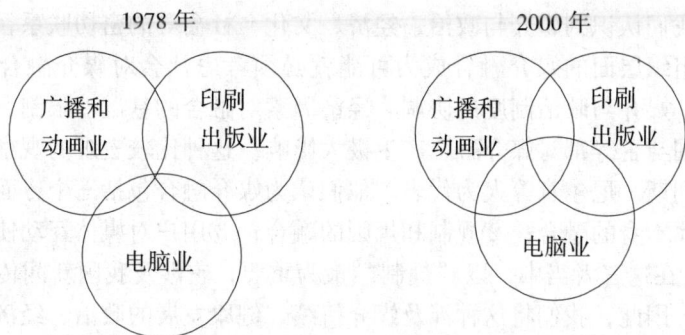

1978 年　　　　　　　　　　　　　　　2000 年

广播和动画业　印刷出版业　电脑业　　　广播和动画业　印刷出版业　电脑业

图 3 - 1　MIT 媒体实验室的汇聚结构

在此基础上，约翰·帕夫利克（John V. Pavlik）在《新媒体技术——文化和商业前景》一书中指出："融合是指所有的媒介都向电子化和数字化这一形式靠拢，这个趋势是由计算机技术驱动的，并在网络技术的推动下变为可能。融合的出现对现有媒体秩序是一个意义深远的挑战，它为多媒体产品的发展铺就了发展道路。所谓多媒体，是指文本、图片、视频、声音以及这些元素的链接和交互的混合体。"[1]

随着媒介融合实践从技术层面到媒介产品形态融合、新闻传播业务的形式融合、传媒系统的运作与组织结构的融合等，特别是涉及媒介所有权融合的时候，媒介融合就超越了单一技术融合走向"社会性的融合"。这种"社会性的融合"对新闻传播事业的整体面貌产生了根本性的影响。美国密苏里新闻学院的章于炎、乔治·肯尼迪、弗里兹·克罗普从传媒经济学的角度认为媒介融合是指大众传播业的一项正常的项目或者说是一个渐进的发展过程，它整合或利用处于单一所有权或混合所有权之下的报社、广播等电子媒体，以增加新闻和信息平台的数量，并使稀缺的媒体资源得到最优配置。在规模经济和范围经

---

① ［美］约翰·帕夫利克. 新媒体技术——文化和商业前景. 周勇等译. 北京：清华大学出版社，2005. 126.

济的作用下，这些融合的媒介形式以及被重新包装的媒介内容，将提供给受众更大的信息量，从而实现领先竞争对手、获得盈利、提供优质新闻的目的，并最终在数字时代的媒体竞争中保持优势地位。① 上述的概念从传媒业务的方面、组织管理的角度、传媒经济学的角度探讨媒介融合，涉及面广，除涵盖了"技术层面的媒介融合"的所有内容之外，还包括产品形态、业务操作、组织结构（特别是所有权）等方面的融合。因此，我们称这种超越了技术层面的融合为"组织层面的媒介融合"。

如果我们认识到媒介与政治、经济、文化、社会等的密切联系，那么，要使技术与组织层面的媒介融合成为可能就必须考虑社会对媒介融合实践的制约。因此，媒介与政治制度的协调、经济因素对融合的基础性限制、文化上对融合的认同与否等都对媒介融合产生极大影响。这种比较宏观的观察视角以瑞典的安德列斯·尼尔森等人为代表。他们认为媒介融合包括三个方面：①媒体业务与媒体本身的融合；②规制和规则的融合；③用户对媒体互动使用与参与的融合。② 在这三者当中，以"规制"最为重要，它涉及我国新闻传播事业的政策层面。因此，我们将这种涉及媒介持续、健康发展的政治、经济与文化等体制层面的媒介融合称为"体制层面的媒介融合"。

前面所论述的技术、组织以及制度层面的媒介融合都集中在传媒业的范围内，因此，这三种融合可统称为"传媒业的内部融合"。这种在传媒业内部的融合已不适合传媒业的新变化，主要表现在电信产业、IT 产业、电子产业等，都有进军传媒业的愿望，而且也确实存在进入的可能性。美国学者凯文·曼尼（Kevin Maney）在《大媒体》一书中提出"大媒体"（mega-media），即传统大众传媒业、电信业、信息（网络）业都将统一到一种新产业之下，称为"大媒体业"。③

以上研究视角的内涵与外延都很广，把迄今为止所有新媒介的出现和发展的三个基础——电信网、计算机网和广播网都涵盖，这种融合若发生，则所谓传媒业的结构将被重新改写，所以现在的媒介分类也需要重新划分。因此，这种突破了传统传媒业的融合，可以看作是"传媒业的外部融合"，是一种全方位的融合，是一种具有革命性的融合。由此，经过对媒介融合的技术、组织、体制与社会层面的分析，我们可以初步得出媒介融合的构成图示，见图 3 - 2：

---

① 蔡雯，王学文. 角度·视野·轨迹——试析有关"媒介融合"的研究. 国际新闻界，2009（11）.

② 熊澄宇，雷建军. 作为传媒的电影和作为产业的电影. 当代电影，2006（1）.

③ 王菲. 媒介大融合. 广州：南方日报出版社，2007.5.

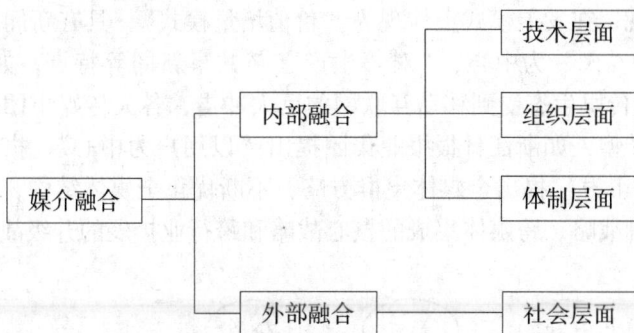

图 3 - 2　媒介融合构成图

　　在我国，全方位媒介融合的本土化实践，近十年来的核心主题是对"全媒体化"的探索。在基本概念上，"全媒体"被界定为一种传播形态，是指综合运用多种媒体表现形式，如文、图、声，全方位、立体地展示传播内容，同时通过文字、声像、网络、通信等传播手段来传输的一种新的传播形态。对全媒体内涵的理解，学界一般有三种论说：传播形态论、业务模式论和媒体战略论。三者都是从不同角度对全媒体进行了诠释和争辩。传播形态论是最为直观也是最为普遍的一种全媒体认知。有研究者将全媒体界定为报业转型的结构融合模式，是"融媒体"发展的初级阶段——即过渡性的结构化融合阶段①。这样一来规避了形态论的技术化和单一性，二来在微观业务变革和宏观战略转型两个维度间勾连，形成了全媒体的中层理论。

　　报业与互联网的融合，最初从"报网互动"开始。这个时期，国内多家报业媒体开始在新闻网站上发布自己采制的多媒体新闻，但是，此阶段的媒介融合并未取得实质性突破，报纸与网站在很大程度上依旧是"两张皮"。从媒介融合的进程看，我们可将融合新闻大致分为三个阶段。报网互动，即融合新闻的 1.0 模式。正是基于此阶段的实践积累，国内报业在数字化转型过程中提出了全媒体战略转型新思维。

　　融合新闻 2.0 则主要体现在多媒体融合的操作模式上，媒体进入"规模增量改革"——新闻形式增加、内容结构多媒体化、传播渠道全媒体化等。此阶段，融合以简单的"加法"进行。进入融合新闻的 3.0 阶段，报业全媒体的技术瓶颈已经突破，新闻对于用户来说，不仅仅是信息的供给，更是一套价值的实现方案。融合新闻的 3.0 在内涵上注重以价值为核心，即用户价值传

---

　　①　麦尚文：全媒体融合模式研究．北京：中国人民大学出版社，2012．40．

播与价值实现，在发展模式上体现为"价值增量模式"，具有新闻"文本无边界"、新闻以"人"为中心、"对等生产"与共享新闻等特点，如图 3－3 所示①。目前，传媒生态受到移动互联网的巨大冲击，各大传媒集团也积极努力探索全媒体转型，如浙江日报报业集团提出"以用户为中心"，搭建大数据平台；《南方都市报》提出全媒体集群方略，不断优化全媒体结构，制定了跨区域办报的基础战略、跨媒体集成的核心战略和跨行业扩展的升级战略等。

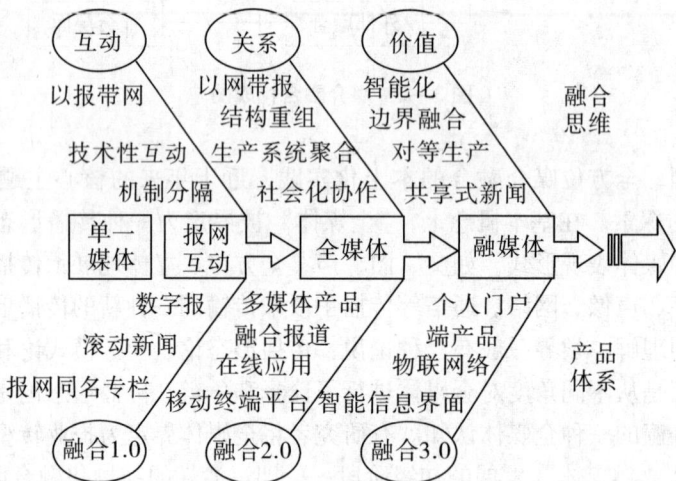

图 3－3　媒介融合的三代演进

移动互联网浪潮不仅在传统报业刮起了一阵融合浪潮，而且从广播、电视及视频媒体的变局等看，转型求变的核心战略，也是纷纷与移动互联网融合战略有关。当前媒介融合逐渐呈现出大媒体、跨边界的发展趋势。这种趋势在信息服务与商业模式创新方面尤显突出。

当今之时，以网络平台和手机媒体为代表的新媒体迅猛发展。这一方面为人们的生活带来了极大的便利，甚至在一定程度上改变了人们的生活方式和思维方式，推动了社会的飞速发展。但是，同任何新生事物一样，新媒体的发展有其利也必有其弊。大凡历史上任何一种新技术、新器具的产生或推广应用，必然有一个研发、实验、改进和推广的过程。中国古代思想家老子云，"使有什伯之器而不用……虽有舟舆，无所乘之；虽有甲兵，无所陈之。使民复结绳而用之。"依此而论，新媒体技术的推广和应用如果操之过急或用之失当，则

---

① 转自：麦尚文. 全媒体融合模式研究. 北京：中国人民大学出版社，2012. 91.

可能带来意想不到的消极效果。无独有偶，北美著名传播学家麦克卢汉也认为，媒介塑造社会关系的模式可以分为两种类型：参与、卷入式和分离、专门式①。前者指的是人们能够自如地共享彼此的体验，进入社会关系、人际组合，社会组织紧密而且要求情感参与，人与自身、人与环境形成一种直接和亲密的互动状态，完满的交流成为可能，整个社会的和谐存在于多层次的相互关系之中；后者却相反，人们难以获得完整的生活体验，更不可能与他人进行交流互动，人与人之间疏离，成为孤独的个体，直接的关系遭到肢解，人们不需要也无法对他人和社会做出积极回应，因而社会沙粒化，或者形成线性序列。这些论述对于理解当今社会的机遇和挑战，对于理解当今社会人们的幸福与苦闷，对于化解当今社会的发展矛盾，具有深刻的意义。有所为、有所不为，有所取、有所舍，有所得、有所失，有所参与、有所独立，始终保持心智的淳厚清醒，应为所有社会成员具备的素养。

第三节　新闻接受者

一、受众的含义及其特征

新闻接受者又称受众（audience），他们是大众传播内容的接受者。在新闻传播中，受众主要是指报刊的读者、广播电视的听众和观众及网络新闻传播中的"网民"。作为新闻传播的受众，不同于作为人际传播的受众的"初级群体"（primary group），也不同于作为组织传播的受众的"群集"（crowd）和作为民主政治社会基础的公民（public）。在人际传播中，初级群体之间相互保持着面识关系，拥有共同的目标或价值，传和受双方的角色可以随时转换。在组织传播中，群集是指集合状态下的人群，他们通常局限于一定的物理空间之内，其情绪容易直接受到传播者的感染。在民主政治结构中，公众是围绕共同关心的公共事务的讨论而形成的受理性制约的社会群体，是一个政治概念，而受众则是根据自身的信息需求而形成的缺乏相互联系和制约的个体的组合。

---

① 李洁. 传播技术建构共同体？——从英尼斯到麦克卢汉. 广州：暨南大学出版社，2009. 95.

作为新闻传播的接受者，受众具有以下四个方面的特征：

第一，广泛性。新闻传播是面向社会全体公众的传播活动，其受众数量众多。从人群类别上来看，所有的社会成员无论是什么种族、性别、年龄，从事何种职业都是新闻传播的受众或者潜在受众。从分布空间上看，凡是无线电波和电缆所及之处的人群都可以是新闻传播的受众。由此，决定了新闻传播的受众是社会上各种人群中数量最大的群体。

第二，混杂性。由于人数众多，受众具有混杂性的特征。从结构类别上看，各种民族、各种性别、各种职业、各个阶层和各个文化层次的人混杂在一起，共同构成了新闻传播的对象。从空间分布上看，分散在世界各个角落的人们因为新闻传播媒介而抽象地联系在一起，使世界成为一个"地球村"。从接触新闻传播媒介的动机看，各种不同的受众对新闻传播的内容有不同的要求。这种混杂性使得新闻传播媒介很难满足所有受众的需要。新闻传播媒介必须进行准确的受众定位，以加强传播的针对性。

第三，独立性。由于受众和传播媒介之间以及受众与受众之间处于相对隔绝的状态，所以新闻传播对他们没有强制性。受众完全根据自己的需要、动机、态度和意志选择新闻媒介和信息内容。在这个意义上说，受众的信息收视状态是新闻媒介传播效果的判断者，受众是新闻传播事业的"上帝"。一切政治的、商业的宣传欲取得良好的传播效果，必须利用新闻传播媒介，并且必须符合新闻传播的规律。

第四，隐匿性。在新闻传播过程中，传播者和受传者之间的关系是间接的和不确定的。从传播者方面看，他们对受众处于一种笼统和模糊的认识状况。从受传者方面看，他们中的一小部分虽然也直接或间接地参与新闻传播媒介的活动，但总体上对媒介而言是隐匿的。这就要求新闻传播媒介要经常开展大面积的受众调查，把握受众的总体特征和要求。

二、受众的分类

按照不同的标准，对于受众的分类可以有多种方法。例如，按照接触媒介类别的方式，受众可以分为读者、听众、观众和网民；按照接触媒介频率的高低，受众可以分为稳定受众和不稳定受众[①]等。但是，如果从理论意义上（即从受众本身构成的不同要素）看，可对受众进行以下三种分类：

第一，按照受众的素质和在社会政治生活中所处的地位，可将受众分为积

---

① 李良荣. 新闻学导论. 北京：高等教育出版社，1999. 119.

极受众和消极受众。孙中山先生曾经以社会上各种人群对待革命的态度，将他们划分为先知先觉者、后知后觉者和不知不觉者。这种划分虽不尽科学，但大概可以作为划分积极受众和消极受众的参考。积极受众是指受过良好的教育，从事学术性研究或实际组织工作的知识分子。他们对于任何事物都有自己的主见，对于新闻传播媒介有选择、有批评，可以起到舆论领袖的作用。消极受众是指文化程度比较低、注重生活温饱的平民。他们没有太多的主见，比较容易接受传播内容和积极受众的影响，是新闻媒介最广大的接受者。

第二，按照人口统计的原理，可将受众分为一般受众和特殊受众。由于性别、年龄、职业、地域不同，受众在总体的共同兴趣和共同需求外，还会形成某些特殊的兴趣和特殊的信息需求。一般受众对于各种新闻媒介及其所传播的所有新闻信息都感兴趣，没有固定的方向和重点。特殊受众除了对一般新闻信息感兴趣外，还对某一特殊的内容感兴趣。例如，女性偏爱文娱类信息，青年人热衷于新闻类和知识类信息，老年人乐意休闲类和保健类信息。随着人们物质生活和精神生活的丰富，这种特殊受众的数量在不断增加。

第三，从经济学意义上看，按照新闻传播媒介对受众了解的确定程度和受众对新闻信息的接触频率和利用程度，可将受众分为核心受众和边缘受众或者现实受众和潜在受众。新闻媒介对全社会开放，从理论上讲所有社会成员均可成为某一媒介的受众，受众也可以选择所有的新闻媒介。但实际情况并非如此，绝大部分受众对某些或某一新闻媒介，特别是新闻媒介上的某一栏目或节目情有独钟，这部分比较固定的受众就是新闻媒介的核心受众。核心受众之外的受众为边缘受众，他们虽然不是某一媒体或栏目、节目的固定传播对象，但也可能对某一媒体或栏目、节目产生一定的兴趣。同理，凡是已经接触和使用新闻媒介的受众为现实受众，凡是具有正常的接触媒介能力，但尚未接触和使用新闻媒介的受众为潜在受众。核心受众和现实受众是媒体分流、分向、分层次发展必须巩固的对象，边缘受众和潜在受众则是媒介拓展生存空间应该争取的对象。

三、受众与新闻传播媒介的关系

表面上看，受众是新闻传播媒介的接受者和服务对象，处于比较被动的地位。但是，从根本上看，他们是新闻传播活动的积极参与者，是新闻传播效果的检验者，是新闻传播内容和传播方式的决定者。

新闻传播是一个传和受双方之间双向的、循环往复的过程。只有当传播者把新闻信息传递给受众，并接收到受众的反馈信息时，新闻传播过程才算完成。当然，受众参与新闻传播活动，并不是说每一个受众都直接参与新闻传播工作，而是以各种形式向媒介反馈意见和传达"指令"。这些形式包括受众调查、座谈会和受众来信来电等。通过这些途径，新闻媒介可以更深入地了解受众的需求和爱好，为受众提供更好的信息服务。

受众是新闻传播过程的起点和终点，他们既是新闻事实的创造者，又是新闻传播效果的检验者。一方面，受众根据自己的亲身见闻和生活经验可以判断传播内容的真伪，从而决定对其接受或抵制的态度；另一方面，新闻媒介要取得积极的传播效果，就必须使自己的主观愿望完全符合受众的需求，否则就会一事无成。从这个意义上说，受众的需求、态度和立场决定着传播效果的"有无"和"大小"。

孤立地从表面上看，新闻媒介传播内容的取舍是由传播者特别是媒介负责人决定的，但从联系的和发展的角度深入地分析，新闻媒介的最后取舍权应属于受众。不同的国家、不同的地区和不同职业的受众具有不同的心理定式、文化底蕴和阅读习惯，由此决定了特定的新闻媒介具有不同的风格。同时，新闻传播事业最根本的特点是不断变革，而变革的动力来自社会公众不断增长的对于物质和文化生活的需要。从这个意义上说，受众的需求决定着新闻传播事业变革的方向和进程。在信息传播的过程中，受众的身份具有双重性。他们作为信息的接受者，信息在他们那里由强变弱，以致出现减速、失真、失效和信息量递减的趋势。他们作为信息的检验者和反馈者，信息在他们那里由弱变强，以致最终通过大众传播媒介扩大信息的流量和覆盖面。

受众是新闻传播活动的主体之一，也是民主政治社会中的公民。作为民主政治社会成员，他们在新闻传播活动中享有与公民的基本权利相应的权利，并必须履行其与公民的基本义务相应的义务。

在新闻传播过程中，受众的权利主要包括知情权、表达权、名誉权和隐私权四个方面。知情权是指公民了解公共事务，获得和知悉相关信息特别是官方信息的权利。在新闻传播活动中，受众可以按照自己的意愿选择新闻媒介，可以接受新闻媒介传播的信息，也可以不接受新闻媒介传播的信息，任何人不得强行干涉。新闻传播媒介是实现受众知情权的途径，如果它拒绝承担这项基本的使命，就失去了存在的意义。表达权，又叫媒介接近权，是指受众利用新闻媒介表达自己的意愿参与国家政治生活的权利。在新闻传播活动中，受众有利用新闻媒介"说"的权利，也有"不说"的权利，还有选择何种媒介和何种方式、在何种范围内"说"的权利，任何人不得强加干涉。特别是在受到传媒攻击或歪曲报道的时候，受众有权要求媒介刊登更正启事或反驳声明。所谓名誉权，是指受众对自己在社会生活中所获得的社会评价，即自己的名誉，依法享有的不可侵犯的权利。新闻媒介不得故意歪曲和捏造事实或者将不该传述的事实在新闻媒介上公开传播，使受害人的社会评价降低或者使其本来已经低的社会评价进一步降低。隐私权，是指受众拥有的对个人的身体或日常私生活不愿公开（"隐"）的情况（"私"）的权利。一般来说，新闻传播媒介不得侵害受众的以下四种隐私权：一是不得侵扰他人的幽居宁静，或窥探他人的隐私秘密；二是不得公开宣扬使他人遭受困窘的私事；三是不得发布他人的个人资料；四是不得为了自己的利益，擅自利用他人的姓名和肖像。

在新闻传播过程中，受众必须履行对国家和社会相应的义务，例如，保守国家秘密、维护国家安全、不散布淫秽庸俗的信息及其制品。作为民事主体，受众在享有名誉权和隐私权的同时，不得提供和传播虚假的信息或者制造"信息污染"，损害新闻媒介或他人的名誉权或隐私权。作为经济活动的主体，受众应该及时缴纳足够的媒介"阅听费"，维护新闻传播设备，如实报告"阅听"状况，并不得侵害媒介及其制品的利益。

鉴于受众的主体性以及受到新兴信息与传播技术的影响，"受众"这一概念正在遭受学者的质疑。"受众"所体现出的被动的、单向的传播特征正在受到新媒体技术的挑战，取而代之的可能是"搜寻者"（seeker）"咨询者"（consultant）"浏览者"（browser）"对话者"（interlocutor）"交谈者"（conversationalist）等新兴的角色，被动、消极的受众正在转变为具有主动性和交互性的信息使用者。

四、受众研究的历史发展

随着受众在新闻传播中地位的不断提高，新闻传播学有关受众的研究也取得了长足的进步。

早期的受众研究一直处于一种模糊的机械状况，研究者普遍认为传播者是主动的，受传者是被动的，传播效果是直接而明显的。这种观点以20世纪30年代在美国新闻学界广为流行的"魔弹论"（又叫"靶子论"或者"皮下注射论"）为代表，其理论代表人物是美国传播学家约瑟夫·克拉帕（J. Klapper）。他认为，大众传播具有子弹打靶那样的效果，传播者是主动的，受传者是分散的和被动的。传播者把子弹发射出去，受传者必然应声倒下，传播效果直接而明显。

但是，后来的研究表明受众并不是完全孤立和被动的，他们的身后具有不同的社会背景，大众传播媒介对他们的影响不尽相同。大致说来，受众的社会背景包括两个基本方面：一是人口统计学意义上的群体，如性别、年龄、籍贯、民族、职业、学历等；二是社会关系意义上的群体，如家庭、单位、团体、阶层、宗教信仰等。由此，形成了以下关于受众研究的三大理论流派①：

第一，"个人差异论"。这种理论最早由美国传播学家卡尔·霍夫兰（Carl I. Hovland）提出，后来经梅尔文·德弗勒（Melvin L. DeFleur）修正形成。这种理论认为：主要是由后天习得的结果，个人之间的差异是明显的；这种差异主要表现在不同环境下成长的人们所形成的特殊心理结构方面；由于心理结构的不同，人们在感知、理解客观事物时带有自身的倾向性，从而影响他们对大众传播内容的接受、理解、记忆，反应各不相同。

第二，"社会分化论"。"社会分化论"也叫"社会类型论"或"社会规范论"，它是在个人差异论的基础上发展起来的，其代表人物是美国传播学者约翰·赖利和马蒂尔达·赖利夫妇（Riley M. W. and Riley J. W.）。这种理论认为：受众在接受媒介和选择内容时不仅受"个人差异"的影响，而且还受到他们在社会结构中所处地位的影响；这种社会结构是由性别、年龄、文化程度和经济收入等人口统计学上的差异而形成的社会群体组成的；因此，确定社会群体类别形成的因素可以影响受众对信息的注意，从而使各个社会群体做出大体一致的反应。

第三，"社会关系论"。这种理论认为：受众不仅仅归类于按性别、年龄、文化程度等人口统计因素组成的社会群体，而更归属于由家庭、单位、团体、阶层、文化规范等因素组成的社会关系；这些社会关系左右着人们对媒介信息的选择，从而制约着大众传播的效果。在所有社会关系中，对受众影响最大的是人们的政治态度。这种理论最早由拉扎斯菲尔德（Paul Felix Lazarsfeld）在20世纪40年代提出，后来得到普遍认同。1940年，拉扎斯菲尔德等人为了考察大众传播对选举结果的影响，在俄亥俄州伊里县进行了一次实证调查，史称"伊里调查"。研究表明，影响选民投票的决定因素不是大众传播的竞选宣传，而是人们既有的政治倾向。既有倾向决定着人们的政治选择，也制约着人们对大众传播媒介内容的选择——受众比较愿意选择那些与自己既有立场和态度一致或接近的内容，而回避那些对立或冲突的内容。这种"选择性接触"不仅存在于政治信息领域，也存在于消费、文化和娱乐信息领域，具有普遍性。新闻传播媒介要改变受众的既有政治倾向不是不可能的，但是它是一个非常漫长的浸润过程。在这个过程中，新闻传播者必须不断满足受众的全方位信息需求，并严格遵循新闻传播的规律，只有这样才能逐渐达到目的。

---

① 吴文虎. 传播学概论. 武汉：武汉大学出版社，2000. 208～210.

思考题

1. 新闻传播者的职业特征主要有哪些?
2. 新闻传播者有哪些权利和义务?
3. 新闻传播者应该具备哪些基本素质?
4. 新闻传播媒介的产生和发展经历了哪些主要阶段?
5. 什么叫传播手段? 报纸、广播电视和互联网的传播手段各是什么?
6. 什么叫媒介融合? 其发展趋势如何?
7. 什么叫受众? 受众的特点有哪些?
8. 根据不同的标准, 对受众可以进行哪些方面的分类?
9. 在新闻传播活动中, 受众有哪些权利和义务?
10. 有关受众研究的理论主要经历了哪些发展阶段? 其主要理论有哪些?

第四章
传播符号

内容提要

　　信息传播是人类生存和发展的必要条件，而信息传播的载体是符号。对符号的编制、理解与利用是人类的基本生存方式。可以认为，新闻学的理论基础是传播学，传播学的理论基础是符号学。因此，了解和研究符号学，对深入研究新闻学和传播学具有重要意义。基于这种认识，本章较全面地探讨了符号学兴起的时代背景，符号的定义、分类及其结构，符号的意义及其生成机制，符号的传播功能等方面的问题。

第一节　传播符号学研究的兴起

一、传播符号学研究兴起的背景

1980 年代，美国经验主义传播学学派传入中国。所谓经验主义传播学，是指以功能应用为导向，以实证科学为方法，以烦琐问题为研究对象的传播学。此类研究在中国广为流行，其原因有二：一是客观上美国传统在当代学术领域的强势地位和影响，使诸多学科难免受其冲击；二是主观上当时中国学术界对于突如其来的"新学"，眼花缭乱，难免高山仰止，甚至顶礼膜拜。

1990 年代，美国经验主义实证学派式微，欧洲批判主义传播学学派登陆中国并很快兴盛起来。究其原因，大致有二：一是大众媒介在市场条件下迅速扩张，其社会功能日益彰显所带来的一系列新问题，不是经验主义实证研究所能应对的；二是中国学人独立意识和本土关怀开始觉醒。

所谓批判主义传播学派，是以超越性的反思态度，总体性的研究方法与联系性的问题意识为基本特征，以图揭示新闻传播多方面意蕴，为新闻传播提供深广的理论视野和思想关照，赋予其高远的精神意义与文化价值。其中，包括一系列不同的学派，如西方马克思主义、媒介政治经济学、文化研究、媒介帝国主义、女性主义与媒介、后殖民主义媒介观、结构主义与符号学等。

二、传播符号学研究的产生及流派

符号学作为一门学科，它是研究人类社会（甚至非人类社会）使用符号的各种规律，或从使用符号的方式入手研究人类社会的文化、文学艺术或其他方面。传播符号学包罗广泛，涉及诸多学科。举其要者，有以索绪尔为代表的语言学，以皮尔斯为代表的逻辑学，以罗兰·巴尔特为代表的符号学等。

（1）索绪尔的语言符号学。费尔迪南·德·索绪尔（Ferdinand de Saussure，1857—1913）是杰出的瑞士语言学家和结构主义的先驱，曾任巴黎大学、日内瓦大学教授，早期从事历史比较语言学的研究。1907 年起，在日内瓦大学讲授普通语言学，提出了成为结构主义语言学基础的新语言学理论。早期，他把语言理解为个人语言行为的心理、生理过程，把语言结构理解为心理气质的直接表现，比较偏重于语言的个人思想因素。晚年，他受到当时社会学思想的影响，以集体意识解释语言的形成和语言在社会形成和巩固中的作用，强调语言是一种系统（结构），其形成并非由音素和意义本身所构成。他认为语言结构即语音和意义之间的网络，语言是一种符号。他把语言看成是由各个成分按照一定的规律组成的一个结构系统，而这个结构系统有如下棋时各个棋子之间的规则系统。虽然棋子可以由各种不同的质料和颜色做成，但下棋的规则系统是不变的。棋子好比语言的语词符号，下棋的规则好比语言系统的语法。语词的符号形式可以变换，但语法必须严格遵守。在结构主义理论基础上，他创建了符号学（semiotics）。他指出，语言是一个表示观念的符号系统，每个符号都有它的"能指"和"所指"两重性质。"能指"（signifier）即语言的声音印象，"所指"（signified）即概念。他认为，"能指"和"所指"的联系是任意的，并把它定为符号学的第一原则。这一观念导致了符号学的创建。索绪尔指出："我们可以设想有一门研究社会生活中符号生命的科学；它将构成社会心理学的一部分，因而也是普通心理学的一部分；我们管叫它符号学。"他的主要著作《普通语言学教程》（1916）是在他死后由他的两名学生根据他生前的讲稿整理出版的。

（2）皮尔斯的逻辑符号学。查尔斯·皮尔斯（Charles Sanders Peirce，1839—1914）是美国哲学家、逻辑学家、数学家、物理学家，实用主义创始人。他受康德哲学的影响甚深，但对康德哲学思想有所批判和发展。他接受康德关于一切知识以及可知事物均依赖逻辑范畴的观点，但不同意康德把逻辑范畴看作完备不变的观点，认为逻辑是一门发展和变化着的科学，并把逻辑当作关于符号之间的关系的纯形式科学。他受到康德在《纯粹理性批判》中关于"实用的"和"实践的"观点影响，创立了实用主义学说。他认为，"实践的"指先验的道德规律；"实用的"指技巧和技术的规则，它们基于经验、适用于经验，表示了某种对人类的目的关系。进而，他把观念的意义和实际效果联系起来，断言一个观念的定义是这个观念的可感觉的效果。他认为，为了弄清一个概念名词（记号）的意义，"人们就要考虑从这一概念的真理必然得出什么样可以设想的实际效果。这些效果的总和将构成这个概念的全部意义。"①由于概念的意义是由指示一定属性的一个陈述来给予的，因此双方在逻辑上须等值。但这个陈述所指示的属性是可以感觉到的属性，所以一个名词之具有意

---

① 冯契. 哲学大辞典（上册）. 上海：上海辞书出版社，2001.

义就在于它能够由描述可感觉到的属性的其他名词或命题来确定。例如，
"硬"的意义等值于"不可为许多其他东西所刺破"。后者正是一个表示可感
觉到的实际效果的经验命题。因此，皮尔斯认为，一切概念、命题和论断的意
义都在于它们的可感觉到的实际效果。实用主义或实效主义的根本含义是用实
际效果说明和规定意义，其目的在于清晰地阐明表征事物观念的意义，确定意
义存在于效果之中。在实用主义或实效主义基础上，皮尔斯建立了符号学理
论。他指出，人类的一切思想和经验都是符号活动，符号活动包括计数符号的
运作都是逻辑运动。因而符号理论也就是关于意识和经验的逻辑理论。他把人
类所有实践活动都组织在三个层次上，依次是感觉活动、经验活动和符号活
动。他把符号的主要内容归结为两个交叉的"三元组合"。首先是"符号媒
介"、"指称对象"及"符号意义"的三元组合，其次是三种符号类型——
"图像""指示""象征"的相互补充和有机结合的三元组合。

（3）罗兰·巴尔特的《符号学原理》。罗兰·巴尔特（Roland Barthes
1915—1980）是法国杰出的哲学家、美学家、文学批评家和符号学家。曾在
法兰西学院主持符号学讲座。他认为，符号学是索绪尔语言学的展开，它涉及
并运用于许多文化现象，也带有随意性。他对语言与言语、能指与所指、结构
段关系与聚合体关系的区别作了新的论证，并把它们运用于非语言现象，如饮
食与服饰等。巴尔特对符号学理论的特别贡献在于他认为符号含有两个层次的
表意系统。在巴尔特看来，索绪尔的"能指 + 所指 = 符号"只是符号表意的
第一个层次，而将这个层次的符号又作为第二层次的能指时，就会产生一个新
的所指。巴尔特把它称为"内涵意义"或"隐喻"。其主要符号学著作有《神
话——大众文化诠释》（1957）、《符号学原理》（1964）、《叙事作品结构分析
导论》（1966）、《叙事格式体系》（1967）等。

三、中国传播符号学研究

中国符号学研究古已有之，如《易经》中有大量关于传播符号思想的表
述：阴阳（阴爻--阳爻一，基本符号）相交以成八卦。八卦者，即天地间人
们所面临的八种巨大的事物或现象及其所处的空间方位（如图 4 - 1）。乾、
坤、离、坎、艮、兑、巽、震，分别代表天、地、火、水、山、泽、风、雷。
他们所标示的方位分别是：乾南、坤北、离东、坎西，兑东南，震东北，巽西
南，艮西北。

图 4 - 1   先天八卦图

老子是我国春秋战国时期伟大的思想家，他对传播现象乃至符号发生发展均有深刻的见解。他认为，"道"是宇宙间先天存在的客观规律，是万事万物的终极根源，万事万物必须遵循体现这个根本规律才能正常地生存和发展。而道的演化则开辟了信息传播的基本途径。道从无到有，阴阳对立，衍生万物，最后从有到无。在此过程中，对立双方因有无、大小、多少、强弱等不平衡，促成信息的矛盾运动，使之达到平衡。他说："反者，道之动；弱者，道之用。天下万物生于有，有生于无。"（《道德经》14 章）又说："道生一，一生二，二生三，三生万物。万物负阴而抱阳，冲气以为和。"（《道德经》42 章）这两段话天才地预见和反映了负载信息传递的符号内部的结构和运动状况，和当代西方符号学的基本观点不谋而合。

唐代道学家李荣对老子关于道的演化的思想作了细致的发挥，并整理出一整套的宇宙生成图式：道—元气—阴阳二气—天地人三才—万事万物。[1] 在此基础上，北宋理学家周敦颐绘制了更为详细的"太极图"："自无极而太极。太极动而生阳，动极而静；静而生阴，静极复动。一动一静，互为其根。分阴分阳，两仪立焉。……二气交感，生化万物，万物生生而变化无穷焉。"[2] 太极图说虽然阐释的是宇宙演化的基本模式，但充分运用了符号的推演。南宋时期理学集大成者朱熹和蔡元定所著《易学启蒙》《阴符经注》《周易参同契考异》等著作对传播符号学思想也作了专门的探讨。他们认为："气数之自然形于法象，见于《图》《书》者，有以启于其心，而假手焉耳。"[3] 不过，由于这些

---

① 任继愈. 中国道教史（上卷）. 北京：中国社会科学出版社，2001.328.
② 侯外庐. 宋明理学史（上卷）. 北京：人民出版社，1997.59.
③ 朱熹. 朱子全书（第一册）. 上海：上海古籍出版社；合肥：安徽教育出版社，2002.209.

著作深奥难解，一般读者难以窥其意蕴。对此，亟待有志之士进行深入研究。

　　传播符号学真正在中国兴起则是 20 世纪 90 年代以后。先是李幼蒸先生于 1999 年出版了《理论符号学导论》，刘智先生出版了《新闻文化与符号》。接着，李彬博士于 2003 年出版了《符号透视：传播内容的本体诠释》。近年，又有余志鸿先生出版了《传播符号学》，郑文东博士出版了《文化符号域理论研究》。与此同时，学界还翻译出版了一批西方传播符号学著作，并陆续发表了一些关于符号学的论文。

第二节　符号的定义、分类及其结构

一、符号的定义

　　在人类传播活动中，信息必须借助一定的外在形式和物质载体才能得以传递。在新闻传播活动中，可以作为信息传递外在形式的是符号，可以作为信息传递物质载体的是新闻传播媒介。

　　在我们的日常生活中，符号是大量存在的，如字母、电码、语言、身姿、徽标、路标、气象信号等。在汉语中，符号又称记号、指号、符码、代码等，意指代表事务的标志。在英语中，代表符号或信号的单词有三个：一是 sign（符号，即普遍意义上的符号，如语言文字等），二是 signal（信号，即特指自然界和动物界发出的信号），三是 symbol（象征符号，即以具体指代抽象的符号，如"火象征光明""玫瑰花代表爱情"等）。在符号学和传播学研究中，所谓符号主要是指象征符号，即 symbol。

　　那么，什么叫符号呢？人们从不同的角度、不同层面和不同学科对符号下了许多定义。其中，现代美国哲学家、符号学先驱皮尔斯对符号的界定具有经典性。他指出："一个符号（sign），或者说象征（representation）是某人用来从某一方面或关系上代表某事物的某种东西。"[1]

　　根据皮尔斯的以上论述，我们可以对符号下定义：凡是能够指代或者表述

---

　　[1]　李彬. 符号透视：传播内容的本体诠释. 上海：复旦大学出版社，2003.6.

某一事物标志的东西都可以称为符号。符号是信息的外在形式或物质载体，是信息表达和传递不可缺少的基本要素。

首先，符号是一种有机体能够感受到的刺激，其中，有些刺激是能够直接感受的，如烟火、气味、音响等；有些是能够间接感受的，如语言、文字、绘画等。强调"非实在"，是要将符号与那些实在的刺激区别开来。其次，符号是概念和所代表的对象物之间的代表，是"第三者"。"如果某个东西 A 是用这样一个方式控制了指向某个目标的行为，而这种方式类似于另一个东西乃在它被观察到的情况下用以控制指向这个目标的行为的那种方式，那么，A 就是一个指号。"例如，一个人开车往前走，另一个人拦住他，告诉他前方道路为塌方所阻，这时驾驶员就会绕道去目的地。那么，指路人就是符号，驾驶员和目的地就是两个不同的事物，符号则是两者之间的"第三者"。再次，符号总是显示着某种"意义"，总是与"意义"形影不离。凡是符号都代表一种或几种意义，无意义的符号不能称为符号，或者人们暂时还不能理解其意义。据此，可以这样认为，凡是能够指代或者表述某一事物标志的东西都可以称为符号（symbol）。符号是信息的外在形式，是信息表达和传递不可缺少的基本要素。如下图 4 - 2 所示：

符号—形式—媒介关联物
对象—指称—对象关联物
解释—意义—解释关联物

图 4 - 2　符号与信息的基本关系

二、符号的分类

根据不同的标准，可以将符号划分为以下四种类型：

第一，根据动物和人所面对的对象不同，可以将符号划分为信号和符号两类。既然信息传递活动是人类社会和自然界（包括动物界）普遍存在的现象，那么动物界的信息传递活动是否也是通过符号来进行的呢？答案是否定的。专家比较一致的看法是，自然界特别是动物界的信息传递活动是通过信号进行的。信号是表示某种事物是否存在的表征或记号，是对象事物的代替物。例如，苏联生物学家巴普诺夫用某种颜色、声音、动作、物象代替某种条件刺激，引起动物条件反射，这些引起条件反射的颜色、声音、动作或物象就是信号。信号与符号都是信息传递的外在形式，都是载负一定信息的记号（sign）。

但是，它们的区别也是明显的。首先，信号是所有高等动物共用的，而符号是人类社会所特有的创造物。也就是说，信号具有自然属性，符号具有社会属性，符号渗入了人对客观外界的感知与认识。其次，信号与其所表示的事物之间具有自然的因果联系和固定对应关系，而符号则可以自由创造和灵活运用。例如，烟和火都是信号，表示它们之间具有自然的因果联系；但是，"烟"和"火"这两个汉字作为人创造的指代相应事物的符号，则和对应的事物无必然的因果关系和固定联系。再次，信号只能指代具体事物，而符号既可指代具体事物，又能表达具体事物所包含的意义，还可表达抽象的概念。最后，信号如果离开了特定时空场景和因果联系就会毫无意义，而符号则可以跨越时空限制将人类活动的过去、现在和将来历史地联系起来。总之，信号和符号的区别是人类社会和动物界的根本标志之一，它们"属于两个不同的论域：信号是物理的存在世界之一部分，符号则是人类的意义世界之一部分；信号是'操作者'（operators），符号则是'指称者'（designators）"①。能够成为新闻信息传播外在形式的是符号，而不是信号。

第二，根据人对符号感觉的方式，可以将人类接触的符号分为听觉符号与视觉符号两类。所谓听觉符号，是指人通过听觉器官所接触的符号，如民间说唱、戏曲、歌曲、音乐等。听觉符号以时间为结构，体现纵向的时间纬度，旨在久远。所谓视觉符号，则是指人通过视觉器官所接触的符号，如图片、文字、数字（平面的）和实物、人体、建筑、雕塑（立体的）等。视觉符号展示横向的空间纬度，旨在广远。根据听觉符号和视觉符号的区分，加拿大传播学家英尼斯认为，由听觉符号和视觉符号演化出时间媒介和空间媒介。"正是由于这两大符号体系的差异，决定了传播的性质和社会的形态：意在时间绵延的符号或媒介，制造出地方割据的等级制社会组织；而重在空间拓展的符号或媒介，则形成大规模中央集权的政治组织。"②

第三，根据人们传递符号的方式，符号可以分为语言符号和非语言符号两类。语言是一种有组织结构的、约定俗成的习得符号系统，用以表达一定地域社群和文化社群的经验。按照瑞典语言学家索绪尔的观点，语言和言语是不同的。"语言是一套隐而不显的'准则'和必不可少的'规约'，是一套关系化的系统或整体性的结构。而言语则是个人在日常生活里对语言的具体使用，也就是按语言的通用规则说的一句句的话。"③ 语言符号是指以有声语言和书面语言为载体传递信息的符号。英国哲学家罗素也说："就日常生活中更常见的

① [德]恩斯特·卡西尔. 人论. 上海：上海译文出版社，1985. 41.
② 李彬. 符号透视：传播内容的本体诠释. 上海：复旦大学出版社，2003. 9.
③ 李彬. 符号透视：传播内容的本体诠释. 上海：复旦大学出版社，2003. 45.

事来说，大多数人也是通过语言进行内心思维活动的。可是，语言的主要目的
毕竟还是传达思想，为了达到这个目的，语言就必须是大家公用的语言，而不
是说话人自创的一套自家语言。其结果就是在把思想翻译成语言的过程中，每
个人经验中最具个人特点的东西几乎都失掉了。"[1]

一般来说，语言包括有声语言和书面文字两个部分。语言符号具有以下四
个特点[2]：①逻辑性，语言的语音与本能相关的声音的联系是固定的、紧密
的，发音和语句按一定的规则组成，在结构上具有逻辑性；②灵活性，语言的
语义和声音的结合是任意的和灵活的，它可以表达任何具体的、抽象的甚至虚
构的事物，在表达内容上几乎没有任何限制；③能动性，语言以有限的几十种
元音和辅音，配之以声调变化，能够组合成数以十万计的语音单词，这说明，
人类能以最小的体能消耗创造最大的声音能量；④创造性，人类在不断创造新
词汇、新概念、新含义和新的表达方法的同时，还能将声音语言转化成文字或
其他符号系统加以记录和保存，并在生活语言之外，创造了科学语言、艺术语
言和计算机语言等各种人工语言。

非语言符号是指借助姿势、声音和艺术形式直接刺激人的感觉器官来传递
信息的语言符号之外的各种符号。一般来说，非语言符号主要包括辅助语言表
达，而伴随的表情、姿势和神态等身体语言，人类发出的有声而无固定语义的
类语言（笑声、哭声、叹息、叫喊等），艺术语言（绘画、建筑、音乐、舞蹈
等）三种形式。非语言符号传播和语言符号传播相比，具有以下三个不同的
特点：①连续性。语言符号传播是分离的一个单词、一个句子、一篇文章，都
呈现出阶段性的特点，而非语言符号传播则是连续的、不间断的。②非线性。
语言信息的传递只能通过一个通道，是线性的，而非语言信息的传播则可以通
过多渠道，呈现出非线性和互动式的特点。③真实生动。非语言符号由于是用
"体语"、音乐和图画直接表现和传播所反映的对象，所以既真实又生动。

第四，根据人们建构和传递符号的方式，符号可以分为规约性符号和非规
约性符号两类。索绪尔说，所谓任意性，符号学的第一原则，符号的能指与所
指完全不沾边，它们的联系是任意决定的，毫无根据。根据任意性原则建构的
符号为非规约性符号。例如，用符号"A"代表指示物"红球"时，它们的
这种对应关系是由代码规定的，没有必然联系。符号的符号形式与符号所选用
的指示物之间存在某种特别的（遵从代码以外的）关联性，该符号被称为规
约性符号。例如，看见"红色圆形塑料板"使用"红球"对应，看见"白色
圆形塑料板"使用"白球"对应。这种对应无论是颜色还是形状都有相似性。

① ［英］罗素. 人类的知识. 张金言译. 北京：商务印书馆，1983. 10.
② 郭庆光. 传播学教程. 北京：中国人民大学出版社，1999. 27.

根据规约性的特点，规约性符号又可以分为两种：一种是以"类似性"为基础的规约性，这种符号叫做"类象"（icon）。表示"红球"的"红色圆形塑料板"就是"类象"。照片与被摄景物类似，作为符号也是类象。在语言中，"拟声词"和"拟态词"也是类象性符号。另一种规约性是以"接近性"为基础的，这种"接近性"包括空间性接近、时间性接近、因果关系接近、全体与部分关系接近等多种情况。具备这种性质的符号称为"标志"（index）。例如，表示"出口"的"箭头记号"是以空间接近关系为基础的"标志"，"乌云"针对"雨"是以时间接近及因果关系为基础的"标志"，象征"帝王"的符号"王冠"首先对"王冠"本身起"类象"作用，然后是以空间接近或相对于全部的部分（即在帝王头上所看见的东西）的关系为基础的"标志"。

三、符号的基本结构及其矛盾运动

符号学的创始人索绪尔在论述语言问题时，提出了关于建立符号学的构想。他指出，"我们可以设想有一门研究社会生活中符号生命的科学……我们管它叫符号学。它将告诉我们符号是由什么构成的，受什么规律支配"[①]。他指出，一个语言单位有两重性，一方面是"概念"（concept）；另一方面是"声音形象"（sound image），语言就是由这两个方面所组成的结合体。索绪尔把这种结合体称为"符号"（sign），把"声音形象"或"音响形象"称为"符号施指"（signifier），把概念称为"符号受指"（signified）。[②] 符号施指又叫"能指"，是一个可以直接感觉到的指符，即"声音形象"或"音响形象"。符号受指又叫"所指"，是一个可以被推知和被理解的被指符，即"声音形象"或"音响形象"所代表的概念。任何一个符号都是由概念和音响形象两个方面组成的。如图4-3所示。所谓"声音形象"或"音响形象"不是物质的形象和声音本身，而是物质形象或声音在认识者头脑中所产生的心理印迹。以关于"树"的符号为例，它的能指是某一音响形象，如汉语中的"shu"、英语中的"tree"等，它的所指即概念，是大地上生长着的那些实际树木在人们心中的形象。但是，即使是概念，在人们的认识中也不尽相同。罗素说："理解一个词的意义有两种方法：一种是通过别的词给它下定义，这样的定义叫做文字的定义；另一种是通过让人经常当着一个词所指的物体听到这个词，这样的定义叫做实指定义。……所以一个小孩子对于一个词的意义的理解要受他个人经验的影响，要受他的环境和感觉系统的决定。一个经常看到毛

---

① 李彬. 符号透视：传播内容的本体诠释. 上海：复旦大学出版社，2003. 34.
② 刘润清. 西方语言学流派. 北京：外语教学与研究出版社，1995. 90.

毛细雨的小孩和一个只见过热带倾盆大雨的小孩，对于同一个'雨'字的意义会有不同的理解。"①

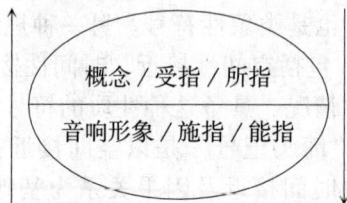

图 4 – 3　符号结构示意图

任何符号都是由能指和所指两个方面构成的，但是符号的能指与所指之间不存在自然的必要的联系，而是任意联系的，具有任意性。所谓任意性并不是指说话的人可以随意指称事物，而是说符号的选择没有明确的目的。能指与所指揭示符号本身的结构关系，那么符号之间构成关系的情形是怎样的呢？索绪尔认为，符号之间的构成关系可以分为两种：一种是组合关系，一种是联想关系。所谓组合关系又叫连锁关系、水平关系或横向组合关系，是指两个符号同处于一条横向轴线之上的情形，它涉及同时存在的事物之间的关系，一切时间的因素都不在考虑范围之内。所谓联想关系又叫选择关系、垂直关系或纵组合关系，是指同一符号同处于纵向轴线之上随着时间发展的情形。在纵向组合中，人们一次只能考虑一样事物，但横向组合中的一切事物及其变化都位于这条轴线之上。这样，在符号与符号之间，就组成了一个纵横交错的结构关系。如图 4 – 4 所示：

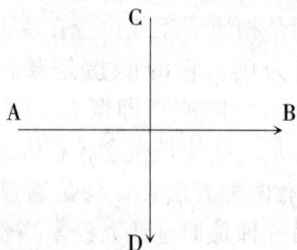

图 4 – 4　符号之间结构示意图

---

① ［英］罗素. 人类的知识. 张金言译. 北京：商务印书馆，1983. 11.

　　在符号与符号之间的组合关系方面，法国符号学家罗兰·巴尔特提出了传播符号双重系统的观点。他认为，传播符号有两个系统：一个是语言学系统，它陈述事实，反映实际情况；一个是神话系统，它是"一个社会构造出来以维持和证实自身的存在的各种意象和信仰的复杂系统"①，属于人为的、虚设的，属于意识形态的范畴。第一个系统中的能指和所指所形成的语言符号，构成第二个系统中的能指，反映人为的虚设的意识形态。对此，巴尔特举出了一个著名的例子②：

　　我在理发店里，有人给我一本《巴黎竞赛画报》（*Paris Match*）。封面上，是一个身着法国军服的年轻黑人在敬礼，两眼上扬，也许凝神注视着一面法国国旗。这些就是这张照片的意义。但不论天真与否，我很清楚地看见它对我的意指：法国是一个伟大的帝国，她的所有子民，没有肤色歧视，忠实地在她的旗帜下服务。这个黑人在为所谓其压迫者服务时所表现出来的忠诚，再好不过地回答了那些对所谓殖民主义进行诋毁的人。

　　符号也和世界上其他任何事物一样，也是由对立的双方组成的，它的运动也是一种矛盾运动。余志鸿认为：当我们分析符号系统时，发现它跟天文学上的太阳系和物理学上"分子—原子"结构的分析十分相似。③ 太阳系是由太阳、行星及其卫星、小行星、彗星、流星和行星际物质构成的天体系统。太阳是太阳系的中心，其质量占太阳系总质量的 99.8%。其外层是八大行星及数以万计的小行星，他们沿着自己的轨道万古不息地围绕太阳运转，太阳无私地奉献自己的光和热，温暖着太阳系中的每一个成员，促使它们不停地发展和演变。在微观世界，所有物质都由细小的原子组成，每粒原子有一个被不超过八个电子包围着的原子核。原子核内含不带电荷的中子及带正电荷的质子，而带负电荷的电子则沿轨道环绕原子核运行，其情形就像行星环绕太阳运行一样。符号系统也有两个基本层，内层是意指，意指由客体事象的心理印迹和符号的意义组成；外层是各类符号，符号按其功能分布于各个层级，进行相应的组合。每个符号的表层是物质形式能指和意识形态所指的结合体，它们具有相对稳定的功能和意义。意指是符号系统的核心层，它不断向外层符号运动发射能量。通常情况下，核心层意指的"能量"和外层符号的"能量"是平衡的，构成符号得以建立和在社会传播中发挥作用的稳定基础。余志鸿认为：符号运

---

①　李彬. 符号透视：传播内容的本体诠释. 上海：复旦大学出版社，2003. 136.
②　李彬. 符号透视：传播内容的本体诠释. 上海：复旦大学出版社，2003. 137~138.
③　余志鸿. 传播符号学. 上海：上海交通大学出版社，2007. 3.

动中始终有人类心理印迹的参与，使符号意义处于浮动状态。[①] 符号内核心理印迹的参与相当于原子核能量的释放，使外层符号的所指发生变异，产生"浮动的意义"。心理印迹使符号的意义产生分化，分化为跟外层所指意义对应的直接意指和跟外层所指意义发生偏差的非直接意指——间接意指和联想意指（也叫隐喻意指）。心理印迹作用越大，间接意指和联想意指的能力越强，就使得外层符号的原有意义变得越弱。随着心理印迹作用的不断加强，内核意指的能量不断向外释放，外层符号离原有意义越来越远，甚至最后蜕变为新的符号。如，"山"—"薛道上山"—"覆船山"—"福泉山公墓"。

传播符号的运动始终在平衡中求变化，在变化中求稳定，在稳定中求发展，在发展中形成新的变化机制，创生新的符号，人类认知域不断扩大。

第三节　符号的意义与功能

一、符号的意义

符号这个概念实际上涉及三个方面的内容：一是作为代表的符号，二是作为被代表的对象，三是符号所包含的意义。关于符号的概念、结构及其与对象物之间的关系，已于前述。至此，有必要对符号的意义做些说明。什么是意义呢？简单地说，意义就是意思，就是包含在各种各样的符号中的意思或意向。

意义是符号的一部分，任何意义都是特定符号的意义。但是，由于意义在符号学、传播学、语言学乃至哲学中处于重要的地位，现代学术界对它的研究被置于崇高的地位。有学者认为，古代哲学是本体论，主要关心存在问题，追问世界的本质是什么；近代哲学是认识论，主要关心认识问题，追问人们何以知道世界的本质；现代哲学是语言论或符号论，主要关心意义问题，追问我们怎样表述我们所知道的世界本质。[②] 其所以如此，是因为人们在传播过程中接受符号、了解符号、剖析符号，从而理解符号中所包含的意义，达到相互沟通、信息共享、和睦相处的境界。如果说，传播只解决了符号的流通问题，那

① 余志鸿. 传播符号学. 上海：上海交通大学出版社，2007.3.
② 李彬. 符号透视：传播内容的本体诠释. 上海：复旦大学出版社，2003.165.

么人们之间的真正沟通和理解则有待于意义的阐释与重构。英国分析哲学家达米特（M. Dummett）指出："意义理论就是理解理论，意义和理解这两个概念是紧密相关的，意义是理解的对象或内容。"①

在现代哲学史上，最早促成这种转化的是德国哲学家弗雷格（Gottlob Frege，1848—1925）。为了克服日常语言容易产生的歧义，他致力于建立一种精确的形式语言。在他看来，任何一个句子（符号）必然涉及它的对象（意谓）、意义与接受者在一定语境中接受符号所产生的意象。其中，意谓是它的真值，意义是它的思想。也就是说，符号的对象（意谓）涉及的是真假问题，符号的意义涉及的是内涵问题，而意义中又包含了符号出现的方式和语境。有些符号涉及的对象是客观存在的、是真的，如"晨星是出现在早晨的金星"；有些符号涉及的对象是虚拟的、是伪的，但它却是有意义的，如"飞马"一词，从对象上看，它肯定是不存在的，但从内涵上看，它却是有意义的。有些符号虽然指涉的对象相同，但其意义完全不同，如出现在早晨的金星为"晨星"，出现在黄昏的金星为"暮星"。这里的"晨星"和"暮星"指的是同一个对象——金星，但其意义显然是不相同的。正如他所指出的："符号、符号的意义和符号的意谓之间的有规律的联系是这样的：相应于符号，有确定的意义；相应于这种意义，又有一个意谓；而对于一个意谓（一个对象），不仅有一个符号。"②

在明确区分意义与意谓的基础上，弗雷格进一步将与符号相关联的"意象"与意义和意谓区别开来。他指出，不同的人对同一个意义可能产生不同的理解（意象），如"亚历山大大帝的战马"在画家、骑手和动物学家心目中的意象；一个人在不同的语境中对同一个意义也有不同的意象，如"母亲"在儿女的童年、中年和老年时的意象。此三者的关系如图4-5所示：

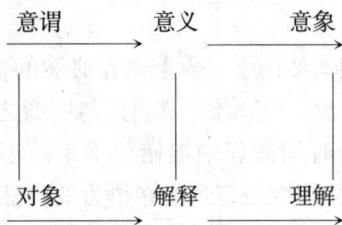

图4-5 意谓、意义、意象关系示意图

---

① 李彬. 符号透视：传播内容的本体诠释. 上海：复旦大学出版社，2003.164.
② 李彬. 符号透视：传播内容的本体诠释. 上海：复旦大学出版社，2003.170.

在以上三者的关系中，针对对象的意谓完全是客观的，对它的判断涉及真伪的问题；针对理解的意象完全是主观的，对它的认识常常浸透着感情，而且每个部分的清晰度也不相同；针对解释的意义介于客观与主观之间，它能够为许多人所共享。人们之间之所以能够互相沟通的根源正在于此，或者说，人类传播活动之所以可能的基础就在于意义的共享性和普遍性。对此，弗雷格作了如下阐述：①

用望远镜观察月亮，我们把月亮本身比作所指的对象（指称），它是通过它投射到望远镜内物镜上的真实影像和观察者视网膜上的影像而成为观察的对象的。我们把望远镜内物镜上的影像比作涵义，而把视网膜上的影像比作表象（或者心理学意义上的意象）。望远镜内物镜上的影像确实是片面的，它取决于观察的地点与角度；但它毕竟是客观的，因为它能够被许多不同的观察者所利用；作些适当的调整，就可以使几个观察者能够利用它，但是，其中每一个人都将仅仅拥有自己的视网膜上的影像。

简单地说，就是：月亮（意谓）—望远镜上的影像（意义）—视网膜上的影像（意象）。真正能够为所有观察者所共享的，只能是望远镜上的影像（意义）。用这个观点关照新闻传播，则事实是被报道的对象，信息或新闻是传播者和受众能够共享的内容，意象属于受众对新闻的理解和重新建构。

二、符号意义的产生及其传播途径

符号的意义是怎样产生的呢？符号学家们认为，自然化与普遍化的共同运作是符号产生意义的深层机制。

所谓自然化，就是使偶然的事件看起来是必然的事实。罗兰·巴尔特在阐释能指与所指的关系时指出："在语言中能指与所指之间的联系在原则上是一种契约，但它是在很长的时间流程中被铭记下来的集体契约（索绪尔说语言始终是一种遗产），这种契约性最终消失在语言的自然性中了。"② 符号学研究者认为，巴尔特的上述论断包括三个层面的含义，即两种关系的掩盖和一种方法的运用③：

---

① 李彬. 符号透视：传播内容的本体诠释. 上海：复旦大学出版社，2003.172.
② 赵毅衡. 符号学文学论文集. 天津：天津百花文艺出版社，2004.293.
③ 隋岩. 符号传播意义的机制. 新闻与传播研究，2008（3）.

（1）能指 1 与所指 1 之间的约定俗成，如"玫瑰花"（能指 1）是"一种植物"（所指 1）。定型了的能指与所指之间的关系，在人们看来，是一种自然化的关系，只要一说到能指就会在头脑中浮现所指。约定俗成原本是任意性的，而对这种任意关系的掩盖就是自然化第一层面所要做的事情。

（2）在第一层含义的基础上，并且在某种语境中，对所指 2 与能指 1 之间任意关系的掩盖，使相似性得以凸显。如"玫瑰花"（能指 1）是"一种植物"（所指 1），代表"爱情"（所指 2）。就是说，信息的接受者不再关注能指 2 是由能指 1 与所指 1 共同构成的，而是直接奔向所指 2，并且毫无选择地全盘接受所指 2。

（3）运用隐喻建构含蓄意指，强调隐喻在自然化机制中的作用。由于隐喻的运用，使得所指 2 与能指 1 之间的任意关系被掩盖，将它们之间的人为的相似性当作是自然的，从而使含蓄意指所携带的历史意义、社会意义、文化意义、政治意义、教育意义被遮盖，一切看似自然而然。隐喻不再仅仅是一种修辞方法，而是渗透隐藏在人类日常话语、日常思维之中，成为人们日常的认知方式、思维方式。由此，隐喻建构的含蓄意指所裹挟的意识形态也被认为是一种社会常识，而被广泛接受。

所谓普遍化，是指使个别现象获得普遍意义。在自然化机制中，隐喻/含蓄意指是其精髓。在普遍化机制中，换喻/元语言是其精髓。元语言（metalanguage）是美国逻辑学家和数学家塔尔斯基（Alfred Tarski）等提出的概念。他们认为，元语言是用来研究和讲述对象语言的语言。用汉语去研究和讲述英语时，英语是对象语言，汉语是元语言。在数理逻辑中，被讨论的形式系统或逻辑演算是对象语言，而讨论逻辑演算时使用的语言就是元语言。对象语言是用来谈论外界对象的性质及其相互关系的语言，它的词汇主要包括指称对象语言的名称以及指称外界对象的性质和关系的谓词，是第一层次的语言。元语言是用来谈论对象语言的语言，它的词汇包括指称对象语言的名称以及指称对象性质的谓词（"真"或"假"），是比对象语言高一个层次的语言。悖论的出现，是由于"语义的封闭性"，要排除这种封闭性，则对象语言不能在自身中讨论它的语句的意义或真假，而必须用元语言来讨论。

在罗兰·巴尔特的例子中，某个黑人士兵与全体法国黑人的关系，就是运用了换喻/元语言的手法，混淆了某黑人士兵与全体法国黑人之间的部分与整体的关系。在约翰·费克斯的例子中，某个快乐的警员与整个英国警察的关系，也是运用换喻/元语言手法淡化了这个快乐警员与整个英国警察之间的区别，使人误以为整个英国的警察都是快乐的。可见，普遍化机制就是通过换喻/元语言的建构，使某种个别现象看起来具有普遍的代表性。换言之，普遍化机制的实施是运用换喻，通过元语言组合，把已经被自然化的含蓄意指的所指推广开来，使个别现象获得普遍意义。

符号的意义产生之后，怎样传达到接受者呢？总体而言，是符号内部结构的不平衡性导致了意义的传递。任何符号都是由能指和所指两个层面组成的，由于这两个层面构成是不平衡的，因而形成一定的势能。在势能的驱使之下，符号的意义发生传递。

以声音符号意义的传递而言，我们可以借鉴古希腊智者高尔吉亚（Gorgias）所谓的"语言蛊惑说"。高尔吉亚在讨论修辞学关于语言效果产生的途径时，提出了"语言蛊惑说"。他认为，诗歌共有的特征是韵律，韵律能使读者恐惧发抖，能使他们感动流泪，也能使他们沉浸在哀思之中。语言对于心灵的作用，与药物对人身体的作用相似，不同的药物可以在人身上产生不同的作用，不同的语言方式也能让人的心灵处在悲伤、快乐、恐惧，或迷惑、麻醉的状态。

以图像符号意义的传递而言，我们似乎可以借鉴抽象主义画家康定斯基所主张的"键盘敲击说"。康定斯基认为："一般来说，色彩直接影响到心灵；色彩宛如键盘，眼睛好比音锤，心灵好像绷着许多弦的钢琴，艺术家就是弹琴的手，有意识地接触各个琴键，在心灵中引起震动。"例如，电影《红高粱》就充分运用鲜红的色彩歌颂人性与蓬勃旺盛的生命之美。

当我们面对《红高粱》时，就会感知到全片都被那辉煌的红色所浸透。红色是太阳、血、高粱酒的色彩。在这里，导演对色彩的运用是高度风格化的。影片一开头就是年轻漂亮、灵气逼人的我奶奶那张充满生命的红润的脸，接着就是占满银幕的红盖头，那顶热烈饱满的红轿子，野合时那在狂舞的高粱秆上闪烁的阳光，似红雨般的红高粱酒，血淋淋人肉，一直到那日全食后天地通红的世界……这是一种对完美自由的自然生命的渴望与赞美。这不是一个完全现实时空的再现，而是我们内在生命力的精神外化。

三、符号的功能

在信息传播过程中，符号最基本的功能是表述和思考。所谓表述，是指人们将内心的信念、观点、知识或所获得的信息表达和传述出去。人与人之间传播的目的是交流意义，即交流精神内容。但是，精神内容本身是无形的，传播者只有借助于某种可以感知的物质形式，即符号才能表现出来。因此，传播活动的起点是将信息符号化，即编码（encoding）。所谓编码，是传播者将自己要传播的信息或意义转换成语言、文字、声音和图画等符号的活动。所谓思考，是人脑运用概念和知识与外部信息相联系并获得新的认识的思维活动。作为思考的对象，首先是关于外部世界变化的信息，而信息又是以符号的方式得以传播和存在的。因此，所谓思考实际上是内在的信息处理过程，即解码的过程。所谓解码（decoding），又叫译码，是传播对象对接收到的符号加以阐释和理解，读取其意义的活动。受传者只有借助符号才能理解所接受的信息的意义。

关于表述和思考的问题，瑞士语言学家索绪尔在阐述语言在言语活动中的地位时做过专门分析。他指出，假设有甲乙两个人在交谈，其大致情形如4-6图所示：

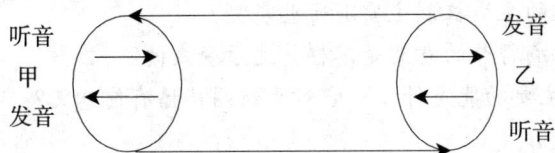

图4-6　甲乙双方交谈示意图

循环的出发点是在对话者之一，如甲的脑子里，被称为概念的意识事实是跟用来表达它们的语言符号的表象或音响形象联结在一起的。假设某一个概念在脑子里引起一个相应的音响形象，这完全是一个心理现象。接着是一个生理过程：脑子把一个与那音响形象有相互关系的冲动传递给发音器官，然后把声波从甲的口里传送到乙的耳朵里，这是纯粹的物理过程。随后，循环在乙方以相反的程序继续着：从耳朵到脑子，这是音响形象在生理上的传递；在脑子里，是这个形象和相应的概念在心理上的联结。如果轮到一方说话，这一新的行为就继续下去——从他的脑子到甲方的脑子——进程跟前一个完全相同，继续经过同一些阶段。

信息传播就是这样一个由传播者到受众的"编码—解码"和由受众到传播者的"解码—编码"循环往复、永无休止的流动过程。如4-7图所示：

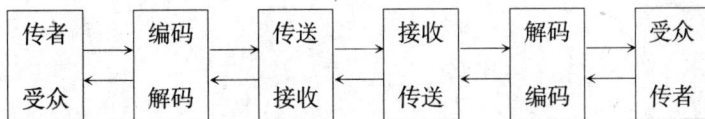

图4-7　信息传播流程图

思考题

1. 符号学兴起的时代背景是什么？

2. 符号学研究流派主要有哪些？它们的代表人物及其主要贡献是什么？

3. 什么叫符号？符号与信号的关系如何？

4. 什么叫语言符号？语言符号的主要特点是什么？

5. 什么叫非语言符号？非语言符号的主要特点是什么？

6. 符号是怎样构成的？其中能指与所指的关系如何？

7. 什么叫意义？在一个符号中意义与意谓和意象之间的关系如何？

8. 符号意义的生成机制主要有哪些类型？

9. 影像和音响符号的意义是怎样传达于受众的？

10. 符号的主要功能是什么？它对于新闻传播有何意义？

第五章
新闻传播过程

内容提要

新闻传播是一个"新闻—新闻传播者—新闻媒介—受众"的相互传递、循环往复的过程。在这一过程中，新闻是传播的内容，新闻传播者是传播的主体，新闻媒介是传播的通道，受众是传播的对象（也是新闻的创造者和检验者）。新闻传播过程中各个环节的具体情况如何，新闻传播各种要素之间的关系怎样，新闻传播怎样才能取得理想的传播效果，是本章所要阐述的主要内容。根据这种构想，本章探讨了新闻传播模式，新闻选择及其标准，新闻传播者对新闻的制作和传递，受众对新闻的接受、理解和利用以及在传播过程中制约新闻传播效果的因素和评价新闻传播效果的标准等方面的问题。

第一节　新闻传播模式

一、传播模式及其功能

依据上述信息传播流程，传播学家概括了各种各样的传播模式。了解这些传播模式，对于掌握新闻传播规律具有一定的意义。所谓模式，是由符号及其使用规则组成的一种结构，是对某种事物或系统进行抽象表述和说明的一种研究手段，或者说是"科学研究中以图形或程式的方式阐释对象事物的一种方法"①。这种手段或方法具有双重性质：一方面，模式与现实事物相对应，但又不是对现实事物的简单描述，而是对现实事物的理论化和简化的表述。另一方面，模式与一定的理论相对应，代表或显示某种理论，但又不是理论本身，而是对理论的一种解释或素描。所谓传播模式，就是对传播活动过程中各种要素之间的关系和相互作用及其规律的直观而简要的描述，是传播理论的简化形式。②

一般认为，传播模式乃至传播的功能在于利用传播媒介传播信息，以便人们与外界协同认识，建立和谐共存的社会秩序。德国著名哲学家弗雷格（Gottlob Frege）认为，任何表述的符号系统都是由指称和意义两个因素构成的。符号的指称即所指的对象（外延），主要涉及真假问题；符号意义即符号出现的方式和语境（内涵），主要涉及思想问题。③ 由此可见，传播作为人和世界的意义关系构成的基本问题，其属性分为表层和深层两方面的含义。就其表层而言，它是意义构建生成的负载和中介。就其深层而言，其本质则是意义本身。

据此，美国传播学家詹姆斯·W. 凯瑞认为，美国 19 世纪以来对传播观念的认识，可以分为传播的传递观和传播的仪式观两种倾向。所谓传播的传递观，是指仅把传播活动理解为信息得以在空间的传递和发布的过程，以达到对

---

① 郭庆光. 传播学教程. 北京：中国人民大学出版社，1999. 59.

② 甘惜分. 新闻学大辞典. 郑州：河南人民出版社，1993. 135.

③ 冯契. 哲学大辞典（上册）. 上海：上海辞书出版社，2001. 386.

距离和人的控制。所谓传播的仪式观，则认为传播的起源及其最高境界，并不是指智力信息的传递，而是建构并维系一个有秩序、有意义、能够用来支配和容纳人类行为的文化世界。长期以来，传播学研究关注信息传播载体和传播形式较多，而对传播深层意义的关注较少。就意义建构的层面而言，传播主体和传播环境是其构成的重要因素。传播主体包括传播者和受传者，传播环境则是传播主体存在的情境，其中主要包括社会的和历史的意义。传播环境不同，传播者可能为同一信息建构不同的意义。受众对信息的接受也不是被动的，他们在接受信息的同时也建构意义。由于传播情境的差异，传播主体对信息传播可以建构不同的意义。

就信息传播载体和形式层面而言，传播主体往往通过传播模式的组织、解释、启发和预测四种基本功能，达成传播目的。所谓组织功能，是指它能够揭示各系统之间的次序及相互关系，把有关资料按关系排列出来，表示出尚未被人发现的相同点和关联性。所谓解释功能，就是它可以用简洁的图示印证和检测系统内各种要素的数据及其效果。所谓启发功能，是指它能够揭示人们没有察觉的问题，启发人们去探索未知的事物。所谓预测功能，是指它能够对事件的过程或结果进行预测，能够为估算各种不同的结局发生的概率提供依据，以便研究者做出判断。

二、几种主要的新闻传播模式

英国传播学家丹尼斯·麦奎尔（Denis Mcquail）所著的《大众传播模式论》一书概括和绘制的传播模式就有 48 种。其中，最主要的有以下三种，即单向线性传播模式（以"拉斯韦尔模式"为代表）、双向循环传播模式（以"奥斯古德—施拉姆模式"为代表）和多向互动传播模式（以"马莱兹克传播模式"为代表）。

第一，单向线性传播模式。单向线性传播模式，又叫直线传播模式，是指发生在两个或两个以上的人之间的一种信息传递的假设模式。最早提出这种传播模式的是美国传播学家拉斯韦尔，因此这种模式又叫"拉斯韦尔模式"。1948 年，他在《传播在社会中的结构与功能》一文中首次提出了构成传播过程的五种基本要素即五个"W"，并将这五种要素按一定顺序排列如下：

Who（谁），Say What（说了什么），In Which Channel（通过什么渠道），To Whom（对谁说），With What Effect（产生什么效果）。如图 5-1 所示：

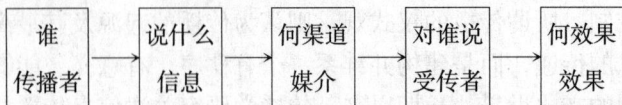

图 5 – 1 拉斯韦尔模式

拉斯韦尔模式第一次揭示了传播过程中客观存在的各种要素，并对每个要素都划分了相应的研究范畴，从而为传播学的科学研究开辟了道路。事实上，后来的各种传播学著作的研究体系都是大体按照这种传播模式设计的。但是，这一传播模式也存在明显的不足。它将传播活动完全看作是一个单向直线发展的过程，没有考虑各种复杂因素（噪音）的干扰，特别是社会环境对传播过程的影响。同时，它将传播者和受传者的角色和作用固定化，完全忽略了传播过程中反馈的作用等等。后来，这些不足被传播学家们逐渐克服。他们对这一传播模式提出了许多修改和补充，并提出了一些新的传播模式。

第二，双向循环传播模式。为了克服单向线性传播模式的不足，传播学家先后提出了一些改进的模式。其中，最重要的是 1954 年美国新闻传播学家奥斯古德（K. Osgood）和韦尔伯·施拉姆先后提出的"传播循环模式"，即"奥斯古德—施拉姆模式"，如图 5 – 2 所示：

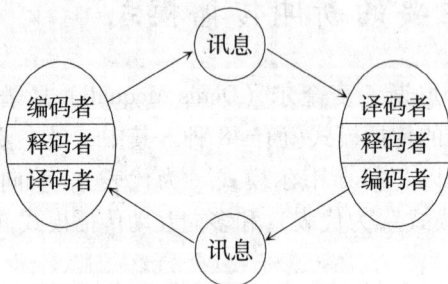

图 5 – 2 奥斯古德—施拉姆模式

这个传播模式的贡献在于，在传播者和受传者之间增加了反馈的内容，并且将传和受的双方看作是相互作用的平等主体。这样，传播过程就不是一个单向传和受的过程，而是一个双向互动过程。信息传播的过程就是一个由传播者"编码""发送"到受传者"接收""解码"，又由受传者"编码""发送"到传播者"接收""解码"的过程。这两个传播过程虽然不能完全相等，但它们共同构成一个双向的循环的传播模式。在这里，传播者和受传者都是传播行为的主体，他们在传播过程中不同的阶段依次扮演着编码者、译码者和释码者的不同角色。这样，就充分考虑了反馈在传播过程中的作用和传受双方之间的互动关系，有利于传播双方共享信息资源。但是，将传播双方完全等量齐观，显然不符合大众传播的实际情况。

第三，多向互动传播模式，即社会系统传播模式①。为弥补上述不足，施拉姆又提出了新的大众传播模式。他指出，受众作为个人的集合体，他们之间不断地进行着二级传播、三级传播或多级传播，并将传播效果反馈给传播者。这样就比较全面地反映了大众传播的特点，揭示了社会系统传播的某些特性。传播者和受众的多层次性、传播系统的多要素性和传播过程的循环性，都在这一模式中得到了很好的说明。但是，由于它未能将传播放在更广阔的社会环境中加以分析，仍然难以揭示社会传播的全貌。要揭示社会传播的全貌，必须用普遍联系和相互作用的系统理论分析传播构成。首先采用系统理论成功研究传播模式的是德国传播学家马莱兹克，他在 1963 年出版的《大众传播心理学》一书中提出了社会系统传播模式，如图 5-3。

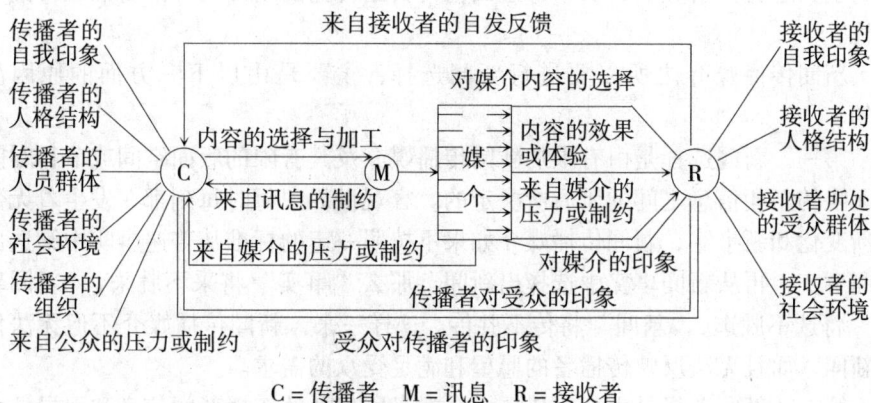

图 5-3 马莱兹克社会系统传播模式

这个传播模式的优点是显而易见的：首先，它把大众传播看作是一个由各种社会因素相互作用的社会系统，从而揭示了社会传播的多重性、广泛性和综合性的特点。其次，在社会传播系统中，它以传播者（C）、讯息（M）和接收者（R）为集结点，展示了影响和制约三者以及三者之间的各种因素，具有

---

① 郭庆光. 传播学教程. 北京：中国人民大学出版社，1999.64.

简洁明了的特点。再次，它全面揭示了社会传播各个环节及其相互之间内在因素与外部环境的相互联系、循环互动的精美结构，具有科学性和艺术性。

第二节　新闻选择及其标准

一、新闻选择的必要性

新闻传播者要进行新闻传播，首先需要解决的问题就是进行新闻选择。所谓新闻选择，是指新闻传播者在新闻采访、写作和编辑过程中对现实生活中发生的事实进行分析鉴别，从中筛选出值得自己传播的新闻，并准备加以传播的过程。

新闻传播媒介之所以要进行新闻选择，主要是由以下三方面的原因决定的。

第一，新闻选择是由有限的新闻传播媒介及其有限的版面空间或节目时间与无限的新闻信息之间的矛盾所决定的。客观世界中每时每刻都在发生着无数的新变化和新事实，新闻传播媒介如果不按照一定的标准从普遍事实中筛选出新闻事实，再从新闻事实中选择出新闻，那么"事实"将采不胜采，"新闻事实"将选不胜选、"新闻"将传不胜传。这样一来，新闻传播媒介不但无法传播新闻，而且无法反映传播者的愿望和满足受众的需求。

第二，新闻选择是由新闻传播媒介本身所担负的传播新闻信息和引导社会舆论的功能之间的矛盾所决定的。新闻传播媒介最基本的功能是传播新闻信息，这是由它的社会属性所决定的。如果新闻传播媒介不传播新闻，那它根本无法生存和发展。但是，除此之外或在此前提之下，新闻传播媒介也担负着引导社会舆论的任务。这既是由新闻传播媒介承担的社会职责所决定的，也是新闻传播媒介所依托的社会政治、经济利益集团的倾向使然。为了将两者有机地统一起来，新闻传播媒介在进行新闻传播之前必须进行新闻选择。

第三，新闻选择是由新闻传播媒介即新闻传播者的传播意向和新闻接受者的需求意向之间的矛盾所决定的。新闻传播媒介受其赖以依托的社会政治和经济利益集团倾向的支配，在新闻传播中必定反映出一定的倾向性，表现出明显的传播意向。所谓传播意向就是新闻传播者希望借助新闻信息所要达成的一种主观意向。这种意向有时是明显的，有时是隐晦的。但是，新闻传播者的这种传播意向不一定都能反映新闻接受者的需求。新闻传播者必须不断了解受众的需求，在尽量满足受众的需求的情况下实现自己的传播意向，这就需要进行认真的新闻选择。

新闻传播者每天面对着纷繁复杂的世界中的万事万物，究竟哪些事实值得报道，哪些事实不值得报道，哪些事实值得重点报道，哪些事实只需要一般报道呢？这里有一个对于新闻的价值判断和选择标准的问题。新闻传播者就是根据新闻选择的价值判断和选择标准来选择事实和报道新闻的。顾名思义，新闻选择的标准有两个，一个是价值判断即新闻价值，一个是选择标准即新闻政策。

新闻价值所要解决的问题，是一个事实是不是新闻事实，是不是好新闻，值不值得报道的问题，这是新闻选择的业务标准、客观标准和普遍标准。世界上所有国家的所有新闻传播事业，新闻选择的客观标准或业务标准是基本相同的。一个有新闻价值的新闻事实，不同的新闻传播媒介都会认为是新闻而公开传播。

新闻政策所要解决的是，一个新闻事实确定以后，允许还是不允许传播和怎样传播的问题，这是新闻选择的政治标准、主观标准和特殊标准。在世界上不同国家，新闻选择的政治标准是不相同的甚至是相反的。在通常情况下，新闻传播者都是根据这两个标准来选择和报道新闻的，只不过是在不同的社会制度下新闻媒介的操作方式有所不同而已。我国新闻传播学界是主张新闻选择的政治标准和业务标准并重的，而西方国家的新闻传播学界大多表面上是只主张新闻选择的业务标准的。因此，研究新闻传播的问题必须先从新闻选择开始，而研究新闻选择的问题又必须从新闻价值和新闻政策两个方面来考察。

二、新闻价值

新闻价值这个概念是在 19 世纪 30 年代资本主义社会大众化报纸时期提出来的。当时，欧美各主要资本主义国家大众化报纸迅速兴起，并逐渐成为资产阶级报纸的主流。大众化报纸的老板办报纸就像办企业一样，新闻也像"商品"一样被源源不断地制造出来、销售出去，报纸的利润也滚滚而来。在报纸商品化的过程中，有关新闻价值的理论应运而生。1927 年，美国新闻界征集新闻定义时，麦克·华拉齐（Mike Wallace）提出的定义由于涉及新闻的商品性和受众的共同兴趣而得到美国新闻界的普遍认同。他指出："新闻是一种商品,由报纸分配、供给认识文字者以消费,每天把新鲜的东西送到市场,但是具有腐败性。新闻在智力方面、情绪方面、兴趣方面,用文字将世界、国家、省、州及都市所发生的事件表现出来;这些事件,不论是社会的、经济的、政治的、科学的或是个人的,都须有引起多数人注意的重要性才行。"

20 世纪 80 年代初期,我国新闻学界开始讨论新闻价值问题,人们的认识也不尽一致。比较有代表性的观点,主要有"素质说"和"标准说"两种。"素质说"认为,"新闻价值就是事实本身包含的引起社会各种人共同兴趣的素质"①。"标准说"认为,"新闻价值指的是新闻在社会上的传播价值,同时也是新闻工作者取舍和衡量新闻的标准,从传播价值来看,它有一个客观的标准。这个标准就是客观的社会效果,就是群众对新闻的选择和社会实践对新闻的检验"②。其实,这两种观点并无分歧,只是观察和分析问题的角度不同而已。前者主要强调一个客观事实足以构成新闻即引起受众的共同兴趣的特殊素质,而后者则强调新闻在社会上的传播价值即传播者选择新闻和受众接受新闻的标准。那么,一个客观事实究竟有哪些特殊要素能够引起受众的普遍兴趣,新闻传播者应该根据哪些标准选择新闻呢?一般认为,包括以下五项基本要素或选择指标:

第一,重要性。新闻的重要性是指新闻事实中因为事物的质变而对社会产生重大影响并和受众的切身利益密切相关的那种性质。事实无时无刻不在变化之中,但是事实的变化有量变和质变之分。量变是细微的变化,不能引起人们的注意,因而构不成新闻。质变是重大的、剧烈的、显著的变化,能够引起人们的注意,因而能够成为新闻。例如,1917 年的"十月革命"、1949 年中华人民共和国的成立、1978 年的"中共十一届三中全会"和 1997 年的香港回归祖国等,都是惊天动地的大事,因而都是重大新闻。

第二,显著性。新闻的显著性是指新闻事实所包含的人和事的知名度或显要度。同一件事发生在不同的人们身上或者不同的地域,其新闻价值是大为不同的。例如,一个普通人摔伤了腿不是什么新闻,但美国总统克林顿突然摔伤了腿就是大新闻;新疆伽师发生 6.5 级地震不是大新闻,但北京市发生 3.5 级地震就能够引起世界关注。另外,显著性也包括事实发生的频率或概率。如果事实发生的频率高,天天如此,则只能是平凡事,不能构成新闻。反之,如果事实发生的频率低,如百年一遇、千年一遇或者绝无仅有的事实,则是重大的新闻。还有"深",即一件事物或者一个人物的影响力是否深远和广泛。例

① 李良荣. 新闻学导论. 北京:高等教育出版社,1999. 170.

② 成美等. 新闻理论教程. 北京:中国人民大学出版社,1995. 56.

如，2001 年 6 月发生的尼泊尔王室灭门惨案和美国发生的"9·11"恐怖袭击事件等等。

第三，及时性或时新性。新闻的本源是事实，但值得报道的事实必须是变化发展中的事实，而不是静止的事实。新闻价值中的及时性或时新性就是指新闻事实中所包含的因为事实的急剧变化而要求新闻媒介尽快报道或传播的那种性质。它包括两方面的含义：一是指"现实性"，即受众所欲知的新事实、新变化、新知识、新潮流等；二是指"时效性"，即当新事实、新变化、新知识发生时，新闻媒介予以及时传播。及时传播了，就有新闻价值，否则新闻成了旧闻，就失去了新闻价值。

第四，接近性。新闻的接近性是指因新闻事实同受众在地理上、职业上和心理上的距离而对受众能够产生吸引力的那种性质。一般说来，新闻事实同受众的距离越近，新闻价值就越大，反之越小。从地理上看，距离越近的事实，受众越是关心；从职业上，从事某一职业的受众总是比较关心与本行业有关的人和事；从心理上看，由于年龄、性别、情趣、爱好、社会经济地位和文化背景不同，人们总是比较关注与自己有关的特别是关系密切的人和事。由此看来，站在受众的立场上，越接近"我"的事实其新闻价值越高，例如，"我—亲友—社会中坚分子—对于社会治安有不良影响的人—声势浩大的群众事件"，成正比例排列。值得注意的是，这几个方面的接近性是互相联系、可以变化的。1999 年 8 月 16 日，土耳其伊斯坦布尔发生强烈地震，死亡人数达2 000多人，各国展开救援。香港本港台报道，"港人 200 人的旅游团在土安然无恙"。这样，从地理上看，似乎很远，但从心理上看却很近。

第五，趣味性。新闻的趣味性是指新闻事实的内容使读者感兴趣的那种性质，它可以影响读者的感情，引起读者的共鸣。趣味性主要有以下四种情况：一是反常性，即某人和某事明显地不同于周围同类的人和事，或者无法用常理解释，如"人咬狗""毛孩""中山市某路段汽车向上滑行"等，这类人和事由于具有反常性，其新闻价值就高。二是冲突和斗争，人类有崇尚斗争的本性，对于一切冲突和斗争都感兴趣，冲突或斗争越大并且越激烈，其新闻价值就越大。这些冲突和斗争包括人与自然、人与人、团体与团体、国家与国家的冲突和斗争，例如，"人蟒相斗""凶杀绑架""球迷闹事""海湾战争"等。三是对比性，世事变迁难以预料，如果出现喜极而悲、苦尽甘来的情况，正反对比容易触发人们的情感。这类情况也具有极高的新闻价值。1999 年 8 月，中国乒乓球女选手张怡宁在世乒赛奋力拼搏时，全然不知慈父已离她远去。人民日报记者陈昭以"一个真实的故事"（一个真实的故事. 羊城晚报, 1999 - 08 - 11）为题作了如下报道："8 月 6 日晚上，张怡宁和她的搭档马琳为中国夺得本届比赛的第一枚金牌时，这个只有 17 岁的女孩子脸上洋溢着浓浓的笑意。此时，她的确是世界上最快乐的人……但是她绝没有想到，最爱她的爸爸，一个月前就永远告别了这个世界。""对她来说，这个反差实在太大了。你经历过感情大悲大喜的沉浮吗？如果没有，你就会产生一种强烈的心灵上的震撼，你就会觉得我们的乒乓球队员是最可敬最可爱的人，你就会感到，她拥有世界上最伟大的父母。"四是趣味性，即富有幽默感、耐人寻味的人或事。这些情况包括金钱、幽默、悬念、反常性等等。趣味性或人情味是西方新闻界最为重视的，对此我们应有科学的态度。一方面，我们要遵循新闻价值的理论，将生活中的奇闻逸事传达给受众；另一方面又不能为趣味性而趣味性，更不能为追求趣味性而牺牲新闻的真实性和重要性。关于这一点，即使西方新闻传播学界的认识也是明确的。

三、新闻政策

新闻传播者在选择和判断新闻事实的过程中，除了坚持新闻价值这一客观标准或业务标准之外，还必须坚持其所代表的政党、政府和社会集团的利益和要求对新闻进行取舍。这就涉及新闻选择中的主观标准或政治标准，即新闻政策的问题。所谓新闻政策，是指政党和政府机关对新闻传播事业所规定的活动准则。它是政党和政府掌握或管理新闻传播事业的重要手段和基本方法，也是新闻传播者在国家、政党和地方政府对新闻传播事业所规定的活动准则范围之内进行新闻选择的准则。

新闻政策在新闻选择中的作用，主要表现在以下三个方面：首先，在新闻传播的过程中，它对于新闻价值的实现能够产生直接的影响。常常会有这样的情况，某一件事实具有新闻价值，值得公开传播，但是如果从政治上考虑，可能会产生不良影响，即可能被延缓或者被禁止报道。这就是新闻政策对于新闻价值的抑制作用，甚至是决定作用。其次，在我国，从总体上来说，新闻政策和新闻价值是一致的，在这种情况下应该优先考虑新闻价值的标准。当然，也不排除这种情况，有时一条新闻或者几条新闻在新闻价值和新闻政策之间会发生矛盾。一旦出现这种情况，新闻价值就应该服从新闻政策。再次，新闻政策的决定作用也是有限的。对于那些有损于党和国家以及人民根本利益的新闻，利用新闻政策进行适当的干涉是必要的，但是如果干涉过多、过泛、过乱，就会走上极端错误的道路。

由于社会历史条件和政治制度不同，各个国家的新闻政策具有不同的内容和表现形式。在社会主义中国，新闻政策主要包括以下三个方面的内容：

第一，坚持为社会主义服务和为人民服务的基本方针。这既是制定我国新闻政策的基本依据，也是新闻政策的重要内容之一。《中华人民共和国宪法》第二十二条规定："国家发展为人民服务、为社会主义服务的文学艺术事业、新闻广播电视事业、出版发行事业、图书馆博物馆文化馆和其他文化事业，开展群众性的文化活动。"由国家的根本大法规定为人民服务和为社会主义服务的方针，这是我国新闻传播事业的基本特色。我国新闻传播事业只有坚持这个基本方针才是合法的，一切新闻传播工作包括政府部门的新闻立法和新闻管理都必须坚持和符合这一基本方针。人民是国家的主人，国家的一切权利属于人民。人民群众依照法律规定，通过各种途径和形式管理国家事务，行使当家做主的权力。新闻传播活动是一项具有广泛影响的社会活动，是人民群众参与国家事务管理的主要途径之一。人民群众既是新闻传播媒介的接受者，又是新闻传播媒介的主体。新闻传播事业只能以最广大的人民群众为服务对象，而不能只为少数特权阶层服务。新闻传播事业坚持为人民服务是最基本的方针，也是坚持为社会主义服务的前提。但是，人民群众的利益是具体的、分散的，有时也是局限于一时一事的。人民群众全体的根本的和长远的利益，必须依靠社会主义制度加以保障。因此，我国新闻传播事业在坚持为人民服务的同时，也必须坚持为社会主义服务的基本方针。从新闻传播事业的物质特性来看，它是社会主义经济基础的一部分，属于社会主义的物质生产部门或服务性信息产业。因此，它能否正确坚持社会主义的方向，对于推进社会主义物质文明建设具有重要意义。

第二，坚持党性原则，无条件地宣传中国共产党的路线、方针和政策，不允许在新闻媒介上公开发表同党中央的决定相反的言论，不允许利用新闻媒介表达个人或小集团的主张、意见和感情。《中华人民共和国宪法》"序言"部分规定："中国各族人民将继续在中国共产党领导下，在马克思列宁主义、毛泽东思想指引下，坚持人民民主专政，坚持社会主义道路，不断完善社会主义的各项制度，发展社会主义民主，健全社会主义法制，自力更生，艰苦奋斗，逐步实现工业、农业、国防和科学技术的现代化，把我国建设成为高度文明、高度民主的社会主义国家。"这是我国宪法的基本指导思想，也是我国一项基本的政治制度。宪法是国家的根本大法，每一个公民和法人都必须遵守宪法的规定。毫无疑问，新闻传播事业必须接受中国共产党的领导。我国是中国共产党领导的社会主义国家，共产党的领导主要是政治领导和思想领导。实行这种领导的方式主要是，通过法定程序将共产党的意志变为宪法和法律。我国现行的许多新闻出版法规就是根据中国共产党的路线、方针和政策制定的，新闻传播事业遵守宪法和法律的规定，就是坚持中国共产党的领导。宪法和法律一旦制定，所有的社会成员和组织包括中国共产党本身都必须严格遵守。中国共产党的政策本身并不是法律规范，并不具有国家强制力，而且它必须符合宪法和法律的规定，接受宪法和法律的约束。但是，我国新闻工作长期以来是依靠中国共产党的新闻政策加以规范和调节的，而且这种规范和调节作用在现阶段仍然十分重要。因此，那种认为一旦制定新闻出版法就可以不需要中国共产党的政策指导的观点是十分错误的。

第三，新闻传播事业的禁载事项。为了确保我国新闻传播事业坚持为人民服务和为社会主义服务的基本方针，我国各种新闻出版法规均明确规定了新闻传播媒介的禁载事项。以《出版管理条例》为例，该条例第二十六条规定，任何出版物都不得含有下列十个方面的内容：（一）反对宪法确定的基本原则的。（二）危害国家的统一、主权和领土完整的。（三）泄露国家机密、危害国家的安全或者损害国家荣誉和利益的。（四）煽动民族仇恨、民族歧视，破坏民族团结的，或者侵害民族风俗、习惯的。（五）宣扬邪教、迷信的。（六）扰乱社会秩序，破坏社会稳定的。（七）宣扬淫秽、赌博、暴力或者教唆犯罪的。（八）侮辱或者诽谤他人，侵害他人合法权益的。（九）危害社会公德或者民族优秀文化传统的。（十）有法律、行政法规和国家规定禁止的其他内容的。该条例第二十七条规定，以未成年人为对象的出版物不得含有诱发未成年人模仿违反社会公德的行为和犯罪的行为的内容，不得含有恐怖、残酷等有害于未成年人身心健康的内容。

第三节　新闻传播过程中的传播者与受众

一、事实转化为新闻的基本因素

在事实转化为新闻的过程中，由于新闻传播媒介（包括新闻传播者）的作用，在事实和新闻之间产生了各种各样的复杂情况。从表面上看，是新闻媒介决定着事实能否转化为新闻，决定着"新闻""旧闻"和"不闻"。但是，如果我们进一步分析，就会发现在事实转化成为新闻的过程中有多种因素起作用，而且起决定作用的并不是新闻传播媒介。大致说来，在事实转化为新闻的过程中起作用的因素主要包括以下三个方面：

第一，事物本身运动的客观规律。客观世界是一个不断运动发展的过程，新闻是对客观世界运动发展的记录。客观世界发生的任何重大变化，都必然或大或小，或迟或早，或远或近，或直接或间接地影响到人们的生活，都必然会被人们反映出来成为"新闻"。即使新闻传播媒介有意或无意不去反映它，它也会以各种各样的形式流传开来。俗话说，"纸包不住火"，就是这个道理。例如，1970 年 1 月 5 日，云南省通海县发生 7.7 级特大地震，受灾面积 8 800 平方公里，死亡 15 621 人，直接经济损失达 27 亿元人民币。当时新华通讯社只发了一条简讯，而且把震级压低，只字不提人员伤亡和经济损失。时间过了 30 年，2000 年 1 月 6 日《羊城晚报》发表记者专访，全面披露了这次自然灾害。这样，事实最终转化为新闻，并且得到了全面的反映。随着改革开放的不断深入，新闻报道的管控逐渐宽松，此类新闻报道现象已大为减少。

第二，人的认识规律。一个具有新闻价值的事实发生后，新闻传播媒介不去报道它，有时不一定是由于政治的偏见，而可能是出于认识方面的原因。客观世界是不断变化发展的，人的认识往往落后于这种变化和发展。这就使得一个新的变化在刚刚出现的时候，人们往往不能立即认识它，因而有意或无意地不去反映它或者错误地反映它。但是，人的认识是不断地从感性到理性深化的，并且不断地接受实践的检验。随着认识的不断深入，人们必然会按照事物的新的变化了的面目去认识它、反映它。从这个意义上说，人的认识的不断深入，仍然是由事物发展的客观规律决定的。

第三，新闻政策。新闻政策，如前所述，是决定一个新闻事实是否允许报道的标准，在事实转化成为新闻的过程中，有着重要的作用。但是，新闻政策的制定必须符合客观事物的发展规律和广大人民群众的根本利益。而且，新闻政策本身也是不断变化和发展的。如果某一国家、某一政党在某一阶段的新闻政策违反了这个根本原则，这样的新闻政策迟早是要发生改变的。

上述这三种因素在事实转化为新闻过程中的地位和作用是不同的，真正起决定作用的是事物运动的客观规律。事物运动的客观规律必然要通过各种途径表现自己的存在，并且必然以一定的物质的形式来显示它的力量，这就是客观事实对新闻的检验和人民群众对新闻的检验。新闻工作者只有采取实事求是的态度，尊重事实，深入实际，调查研究，才能做到主观和客观的统一，才能正确地反映客观事实，才能赢得人民群众的信任。在事物的客观规律面前，任何不老实的态度，必将受到事实的惩罚，受到人民的惩罚，受到历史的惩罚。

二、新闻传播者怎样传播新闻

在事实成为新闻的过程中，客观事物及其运动规律是决定因素。但是，事实必须经过新闻传播者的选择、制作和传播，才能转化成新闻。这说明，新闻传播者对客观事物及其运动规律也有主观能动性，并且将这种主观能动性反作用于客观事物。

在选择事实的过程中，新闻传播者的主观能动性充分显示出来。一般来说，新闻传播者是根据新闻价值和新闻政策从普遍事实中选择新闻事实的。但是，由于经济地位、阶级立场、政治见解、文化修养和兴趣爱好不同，新闻传播者在确定什么是普遍事实，什么是新闻事实，以及怎样评价这些事实时表现是有差别的。首先，有些事实，不同的新闻传播者可以共同认为是新闻事实，并且可能有一致的评价。例如，自然现象、趣闻逸事。其次，有些事实，有的新闻传播者认为是重要的新闻事实，而有的新闻传播者则认为是一般事实。例如，1972 年美国发生的"水门事件"，美国所有新闻传播媒介认为这是特大新闻，进行了长达两年的连续报道，而我国当时的新闻传播媒介认为这是美国资产阶级的内讧，仅仅发布了一条简讯。再次，有些事实，不同的新闻传播者都认为是重大新闻事实，但是评价截然相反。例如，1989 年春夏之交发生在北京的政治风波，我国和美国的新闻传播媒介都作了大量的、连续的报道，但是两者的评价是根本相反的。最后，即使是同一阶级所控制的新闻传播媒介，对于同一新闻事实，他们的评价侧重点也可能有所不同。

新闻传播者根据新闻价值和新闻政策的标准选取一定的新闻事实后，可能按照以下三种方式对新闻事实进行加工和制作：

第一，为新闻事实注入一定的倾向性。客观世界中所发生的各种各样的新闻事实，有些本身具有倾向性（如 2003 年美英联军对伊拉克发动的大规模战争和战争后揭发伊拉克总统萨达姆·侯赛因对人民的残酷统治），有些则不具有倾向性（如 2003 年在中国及世界部分地区肆虐的 SARS 病毒）。无论新闻事实是否具有倾向性，在阶级社会中，由一定的阶级或政党掌握的新闻传播事业在传播新闻时总是自觉或不自觉地把本阶级和本政党的观点渗透到新闻事实中去。这就是新闻报道的倾向性或阶级性。这是一切新闻传播媒介的共性，只不过是有的新闻传播媒介站在正义的方面，有的新闻传播媒介站在非正义的方面，有的新闻传播媒介比较隐晦，有的新闻媒介比较直接罢了。

第二，寓褒贬于客观报道之中。直接在新闻报道中表现倾向性或阶级性，并不是高明的做法。高明的做法应该是"寓褒贬于客观报道之中"，即采用客观报道的形式，用带倾向性的事实，使受众在无形之中接受传播者的政治观点。

第三，纯客观报道。客观报道是西方新闻传播学界标榜的信条，从根本上来说这是不可能的，但也不排除有些新闻报道，甚至是一些重大的政治新闻报道也是可以采用客观报道的。这种情况的出现，可能是新闻传播者传播新闻策略的高超，也可能是新闻传播者一时难以预料事态的发展或者出于某种策略上的考虑。

三、受众接触新闻媒介的心理

受众为什么要接触新闻传播媒介呢？原因是多方面的。韦尔伯·施拉姆认为，受众选择新闻媒介的概率可以用以下公式[1]表述：

选择概率＝媒介报酬承诺/所需付出的努力×100%

他认为受众选择某种特定的新闻传播媒介的概率，是由媒介报酬的承诺量和受众为获得这种报酬所必须付出的努力之比所决定的。媒介报酬的承诺量是指新闻媒介传播的信息对于受众接受该信息所能获得的报酬数量。媒介报酬可分为"即时报酬"（immediate reward）和"延时报酬"（delayed reward）两种。所谓"即时报酬"是由新闻传播媒介刊播的社会新闻、体育新闻等软新闻所提供的。在接受这类新闻信息时，受众不需要付出多大努力就可以立即得到报酬，因此他们比较愿意接触传播一些趣闻逸事的新闻媒介。所谓"延时报酬"是由新闻媒介刊播的政治、经济、文化、科技等硬新闻所提供的，受众在接受这类新闻信息时，往往要付出较大的甚至是很大的努力才能得到报酬，所以受众往往回避接触那些与己无关的、枯燥无味的"硬新闻"。但是，由于这类新闻的内容与人们的生存和发展密切相关，所以受众即使要付出较大的代价也要去接触它。

按照心理学的观点，人们由于生活经历、职业选择，所处环境、知识水平不同，具有不同的心理。同时，又由于经济状况、所处地域、民族关系的原因，具有某些共同的心理。从新闻传播学的角度观察，在新闻传播过程中，受众通常具有以下六种心理。

第一，得益心理。所谓得益心理是指受众希望从新闻传播中得到直接或间接好处的心理状况。不管有意或无意、明确或模糊，受众使用新闻传播媒介是带有某种目的的。受众之所以需要新闻，主要在于它能满足自己的信息需要，

① 李茂政. 当代新闻学. 台北：台湾正中书局，1995. 192.

从而使自己从中获得益处，给自己的工作、学习和生活提供帮助。按照马斯洛的理论，人的基本需要有五个层次：一是生理的需要，如吃、喝、睡等；二是安全的需要，如生活有保障，居住安全，免于恐惧和伤害；三是相属与相爱的需要，如感情、恋情、友情、归宿等；四是受尊重的需要，如荣誉、地位、成就等；五是实现自我价值的需要，如事业、能力、成功等。这五个层次的需要都与得益心理有关。人们本着各种各样的需要使用新闻传播媒介，并希望能够得到满足。随着社会的进步，人们对知识的需求越来越迫切。他们希望了解科技的进步和各类知识的新发展，不断丰富自己的知识，以更好地适应工作的需要。这是受众得益心理最主要的一种表现，新闻媒介是他们获取知识的最有效的手段之一。所以，新闻传播媒介应该充分考虑受众的得益心理，为满足受众的各种需要提供充分的信息，满足受众的求知欲。

第二，好奇心理。所谓好奇心理是指人们要求获得有关新奇事物和新奇现象的一种心理。好奇心人皆有之，它是人类的天性，也是人们接触新闻传播媒介的一种原始性动机。喜新、求异、好奇是人们的一种常见心态。正是因为有了好奇心，所以人们对新闻事业具有浓厚的兴趣。持这种观点的新闻传播学家认为，"个人关心的、同情、反常、进步、斗争、两性关系、动物"等是构成读者兴趣的重要因素。忽视和压制受众的好奇心是错误的，采用"煽情主义"的手法大肆迎合也是不可取的，应该向受众提供积极、健康，有助于陶冶性情，活跃生活的新闻报道。

第三，追求真、善、美的心理。所谓追求真、善、美的心理是指人们希望新闻传播媒介主持社会正义，歌颂真、善、美，批判假、丑、恶。人们往往希望看到丑恶的东西被鞭笞，正义的风气得到伸张。新闻传播媒介关于为真、善、美而奋斗的人或事的报道，关于揭露和批判假、丑、恶的报道，总是能引起人们的关心和议论，总是能产生良好的效果。中央电视台的《焦点访谈》从 1993 年开办以来一直高居于各类节目收视率榜首，深受全国人民的好评，最主要的原因在于它敢于揭露社会的阴暗面和各种腐败现象，敢于批判各种不合理、不公正的人和事，也就是说敢于追求真、善、美。因此，新闻媒介应该根据受众追求真、善、美的心理需要，勇敢地担负起惩恶扬善的职责。

第四，选择心理。所谓选择心理是指受众对于新闻传播媒介所持的不同态度和希望通过新闻传播媒介提供的材料，自己进行比较、分析、判断的心理。人人都有自尊心，希望通过自己对事物的比较和分析做出判断，得出结论，而不希望别人指手画脚地说教。因此，新闻报道要尽量避免讲空洞道理，作居高临下的说教，应多提供事实，用事实说话，让受众自己去比较、鉴别，从而得出结论。受众在接受信息的过程中都必然会对这些信息有选择地进行接收和理解，以便所接受的信息与自己所固有的价值体系、思维方式保持一致。受众的这种心理被称为选择性定律，它包括选择性接收、选择性理解和选择性记忆三个层次。每个受众因为社会环境、文化背景和个人心理特征的不同，而拥有不同的选择标准。

第五，炫耀与虚荣心理。即信息消费不仅仅是为了满足生存和发展的需要，而更多的是借助某种媒介或品牌炫耀自己的地位，显示自身价值。这种情况在通过手机媒体获取信息的时代显得更加突出，整个社会呈现出严重的浮躁和虚骄风气。

第六，逆反心理。所谓逆反心理是指受众在接受新闻传播的过程中，对于传播内容产生的一种抵触心理。这种抵触心理不是一般的不喜欢、不接受，而是表现出积极的心理抵抗。受众的逆反心理是由新闻传播媒介传播了与自己固有观点相反的新闻信息所引起的，它一般表现为以下三种状态：一是认识逆反，即新闻传播媒介不恰当地传播某一方面的信息，而这些信息又与受众的认识不一致时，受众就会在认识上产生逆反心理；二是情感逆反，即新闻传播媒介在涉及宗教、民族等问题时，如果伤害或贬损了某些受众的信仰，他们就会从感情上产生逆反心理；三是态度逆反，即受众接受新闻传播媒介所传播的新闻信息后产生与传播者主观愿望完全相反的态度。受众的此类逆反心理主要是由于新闻传播者受制于政治或经济势力，故意回避事实真相，一味采用呆板的传播形式，盲目灌输某些政治理念造成的。受众的逆反心理带有一定的盲目性质，常常为情绪所左右。受众会因为讨厌某一个主持人，进而讨厌他的一切，包括他所传播的信息内容。受众一旦产生了逆反心理，就会产生许多负面的、消极的作用。受众之所以会对新闻传播产生逆反心理，与新闻传播媒介平时所传播的失真、失当、失策、失误的新闻有密切的关系。不少受众对于典型人物的报道比较容易产生逆反心理，主要是因为新闻传播媒介平时在报道这些典型人物时有不真实的情况发生。新闻传播媒介要有效地消除受众的逆反心理，在平时的新闻报道中应时刻注意传播内容的真实性，并从多个侧面和不同角度进行报道，要尽可能地让广大的受众看到真实的、全面的情况。同时，新闻传播媒介在报道新闻时应该尽量少发表引导性评论，多留些选择的空间，让受众自己去判断和选择。

四、受众怎样选择、理解和利用新闻

受众怎样接受、理解和利用新闻呢？从心理学的角度来看，受众接受、理解和利用新闻大致有以下四种方式：

第一，选择性接收。所谓选择性接收，又叫选择性注意（selective acceptance），是指人们愿意接受那些与自己所固有的观点相一致的或自己需要关心的信息，而排斥那些与自己固有观点相抵触的或自己不感兴趣的信息。例如，在 2003 年春季的伊拉克战争中，反对美国和拥护萨达姆的人们对信息的选择是有明显侧重的。另外，受众的习惯也可能会影响到他们对媒介及其所传播信息的选择。例如，不同的受众接触同一张综合性报纸，有的人会先打开体育版，有的只注意要闻版，有的则喜欢推敲股票信息，有的则喜欢娱乐新闻。当然，从一般意义上说，能够吸引受众"眼球"的新闻具有以下五个特点：一是新闻事实是否重要；二是版位配置是否显著；三是新闻图片是否有；四是标题处理是否醒目；五是消息长短与否。1999 年 7 月 24 日的《羊城晚报》国际新闻版就是一个优秀的范例。从内容上看，这个版面上刊登了《肯尼迪家族举行弥撒，克林顿携妻女同哀悼》、《日本客机蓝天历险》、《摩洛哥国王哈桑二世病逝，穆罕默德登基》，可谓重大而惊奇。从文字处理上看，每条新闻均不足 200 字，可谓短而精，耐人寻味。从版面配置上看，每条新闻都配有醒目的标题和大幅照片。由于具备了这些特点，应该说这是一份深受读者喜爱的新闻大餐。通过这种选择，受众已经对信息进行了初步的"过滤"。

第二，选择性理解。所谓选择性理解（selective perception），是指不同的受众对于同样的信息因具有不同的价值观和思维方式会有不同的理解，即所谓"仁者见仁，智者见智"。美国传播学者贝雷尔森认为，理解是一个复杂的过程，"人们在此过程中对感受到的刺激加以选择、组织并解释，使之成为一幅现实世界的富有含义的、统一的图画"①。人的理解过程受到许多因素的影响，其中包括植根于过去经验的预存立场、文化预期、情绪和态度。也就是说，对于同一个信息，不同的受众可能因为政治经济地位、认识水平和个人爱好的不同而有不同的理解。人们选择性理解新闻的情形，大致可以分为以下四种情况：一是正面理解，即当新闻传播者的传播意图与受众的预存立场完全一致或基本一致时，受众完全按照传播者的传播意图来理解新闻；二是反面理解，即当新闻传播者的传播意图与受众的预存立场完全不一致或基本不一致时，受众完全从与传播者的传播意图相反的方面来理解新闻；三是扩展或缩小新闻的影响力，即受众根据自身的经验推断出新闻传播者在新闻传播过程中的立场，然后对传播者有意湮没其影响力的新闻加以重新审视并扩大其影响力，或者对新闻传播者有意渲染其影响力的新闻加以重新审视并缩减其影响力；四是重新建构新的现实世界的图画，即受众根据新闻传播者所传播的有关系列新闻，对其

---

① 甘惜分. 新闻学大辞典. 郑州：河南人民出版社，1993. 123.

重新理解和组合并由此构建起自己对客观世界的整体性认识。

第三，选择性利用。所谓选择性利用（selective utilization），是指受众对信息经过选择和理解，对信息作出分析和归类后，对其中有直接效用的信息立即开始利用，对其中有使用价值但无直接效用的信息则储存起来，以便日后利用或转化为精神财富。在利用新闻信息方面，有许多成功的事例。我们经常看到这样的报道，由于及时掌握了某一经济信息，濒临倒闭的企业可以起死回生。善于利用新闻媒介的农民可以收集信息，寻找致富途径。

第四，选择性反馈。所谓选择性反馈（selective feedback），是指将自己的意见用各种不同的方式和态度反馈给新闻传播者。"反馈"原是电子工程学中的名词，后来被转借到传播学中来。它是指传播者获知受传者对其发出的信息是否收到以及收到后的反应过程，是传和受双方之间"双向传递"的一种形式。这样，就形成了一个"事实—媒介—受众—事实"之间的良性循环。受众反馈的顺畅有利于新闻传播者检验和反省自身的传播愿望、传播内容、传播方式，以便改进工作，收到更好的传播效果。

根据受众接受新闻的上述特点，新闻传播媒介为了实现自己所追求的传播意图，取得良好的传播效果，就必须客观地、全面地反映事实的本来面目，向受众传播大量真实的、全方位的新闻，尊重受众的"知情权"和"选择权"，重视受众的反馈。

第四节　新闻传播效果

一、新闻传播效果及其分类

任何一项传播活动，传播者总是抱有希望达成某种预期效果的主观意图。这种主观意图和预期效果能否实现及其实现的实际情况就是传播效果。就新闻传播而言，"效果"是指传播者传播某一主题信息之后，受传者对这一主题信息所做出的反应，即新闻信息到达受众后在受众那里所引起的认知、态度和行为等层面上的变化，也就是传播者主观意图与预期效果的实现程度。

根据上述定义，新闻传播效果依其发生的逻辑顺序或表现阶段可以分为以下三个层面：

第一，认知层面的效果。认知心理学把认知概括为人的全部心理活动，并把人看成计算机式的信息加工系统，着重研究人的高级心理活动，如知觉、记忆、学习、语言、思维、创造的性质、结构和操作方式等内部机制。其主要观点包括①：首先，人不是机械地接受外界刺激并做出反应的被动体，而是有选择地获取、加工（或同化）外界刺激，在与外界环境的相互作用中将刺激纳入机体，构建出认知结构。其次，认知过程是信息加工过程，不仅把外部环境事件进行加工，而且对自身的操作活动进行加工。人的信息加工系统主要由感觉、记忆、控制和反应四个子系统构成。再次，运用现代科学手段主要不是观察或改变人的外部行为，而是了解和分析认知程序和结构状态，并通过设计教育方案来改进认知活动，发挥认知的作用。在现代社会，由于社会分工的细化，使得人们不可能事必躬亲，因此，对周围世界的了解和认知在很大程度上依赖于新闻传播媒介。新闻传播媒介的主要功能是传递新信息、报道新事实，但它们并不是"有闻必录"，而是有所选择的。新闻传播者的主观能动性及新闻信息的主观性都在影响着我们对周围环境的印象与理解。受众这种认知层面的效果，在传播学中也称为"视野制约效果"。

第二，态度层面的效果。所谓态度，是指人们对事情的看法和表现出来的举止神情以及准备采取的行动。早在两千多年以前，古希腊哲学家亚里士多德（Aristoteles，前384—前322）就曾指出："演说者须显示他具有某种品质，须使听众认为他是在用某种态度对待他们，还须使听众用某种态度对待他，这些办法大有助于使人信服。"② 在报道新闻和传递信息的同时，新闻传播媒介也担负着舆论导向的职责。即在新闻报道中，通常包含着是与非、善与恶、美与丑、进步与落后的价值判断。这些带有导向性的公开传播的信息作用于人们的观念或价值体系，从而引起人们情绪或感情的变化。这样，新闻传播就起到了引导舆论和形成、规范与维护受众价值观的作用。

第三，行为层面的效果。所谓行为，是指人对环境刺激做出的反应。人与任何生物有机体一样，必然处于一定环境之中，都受到环境的刺激。人为了生存和发展，必须对各种刺激做出反应，以适应（改造或改变）环境。人的这种刺激和反应的过程就是行为。在信息传播过程中，行为效果是受众接受信息后在行为上发生的变化，它是建立在认知效果、态度效果基础之上的。从"认知"到"态度"再到"行动"，是一个效果的累积、深化和扩大的过程。

---

① 冯契. 哲学大辞典（修订本）（下册）. 上海：上海辞书出版社，2001. 1195.
② 张国良. 20 世纪传播学经典文本. 上海：复旦大学出版社，2003. 3.

以 2003 年初广州新闻传播媒介有关非典型肺炎的报道为例，自 2 月 11 日官方消息发布之后，各大新闻媒体通过各种方式提醒公众注意保持良好的卫生习惯，如不探视病人、勤洗手、室内经常通风等。在新闻报道的影响下，公众逐步对这些措施形成了观念上的认同，并进一步产生了态度上的改变，最终付诸实践，使得行为层面上的效果得以实现。

英国当代社会学家 P. 戈尔丁（Petrus Golding）从发展时序和传播意图的联系上考虑，将传播效果划分为短期预期效果、短期非预期效果、长期预期效果、长期非预期效果四种类型。[①]

所谓短期预期效果，包括"个人的反应"和"对媒体集中宣传报道活动的反应"两种情况。前者是指特定的信息在个人身上引起的认知、态度和行动的变化；后者指的是一家或多家媒介为达到特定目标而开展的说服性宣传运动，如促销广告、社会募捐等，这类效果通常作为受众对媒介意图的集合反应来把握。通常认为，媒介的短期效果会在一段时间后消失，但是这并不意味着即时反映就不重要。例如，新闻报道中涉及的有关犯罪情节的报道，在受众那里所引起的可能是短期的兴奋效果，但不可否认这种短期效果也许会演化成长期效果。其结果可能比长期效果更为严重。

所谓短期非预期效果，也包括"个人的自发反应"和"集合的自发反应"两类。前者指个人接触特定信息后所发生的、与传播者意图无直接关系的模仿或学习行为，这些行为可能是有利于社会的，如从中学习知识或领悟人生道理；可能是反社会的，例如，接触有害的传播内容所诱发的青少年犯罪等。后者主要是指社会上许多人在同一信息的刺激和影响下发生的集合现象，如物价上涨信息引起的抢购风潮、重大事件报道引起的社会恐慌或骚动等。"集合的自发反应"中有一些是健康有益的，也有一些可能是非健康的甚至有害的。但传播学者们更加关注由信息传播引起的突发性集合行为对正常的社会秩序造成的破坏性结果。积极地预防这类破坏性结果的发生，是新闻传播媒介应承担的社会责任。

所谓长期预期效果，是指新闻传播媒介就某一主题或某项事业进行的长期信息传播所产生的、与传播者意图相符的累积效果。一般说来，经常性的政策宣传、新生事物的长期推广与普及、知识教育的目标实现程度等都属于此类。

所谓长期非预期效果，指的是整个新闻传播事业日常的、持久的传播活动所产生的综合效果或客观结果，例如，大众传播对个人社会化过程的影响，传播媒介在社会的政治、经济、意识形态和文化的发展变化中所扮演的角色和发

① 郭庆光. 传播学教程. 北京：中国人民大学出版社，1999. 189~190.

挥的作用等。由于这种效果受到整个新闻事业性质的制约，不以个别媒介或传播者的意志为转移，所以通常把它归入非预期效果的范畴。

二、新闻传播效果的实现

所有新闻传播者都希望通过传播行为实现自己的传播意图，以达成预期的传播效果。但是，在新闻传播的实践中，往往有许多传播者无法达成自己的传播意图，甚至事与愿违。于是，分析影响新闻传播效果的因素、探讨增强新闻传播效果的途径，便成为非常必要的事情。

一般认为，影响和制约新闻传播效果的因素主要有新闻传播媒介的可信度、新闻者的传播策略和传播对象对传播内容的认同等三个方面[①]。

在新闻传播过程中，传播者作为传播的主体无疑处于优越的地位。他们不仅掌握着新闻传播媒介，而且决定着信息内容的取舍选择。但是，他们要实现传播意图和取得预期的传播效果，必须逐渐树立良好的形象，增强对传播对象的可信度。媒介的可信度测量的是传播者在受众心目中的形象。根据美国传播学者霍夫兰等人的研究，传播媒介的可信度主要是由"能力"（即传播者的专业化程度）、"无私"（即传播者在讯息背后的动机）和"一致性"等三个部分组成。所谓一致性是指传播者对某一事件的立场是否始终如一，对各种有关事件之间的立场是否互不矛盾，言行之间是否互不矛盾。[②]

在中国，新闻传播媒介的可信度与这三个因素密切相关，但表现形式有所不同。首先，新闻传播媒介的可信度来自新闻传播媒介的权威性。这种权威性包括新闻传播媒介的政治立场、宣传方针和对新闻事实的价值取向。如果新闻传播媒介的政治立场、宣传方针和价值取向能够反映和代表绝大多数受众的需求，则其所产生的传播效果必定是正面的或正向的。如果新闻传播媒介的政治立场、宣传方针和价值取向偏离广大人民的利益和要求，则其产生的传播效果必定是负面的或反向的。其次，新闻传播媒介的可信度来自新闻从业人员的信誉。新闻从业人员的信誉包括诚实、客观、公正等方面的品质。新闻传播者的可信度与传播效果之间的关系成正比，即传播者的信誉越好，媒介的可信度越高，传播效果越好；反之，传播者的信誉越低，媒介的可信度越低，传播效果越差。再次，传播媒介的可信度来自传播内容适度的信息量。一般来说，判别一家新闻传播媒介的优劣，要考虑其传播内容信息量的大小，但也不是信息量

① 郭庆光. 传播学教程. 北京：中国人民大学出版社，1999. 201.
② 祝建华. 中文传播研究之理论化与本土化.（台北）新闻学研究，2001（68）.

越大越好。心理学研究表明，人们在接受信息时，注意力会随着时间的推移而疲劳和衰减。所以，一个节目再好也不能无限制地延长时间，如少年儿童理解能力低、集中注意的时间短，所以针对少年儿童的节目时间就不可过长，信息也不宜堆得过多。但像中央电视台的《新闻联播》等新闻节目，就要有相当数量的信息量，不然就会显得拖沓冗长，无法取得良好的传播效果。

　　传播策略是传播者为达到预期目的而采取的谋略或方法。传播者采用的策略不同，所取得的效果也不同。在新闻传播过程中，传播者往往采用以下三组相对应的传播策略。第一组方法："一面提示"与"两面提示"。传播者采用"一面提示"的方法，仅向受众提供传播者赞同的一个方面的材料和观点。这种方法往往强加于人，使受众产生心理抵抗，对媒介的可信度产生怀疑，从而削弱和抵消传播者所预期的效果。传播者采用"两面提示"的方法既向受众提供自己所赞成的观点和材料，也向受众提供有关或对立的观点和材料。这种方法尊重受众的选择，使受众在接受观点和材料的同时，能够对新闻做出自己的评判，从而与传播者达成共识。第二组方法："明示结论"与"暗示结论"。一般说来，暗示优于明示，由于论题的复杂程度不同和说服对象理解能力不同，"明示结论"或"暗示结论"方法的运用不可一概而论，而应根据情况区别对待。例如，在论题比较复杂、说服对象的文化水平和理解能力较低的情况下，采用"明示结论"的方法收效比较好；在论题比较简单、说服对象理解力较高的场合，运用"暗示结论"的方法，效果比较好。第三组方法："理性诉求"与"感性诉求"。所谓理性诉求，就是通过冷静地摆事实、讲道理，运用理性或逻辑的力量来达到传播目的。所谓感性诉求，主要就是通过营造某种气氛或使用感情色彩强烈的言辞来感染对方，以达到预期的效果。这两种方法的运用应因人、因事、因时而异。科技新闻只能依靠准确的数字、严密的逻辑分析进行报道；救人于危难等紧急情况，也许"振臂一呼"的号召力或充满感情的描述更见效。在大多数情况下，两种方法相结合运用最为有效。例如，关于艾滋病的报道，既要有它对人类危害的严酷事实和数字，又要有对艾滋病患者充满人道主义的精神关怀。如此动之以情、晓之以理，方能收到良好的传播效果。

　　新闻传播是传播者和受众双方的互动过程，受众是否愿意接受传播内容和接受的程度如何直接影响到传播效果的"有无"和"大小"。从这个意义上说，受众是否愿意接受传播内容是制约传播效果的根本因素。如果受众接收到某项新闻信息，对此表示认同，并受到一定程度的正面影响，这种传播就称为有效传播。如果受众没有接收到某项新闻信息，或虽已接收但不愿接受，那么传播者的传播意图就无从实现，这样的传播属于无效传播。不过，受众的情况千差万别，即便是同一传播者运用同一种方法传达同一内容的信息，在不同的传播对象那里所产生的效果也是不同的。首先，从传播对象的个性与传播效果的关系上看，每个人都有自己的个性，有的人比较容易接受他人的意见或劝说，有的人则固执己见。实践表明，自信心越强的人，可说服性越低，自信心越弱的人，可说服性越高。其次，从人际传播网络与传播效果的关系上看，每个人都生活在一定的人际传播网络中，而在人际传播网络中，有一类对大众传播起促进或阻碍作用的活跃分子，他们就是"意见领袖"。意见领袖均匀地分布在社会上任何群体和阶层中，他们社交范围广，对大众传播接触频度高，接触量大，拥有较多的信息渠道，容易对一般受众产生影响。所以，媒介信息到达一般受众时，已经经过了意见领袖的中介和过滤，这势必会对传播效果产生重要影响。大众传播媒介认识到这些人的存在，增强受众定位意识，无疑具有重要意义。再次，从群体规范对传播效果的影响上看，如果传播内容与群体规范一致，则群体规范可以推动成员接受传播内容，起到加强和扩大说服效果的作用；如果传播内容与群体规范不一致，则群体规范会阻碍成员对传播内容的接受，使传播效果产生衰减甚至出现"逆反效果"[1]。总之，一个成功的媒介都有一个特定的受众群体，只有针对不同受众的特点，细分媒介的受众定位，才能取得预期的传播效果。

三、新闻传播效果的评价

对于新闻传播效果的评价，东西方新闻传播事业具有不同的标准。西方各国的新闻传播事业是以赢利为目的的资本主义企业，它们把是否满足受众需要作为评价新闻传播效果的标准。以此为标准，西方各国新闻媒体一味追求满足读者的需要，从而导致凶杀、抢劫、暴行、色情等报道充斥新闻媒介。我国新闻传播事业同样具有企业性，但本质上它是中国共产党、人民政府和人民群众的"喉舌"。所以，它们不仅要满足受众的需要，而且要宣传贯彻中国共产党和人民政府的方针政策。因此，做到中国共产党、人民政府和人民群众"两头满意"，是我国评价新闻传播效果的根本标准。围绕这一根本标准，我们可以将评价新闻传播效果的标准细分为以下三个方面：

第一，中国共产党和人民政府"满意"。香港城市大学祝建华教授根据西方传播理论并结合中国国情，指出中国新闻传播媒介具有"道德""合法化"

---

① 吴文虎. 传播学概论. 武汉：武汉大学出版社，2000. 263.

和"命令"三种功能①。所谓道德功能就是要说服人民接受社会主义和共产主义思想，培养社会主义事业的建设者。所谓合法化功能是要求人民认同制度的合法性，积极参加社会主义建设。所谓命令功能则是维护社会的安定团结和稳步发展。与此相适应，中国新闻传播媒介的宣传目标也可以归结为高、中、低三种：最高目标为宣传共产主义、培养大公无私的"新人类"；中间目标为宣传政府经济政策、发动群众参加社会主义建设；最低目标为批判敌对意见、维持社会秩序的稳定。这种划分虽然不尽准确，但基本上反映出中国新闻传播媒介在宣传和贯彻执行中国共产党和人民政府的路线、方针和政策方面的基本要求。所以，中国新闻传播媒介要想取得理想的传播效果，首先必须符合这个基本要求。

第二，受众"满意"。虽然受众满意的新闻不一定就是好新闻，但是受众不满意的新闻一定不是好新闻。一条新闻只有"过五关斩六将"，最终通过人的"过滤器"——大脑的接受，才能称得上是有效果的。新闻传播要让受众满意，必须注意以下三个环节：首先，及时了解社情民意，实现新闻媒介与受众之间的良性互动。在新闻传播过程中，受众既是信息的接收者，也是信息的反馈者。新闻媒介只有充分利用好这一资源，才能更加贴近受众，真正实现新闻媒体与受众的良性互动。其次，着眼群众切身利益，关注社会热点。事实证明，那些从人民群众的根本利益出发，关注社会热点的新闻报道往往能够取得良好的社会效果。再次，让受众成为新闻报道的主角。传统的新闻报道往往以传播者或领导为主角，难以为受众接受，其传播效果无从实现。要改变这种状况，新闻传播者必须始终坚持以受众为主角的理念，让受众成为新闻报道的主角。只有这样，才能真正从普通老百姓的视线出发将新闻报道写得有血有肉、真实可感。

第三，思想性和艺术性相统一。我国新闻传播事业的性质要求把新闻作品的思想性放在第一位。但是，新闻作品如果仅有思想性是远远不够的，还必须将新闻的思想性与艺术性有机地结合起来。我国新闻事业的性质要求把新闻作品的思想性放在第一位，也就是说，"通过新闻报道的事实，要能够使读者在思想上有所启发，在认识上有所提高。如果我们的新闻报道，不能透过现象说明事物的本质，不能从思想上政治上突出事物的重要意义，那么它只能成为我们现实生活的日常流水账"②。所以说，思想性是旗帜和灵魂，是决定一个事件该不该报道，值不值得报道的标准。

---

① 祝建华．中文传播研究之理论化与本土化．（台北）新闻学研究，2001（68）.
② 穆青．新闻散论．北京：新华出版社，1996.85.

在新闻传播中，怎样实现思想性与艺术性的统一呢？一般来说，应注意以下三个环节：首先，时效性与时宜性结合。新闻的时效性越强，新闻价值越大，传播效果就越好。但是，要取得好的传播效果仅仅片面追求时效性又是不够的。在保障时效性的前提下，新闻传播也要注意时宜性。其次，"软硬兼施"传播新闻。新闻传播的主要内容是新闻，而新闻的主要内容应该是"硬新闻"。在保证"硬新闻"为主体的情况下，适当传播"软新闻"，"软硬兼施"传播新闻。在这方面，实行"硬新闻软着陆"和"软新闻高格调"的方法，可以取得理想的效果。所谓"硬新闻软着陆"就是增强硬新闻的可读性和亲和力。所谓"软新闻高格调"，是指在报道那些人情味较浓、撰写轻松活泼的社会新闻时，避免大肆渲染以制造"轰动效应"的俗套，而是严格运用无可辩驳的事实和强有力的逻辑行文，在叙述事实的过程中，适时做一些画龙点睛的议论，大都到为止。再次，立意新颖，视角独特。新闻的本质特征在于"新"，记者的思维角度和报道的方式、方法都必须不断地创新，唯有不断创新，才能使新闻永远充满活力，为受众喜闻乐见。大量的新闻实践证明，受众不仅对新鲜的新闻事实感兴趣，对新闻事实背后蕴含的新鲜思想、新鲜见解同样感兴趣。因为这些新鲜的思想、见解，对他们的工作和生活具有强烈的指导性、启发性和服务性。此外，同样的题材，如果出其不意、巧选角度，就能取得更好的传播效果。

思考题

1. 什么叫模式？模式的功能是什么？
2. 新闻传播主要有哪些模式？它们各自有哪些特点？
3. 什么叫新闻选择？为什么要进行新闻选择？
4. 什么叫新闻价值？它是由哪些因素构成的？
5. 什么叫新闻政策？我国新闻政策的主要内容是什么？
6. 在事实转化为新闻的过程中，有哪些因素起作用？起决定作用的因素是什么？
7. 在新闻传播过程中，新闻传播者是怎样加工制作新闻的？
8. 在新闻传播过程中，受众主要有哪些心理？
9. 在接受新闻的过程中，受众是怎样选择、利用和理解新闻的？
10. 什么叫传播效果？传播效果可以分为哪些类型？
11. 影响新闻传播效果的因素有哪些？如何提高新闻传播效果？
12. 评价新闻传播效果的标准有哪些？

第六章
新闻传播事业

内容提要

新闻传播事业是人们通过新闻传播媒介进行的传播新闻和引导舆论的经常性的社会活动。新闻传播事业是资本主义商品经济充分发展的产物，并随着社会的进步不断发展。作为一定社会上层建筑领域的特殊部分，新闻传播事业是横跨于经济基础和上层建筑领域之间的特殊事业。新闻传播事业的这种特殊性质既决定了它在"组织""活动"和"管理"等方面的基本特征，也使它具有报道新闻、引导舆论、刊播广告、传播知识和提供娱乐的主要功能。在阶级社会中，先后形成了两种不同的新闻传播事业，即资本主义社会的新闻传播事业和社会主义社会的新闻传播事业。这两种新闻传播事业具有各自的特征，并为各自统治阶级的利益服务。

第一节 新闻传播事业的产生

一、何谓新闻传播事业

什么叫新闻传播事业，新闻传播事业和新闻事业有何区别，这是研究新闻传播事业应该首先界定的。按照《现代汉语词典》解释，"事业"一词有两种含义：一是泛指人所从事的，具有一定目标、规模和系统而对社会发展有影响的经常性活动；二是特指没有生产收入，由国家经费开支，不进行经济核算的单位。人们的生活具有各种各样的需求，为了满足这些需求，产生了各种各样的社会分工，也产生了各种各样的行业。随着社会的进步，社会分工越来越精细，社会行业也越来越多。在所有这些行业中，人们习惯上将直接从事物质性经济活动的行业（包括生产、销售、服务等）称为企业，而将从事精神文化性活动的行业（也包括生产、销售、服务等）和社会管理部门称为事业单位。

从泛指的角度看，将新闻传播活动称为新闻事业或新闻传播事业是恰当的。从特指的角度看，将我国计划经济条件下的新闻单位称为新闻传播事业也是恰当的。但是，如果笼统地将世界上一切新闻传播活动和我国市场经济条件下的新闻传播媒介称为新闻事业，则是不准确的。

通过上述分析，我们可以对新闻传播事业这一概念界定如下：所谓新闻传播事业是人们通过新闻传播媒介进行的传播新闻和引导舆论的经常性的社会活动，是报纸、期刊、广播、电视、通讯社等新闻传播媒介及其生产管理过程的总称。

在我国，人们习惯上将新闻传播事业称为新闻事业。作为一种特定历史条件下的约定俗成，这是完全可以理解的，实际上这两个概念所指向的是同一个实体，即新闻单位。但是，如果认真辨析，新闻传播事业和新闻事业这两个概念还是有所区别的。首先，从性质上看，新闻传播事业（news communication enterprise）虽然担负着重要的舆论导向的社会职责，但它属于一定的社会经济组织，具有独立的法人资格，具有企业性；而新闻事业（journalism institution）完全以政治宣传为职责，由政党或政府负担经费开支，它本身并不具有经济活动的职能。其次，从两者产生的社会历史条件看，新闻事业这一名词是计划经济条件下的产物，它仅仅作为政党和国家的喉舌，只承担着政治宣传的职责；而新闻传播事业这一名词则是社会主义市场经济条件下的产物，它仍然是政党和国家的喉舌，承担着舆论导向的职责，同时它也是人民的喉舌或受众的公仆，担负着全方位向受众传递信息和自身经济创收的任务。再次，从学术关联上看，和新闻事业紧密相连的新闻学属于政治学和宣传学的范畴，它偏重于对新闻信息源和新闻传播者的研究；而和大众传播事业紧密相连的大众传播学（包括新闻学）属于行为科学的范畴，它不仅重视对新闻信息源和新闻传播者的研究，而且重视对整个新闻传播过程的研究，特别是对新闻传播效果和受众的研究，同时还关注对整个社会外部环境的研究和自身内部经营管理的研究。因此，从新闻传播学的要求出发，应该以新闻传播事业取代新闻事业为宜。

二、新闻传播事业产生的社会历史条件

新闻传播事业是人类特有的社会活动之一，没有人类就没有新闻传播活动，也就没有新闻传播事业。人类社会出现以后，很长时间没有专门的新闻传播工具和机构，所以也没有新闻传播事业。新闻传播事业的产生必须具有以下三个方面的必要条件：

第一，有一定的物质技术手段，即新闻传播工具。在新闻传播事业产生之前，新闻传播活动的发展，已经经过了"口头媒介""书写媒介""印刷媒介"三个发展阶段。"口头媒介"和"书写媒介"由于其先天的不足，不能成为理想的新闻传播工具。只有"印刷媒介"才能够使新闻在无限广阔的时间和空间里大量地传播，所以正规意义上的新闻传播事业是在"印刷媒介"出现以后产生的。

第二，有一定传播技能的人，并以此为职业，即一支专门从事采集、整理、刊载和播发新闻的队伍。新闻传播事业产生之前，新闻传播活动是没有固定的传播者的。传播新闻的人，或者偶尔为之，或者在传播政令之余兼职为之，因此不能固定，更不能持久。只有在资本主义商品经济充分发展之后，社会分工细致到需要有专门的人来传递新闻信息，这个条件才得以具备。

第三，有专门的新闻传播机构，即能定期地、持续地、公开地面向全社会发布新闻的传播机构。有了专门的传播工具和传播者之后，就必须把这些人和物在固定的机构中组织起来并从事固定的新闻传播工作。只有这样，正式的新闻传播事业才能真正产生出来。

以上三个必要条件是在新闻传播活动长期发展的基础之上，随着资本主义

商品经济的充分发展而逐渐具备的。在这个意义上说，新闻传播事业是资本主义商品经济充分发展的产物，或者说资本主义商品经济的充分发展孵化和促进了新闻传播事业的产生。首先，不断开拓原料产地和产品销售市场的需要，驱使着资本拥有者到处创业，过去那种地方性和民族性的自给自足的封闭状况被打破，各个国家、各个民族和各个地区的联系加强了，社会规模扩大了。其次，生产的分工越来越精细，各个行业、各个部门的相互联系和竞争日益加强，由此推动了整个社会的迅速进步。再次，社会规模的扩大和社会变动的加速使得世界各地的任何重大变化和人们的切身利益直接相关，他们对社会的关注程度提高了。由此，促进了人与人、地区与地区、国家与国家之间的紧密联系，从而为新闻传播事业的产生创造了必要的社会历史条件。

不仅如此，资本主义商品经济的充分发展还为新闻传播事业的产生准备了全部的物质条件。这些物质条件主要表现在以下四个方面：第一，它为新闻传播事业准备了具有一定文化的读者群。随着大工业的产生，资本家为了训练熟练的雇佣劳动者，开办了大批工读学校或者贫民学校，从而提高了整个社会的文化水平。这就在客观上为新闻传播事业的产生创造了理想的读者群。第二，它为新闻传播事业准备了必要的销售市场。随着资本主义的发展，巨大的城市开始出现，城市人口急剧增加，城市居民相互沟通和联系的客观需要为新闻传播事业的产生准备了必要的销售市场。第三，它为新闻传播事业的产生提供了交通、邮电、印刷、纸张等物质技术条件，从而保障了报刊生产对物质技术水平的需要。第四，它通过独资或股份制及广告投入为新闻传播事业积累了必要的资本。随着资本主义原始积累的完成，一些资本家积累了一定数量的资本，这样就有可能以独资或者合资的形式创办报刊。同时，资本家为了推销商品，需要刊登广告，报纸可以从刊登广告中获利。由此可见，报纸同广告从一开始就结下了不解之缘，广告成了报纸的"血液"，报纸成为独立的生产企业。

三、新闻传播事业的产生

正是植根于这样深厚的社会经济背景，报纸作为近代新闻传播事业的最初形式，不可避免地在西欧首先产生出来。从16世纪至18世纪，报纸的产生大致经历了以下三个阶段：

第一，"手抄新闻"的出现和盛行。16世纪初期，在意大利的威尼斯产生了一批专门代客打听、供应新闻的人。他们自己收集新闻，自己抄写，自己发行报纸（张贴于公共场所，或者沿街叫卖，或者定期发行），这种报纸叫做"手抄新闻"或者"新闻信"（news letter）。因为每一份报纸售价为一枚小铜元（gazette），所以"格塞塔"便成了这种报纸的代名词。其主要内容有市场行情、交通情况、船舶航期等。同时，也提供政治、教会和战争的消息，因而招致意大利封建统治者和罗马天主教会的疑惧和迫害。1569 年，一位名叫佛朗科的"手抄新闻"记者被天主教会处以绞刑，这是有记载的最早为新闻传播事业献身的新闻工作者。继意大利之后，德国、法国和英国也出现过这种"手抄新闻"。到了 17 世纪末期，这种"手抄新闻"在和印刷报纸并存一个世纪之后，逐渐地消失了。

　　第二，"新闻书"的出现。"新闻书"的出版发行周期比"手抄新闻"或者"新闻信"要长，但是由于它采用了铅字活字印刷，可以大量地复制和发行，所以它比"手抄新闻"具有一定的优势。据资料记载，最早的"新闻书"出现在德国的法兰克福。该地处于欧洲的中心，每年春季和秋季各举行一次贸易集会，西欧和近东各国的商人云集于此。这种优越的地理位置和繁荣的商贸活动，促进了"新闻书"的产生。1588 年，奥地利人艾青氏（Miche Von Aitzing）开始印刷出售"新闻书"。这种"新闻书"每年印刷两册，每逢春秋贸易集会时发行。"新闻书"的主要内容是有关过去半年内欧洲和近东各国的政治、军事的重大事件，同时兼有商业行情，类似大事年表。此后，荷兰的阿姆斯特丹、德国的柏林和英国的伦敦等地也出现过这种"新闻书"。不过，这种"新闻书"由于出版发行周期长、新闻迟缓，很快就被近代化的新闻周刊和日报所取代。

　　第三，周刊和日报的兴起。几乎在"手抄新闻"和"新闻书"流行的同时，一种真正近代化的新闻媒介开始产生，这就是周刊和日报。1590 年，在德国的奥格斯堡出版的《观察周报》（*Avisa*）可能是世界上最早的印刷周刊。该刊最初为不定期，1609 年开始定期发行，每周一张，每张仅仅一条新闻，影响不大。因此，新闻学者在谈到这张周刊时，往往语焉不详。从严格的意义上来说，1609 年在德国出版的《报道或新闻报》（*Avisa Relation Oder Zeitung*），才是世界上最早出版的印刷周刊。"Zeitung"一词，在德语中是"潮汐"的意思，因而被引申为"新闻"。从此，"Zeitung"被用作报纸的代名词。1660 年，在德国的莱比锡出版的另一种报纸《莱比锡新闻》（*Leipziger Zeitung*）是世界上最早的印刷日报，不过它仍然采用书册式样。这种状况到1665 年有了彻底的改变，这一年 11 月在英国出版的《牛津公报》（*Oxford Gazette*），首次采用单页双面印刷，一反过去的书册式样，并且首次使用了"newspaper"一词。

　　在此前后，其他一些主要国家的近代化报刊也纷纷出现。法国的第一份近代化报刊是 1631 年在巴黎出版的《法国公报》，这也是法国最早的定期出版物。美国的第一份近代化报刊是 1690 年在波士顿出版的《国内外公共纪闻报》，这份报纸因为批评英国殖民当局，仅仅出版了一期就被强行停刊了。俄国第一份近代化报刊是 1703 年在莫斯科出版的《新闻报》，该刊曾经由沙皇彼得一世任主编。中国第一份近代化报刊是 1815 年 8 月由英国传教士罗伯特·马礼逊在马六甲出版的《察世俗每月统计传》。日本的第一份近代化报刊是 1861 年由英国人 A. W. 汉萨特创办的《长崎船舶新闻》。

总之，随着资本主义商品经济的充分发展，近代化的报纸在世界上各个主要国家产生出来了，新闻传播事业已经作为一个新兴的独立的社会事业产生。

第二节 新闻传播事业的发展

一、报刊业的发展

新闻传播事业产生以后，随着社会政治、经济状况的发展而迅速发展。其内容不断丰富，种类不断增加，运作日益复杂。不过，受科学技术发展水平的限制，在新闻传播事业产生以后的将近三百年的时间内，仅仅有报纸这一种形式。因此，新闻传播事业的发展首先表现为报业的发展。报业的发展，大致可以归纳为以下四个方面的"四度扩张"：

第一，从发展形式上看，报纸经历了"革命化报纸—政党化报纸—大众化报纸—垄断化报纸"的四度扩张。新闻传播事业产生不久，从 17 世纪中叶到 19 世纪中期，欧美一些主要国家发生了资产阶级革命，报纸被用来作为反对封建专制统治的斗争工具。报纸在资产阶级革命过程中发挥了重要的进步作用，是谓"革命化报纸"。革命胜利后，资产阶级内部迅速分化，报纸成了资产阶级政党和政治派别进行政治斗争的工具。19 世纪初期，各个主要资本主义国家出现工业革命。资本主义的发展，一方面要求报纸为资本主义自由竞争服务，另一方面要求报纸本身成为资本主义企业。在这种形势下，从 19 世纪 30 年代起，"大众化报纸"开始产生并且逐渐成为这一时期报纸的主流。19 世纪末期，资本主义的发展由自由竞争走向垄断。随着资本主义垄断经济的发展，从 20 世纪 30 年代开始，报业逐步进入垄断阶段。

第二，从报道内容上看，报纸的发展经过了"经济新闻—政治新闻—社会新闻—综合新闻"的四度扩张。最早的商业化报纸，内容偏重于经济新闻特别是商业行情。随后，由于政治对于经济的影响扩大，凡是足以影响经济生活的政治新闻都受到了人们的重视。随着大众化报纸的出现，社会新闻甚至"黄色新闻"成了报纸的主角。工业革命后，人们的精神生活日益丰富多彩，人们需要全方位的信息，于是报纸上的政治、经济、文化、体育、社会新闻等得到平衡发展。

第三，从报道方法上看，报纸的发展经历了"有闻必录—加以判断—趋利避害—灌输思想"的四度扩张。最初，报纸对新闻的选择，只注重其商业上的价值，报道者基本上处于被动的状况。后来，随着消息来源的增多，报道者必须加以判断、有所选择，这样就加入了报道者的主观色彩。在选择新闻过程中，随着政治斗争的需要，报道者越来越注意选择那些对于自己有利的事实加以报道，而回避那些对于自己不利的事实并加以掩盖。最后，报纸发展到为了某种政治目的，利用新闻报道来灌输某种思想，以利于宣传。

第四，从报道形式上看，报纸的发展经历了"杂乱报道—客观报道—深度报道—调查性报道"①的四度扩张。早期新闻报道是从文学演化而来的，新闻的基本要素不具备，新闻编排杂乱无章。随着新闻传播事业的成熟，注重记录性、时效性并注意将事实和意见区别开来的"客观报道"应运而生。进入20世纪中叶，"客观报道"又为"深度报道"所取代。这种报道形式有利于发挥记者的主体意识，强调新闻报道中新闻记者的预见性和主动性。20世纪70年代后，在深度报道的基础上出现了所谓的调查性报道。调查性报道是一种专门的揭露性报道，它具有主动性、新闻性和科学性的特点。这种报道形式能够在一定的程度上扶正祛邪，能够充分发挥新闻记者的主观能动性，但具有很大的风险性。

二、通讯社事业的产生和发展

随着报业的不断发展，19世纪中叶产生了新的新闻传播事业机构——通讯社。通讯社是专门搜集和发布新闻的通讯机构，其主要任务是向新闻传播媒介提供新闻电讯、新闻图片和其他各种各样的新闻信息。通讯社之所以能够在新闻传播过程中发挥重要的作用，主要是因为它具有其他新闻媒介所无法替代的特点。一般说来，通讯社具有以下三个特点：一是新闻采编网络强大。通讯

---

① 刘明华. 西方新闻采访与写作. 北京：中国人民大学出版社，1993. 21.

社拥有庞大的记者网和大批能够及时处理各种新闻稿件的编辑、翻译和其他技术人员。这样，就形成了一个纵横交错、传递迅速的信息搜寻和传递网络，为现代新闻传播事业的生存和发展提供了保障。二是直接为新闻传播媒介服务。通讯社发布的新闻只有借助其他新闻媒介，才能与受众见面，实现其新闻价值。三是新闻信息产品特色鲜明。通讯社既要满足新闻媒介的需要，又要满足受众的需要，因此，它所采集的新闻稿件应具有鲜明的特色。同时，通讯社既要满足一般新闻媒介和新闻媒介的一般需求，又要满足特殊新闻媒介和新闻媒介的特殊需求。因此，它所提供的新闻必须具有满足一般新闻媒介和新闻媒介的一般需求的"大排档"，又要具有满足特殊新闻媒介和新闻媒介的特殊需求的"小炒"。这些特点都是其他新闻传播事业所无法比拟的，这也正是通讯社能够独立存在和发展的根本原因所在。

世界上最早的通讯社是由法国人查理·哈瓦斯（Charl Havas）于 1835 年创办的哈瓦斯通讯社（Havas Agency）。当时，这家通讯社主要是翻译欧洲各个主要报刊上的稿件，用手抄的方式、通过邮局向各个订户寄送。后来，哈瓦斯通讯社在欧洲各国的一些大城市招收通讯员，并且训练信鸽在各大城市之间传递稿件，逐渐建立了自己的新闻收发网络。接着产生的通讯社，是德国的沃尔夫通讯社和英国的路透社，以及美国联合通讯社和合众国际社。沃尔夫通讯社创办于 1849 年，创办者是德国人贝纳德·沃尔夫（Bennard Wolf）。初期主要是为工商业者提供商业和经济新闻，后来专门向报纸提供通讯稿件，成为当时的四大通讯社之一。路透社于 1850 年创办于德国，创办者是保罗·朱利叶斯·路透（Paul Julius Reuter），第二年路透社迁往伦敦。美联社和合众国际社是美国两家著名的通讯社，前者创办于 1848 年，原名港口新闻联合社，后者创办于 1907 年，原名合众社，1958 年由合众社和国际社合并而成。

目前，世界上著名的通讯社有 6 家，它们是法国的法新社，英国的路透社，美国的美联社、合众社，俄国的俄通社—塔斯社和中国的新华通讯社。法新社的前身是 1835 年创办的哈瓦斯通讯社，因为该社在第二次世界大战中资敌，1949 年 11 月被法国政府宣布没收，在此基础上成立了法国通讯社，即"法新社"（AFP）。目前，该社拥有 2 000 多名记者、编辑和雇员，租用 5 颗通信卫星收发稿件，每天发稿 300 万字以上。路透社是英国最大的通讯社，目前该社在国内外设有 113 个分社，其主要的任务是向国外的新闻机构供应稿件。该社同 120 多个国家和地区的新闻通讯机构建立了业务关系，向 150 多家报纸供稿，每天发稿的字数为 170 多万字。美联社全称为美国联合通讯社（AP），是美国最大的通讯社，目前该社在国内外有 9 个总分社，232 个分社，工作人员约 3 000 人，每天用 6 种文字向 100 多个国家和地区的 16 000 多家用户发稿，每天发稿量约 1 700 万字。合众社全称合众国际社（UPI），是美国的第二大通讯社。该社有 500 多名工作人员，在国内外设有 101 个分社，每天发稿 1 300 多万字。俄通社—塔斯社（ITAR - TASS），其前身是苏联的国家通讯社，创办于 1917 年 11 月。1991 年苏联解体后，该社已经改组为俄罗斯国家通讯社。该社拥有 190 多个国内外分社，工作人员约 5 000 人，每天发稿 400 多万字。

　　中国最早的通讯社是 1872 年路透社在上海设立的路透社远东分社。中国人自己创办的通讯社，最早的是 1904 年骆挺之在广州创办的中兴通讯社。中国最早的官方通讯社，是 1924 年中国国民党中央宣传部在广州创办的中央通讯社。作为世界著名的通讯社，新华通讯社成立于 1931 年 11 月，初名红色中华通讯社（简称为"红中社"）。1937 年 1 月改名为新华通讯社。目前，新华通讯社在国内外设立了 140 多个分社，工作人员约 7 000 人，每天用 7 种文字向国外供稿约 35 万字，并且通过 6 条新闻专线向国内 2 500 多家用户供稿约 60 万字[①]。这 6 条新闻专线是：向首都各中央报纸供稿的一路报；向各个省、市、自治区和部分大城市的党政机关报纸供稿的二路报；向各地、州、市、盟党政机关报纸供稿的三路报；向广播电台、电视台供稿的四路报；向各城市晚报供稿的五路报；向中央和各个省、市大型新闻机构供应"特稿"的六路报。此外，新华通讯社还积极向纸质媒体、电视媒体和网络媒体扩张，并取得了显著成效。

三、广播电视事业的产生和发展

　　随着科学技术的进步，在报纸的基础之上，20 世纪 20 年代又产生了广播电视。广播电视的产生是和无线电波的一系列发现联系在一起的。其中，最主要的发现是，1864 年英国的理论物理学家詹姆斯·克拉克·马克斯威尔发现了电磁学的基本原理；1874 年意大利人马可尼和俄国科学家波波夫同时发明了无线电报，即利用无线电波传递信息；1906 年美国科学家范斯顿发明了外差式线路，并在这年圣诞之夜，首次作了实验广播，将人的语言、音乐等播放出去。在此基础上，1920 年 11 月 2 日世界第一个电台美国匹兹堡 KDKA 电台开始播音。KDKA 广播电台的播音，标志着新闻传播事业发展到了一个崭新的阶段，即电子媒介阶段。

　　KDKA 广播电台产生后，各个国家竞相仿效，建立了一批广播电台。这些

---

① 中国新闻年鉴. 北京：中国新闻年鉴杂志社，1996. 50 ~ 51.

建立广播电台的国家主要有：1922 年，英国政府批准设立广播电台，由 6 家无线电广播公司和电器制造公司组成了商业性的广播公司（BBC）。1927 年，英国政府将 BBC 收归国有。1922 年，俄国莫斯科中央无线电台开始播音。1924 年 3 月，日本的第一家广播电台在东京开始播音，在此基础上，1925 年成立了日本广播协会（NHK）。我国的第一座广播电台是 1923 年由美国记者奥斯本在上海设立的"空中之音"。1928 年 8 月，南京国民政府的中央广播电台在南京正式开始播音。由于这座广播电台是由陈果夫等人倡导建立的，所以陈果夫又被称为"中国广播的保姆"。后来，经过扩建，中央广播电台的功率增加到 75 千瓦，是当时"亚洲发射功率最强的广播电台"。

电视的产生和发展也是一系列技术发明的结果。1817 年，瑞典科学家布尔兹列斯发现了化学元素"硒"。1865 年，英国工程师约瑟夫·梅发现"硒"在光照下能够产生电子放射现象。1884 年，德国科学家保罗·尼普柯年发明了电视扫描盘。1926 年，英国科学家贝尔德利用电视扫描盘，完善了电视画面的完整组合。1936 年，英国广播公司在伦敦亚历山大宫建立世界上第一个大众电视台，并从当年 11 月 2 日开始定期播送节目。1940 年，美国无线电广播公司成功试制彩色电视机。1954 年，美国全国广播公司首先正式播送彩色电视节目。中国电视事业起始于 1958 年，这年的 10 月 1 日北京电视台（后改名为中央电视台）开始播送节目。1973 年，我国采用兼容制，首次播放彩色电视节目。此后，我国电视事业迅速发展，电视人口覆盖率达到 90% 以上。

四、新闻网站的产生和发展

在广播电视之外，近年来又增加了一种新型的电子类新闻传播媒介，这就是新闻网站。所谓新闻网站，是指通过互联网发布和转载新闻的互联网站。

新闻网站的发展可以分为两种类型：一种是由中央国家机关各部门新闻单位以及省、自治区、直辖市和省、自治区人民政府所在地的市属新闻单位依法建立的互联网站（简称新闻网站）；另一种是由非新闻单位依法建立的经批准可以从事新闻转载业务的综合性互联网站（简称综合网站）。世界上最早的新闻网站是 1987 年将报纸内容搬上了尚处于起步阶段的互联网的美国加利福尼亚的《圣何塞信使报》。中国新闻网站起始于 1995 年，这一年的 1 月 12 日由国家教育委员会投资的《神州学人》率先将报刊内容搬上互联网。同年 12 月 20 日，《中国贸易报》正式发行电子版，成为中国第一家在互联网上发行的电子日报。在传统新闻媒体创办的新闻网站之外，一些商务机构也纷纷创办商业网站，从事新闻的转载业务，这类网站被称为综合性互联网站或综合网站。目前，我国比较著名的综合网站有"网易新闻频道"、"搜狐新闻频道"、财新网等。至 2017 年底，中国网站数达到 533 万个，年增长率为 10.6%，网页数量为 2 604 亿个，年增长 10.3%；网络新闻用户规模为 6.47 亿，占全部网民总数的 83.8%，其中，手机网络新闻用户规模达到 6.2 亿，占手机网民的 82.3%。通过网络传播接收和传递信息，已经成为人们日常生活中求得生存和发展的须臾不可或缺的组成部分。网络传播正在深刻地、迅速地改变着人们的生存方式。

第三节　新闻传播事业的性质、特征和功能

一、新闻传播事业的性质

所谓性质是指事物的根本属性，它是一事物区别于其他事物的最根本的内在因素，它决定事物"是什么"。新闻传播事业就其性质而言，属于社会上层建筑领域，是社会上层建筑领域中的特殊部分，是横跨于经济基础和上层建筑领域之间的特殊事业。

按照马克思主义关于经济基础和上层建筑领域及其关系的原理，新闻传播事业在很大程度上属于社会生活中的精神现象，属于一定社会的上层建筑范畴，是为它的经济基础服务的。各种各样的新闻现象，最终只能在人们的物质生产生活关系中得到正确的解释和说明。新闻传播事业作为一定社会的上层建筑领域的一部分，具有自己的特殊性。它既不同于政治、法律、国家机器，也不同于哲学、宗教、文学和艺术，而是一定社会的经济基础通过新闻手段的反映。所谓新闻手段，是消息、通讯、评论、新闻图片及其编排方法和传播形式的总称。它们是新闻传播媒介用来报道和评论事实，宣传一定的政策和思想的重要方式。新闻手段的一个重要特点是报道事实，用事实说话，根据事实发表评论。

新闻手段要表达的是一种无形的意见，越是高明的新闻工作者，越善于运用新闻手段，在内容上传达自己的意见，而在形式上隐蔽自己的观点。从这个意义上说，所有的新闻手段当然也包括编排方法是有政治性或阶级性的，但是

由此推导出编排方法也是阶级斗争的工具的观点，则是错误的。这个观点是1957年"反右"运动中由姚文元提出来的。他抓住《文汇报》和《人民日报》在某些细微编排方法上的不同，认为"编排也有政治性"，并且"含蓄地指出了文汇报的资产阶级方向，看到了文汇报一些人站在资产阶级立场上向无产阶级进行阶级斗争的这个明显的有害的倾向"①。姚文元的用意是险恶的，但编排手段确实可以反映一定的思想倾向，并为一定的经济基础服务。

承认新闻传播事业属于社会上层建筑领域是正确的，但又是不够的。因为仅仅把新闻传播事业归结为上层建筑领域有片面性，在长期的实践中也造成了严重后果。事实上，市场经济（无政府状态和集团竞争经济）条件下的新闻传播事业并不一定为资本主义服务，计划经济（公有制之上的计划经济）条件下的新闻传播事业也不一定为社会主义服务。邓小平指出："计划经济不等于社会主义，资本主义也有计划；市场经济不等于资本主义，社会主义也有市场。计划和市场都是经济手段。""计划多一点还是市场多一点，不是社会主义与资本主义的本质区别。"②

要全面认识新闻传播事业的性质，还必须承认新闻具有商品性、新闻传播事业具有企业性。早在1993年9月，童兵教授就曾在当时出版的《新闻研究资料》第61辑上发表文章，主张新闻的商品性。他认为，在社会主义市场经济条件下，新闻具有商品性，有以下两方面的理由：一方面，新闻具有一般商品的特性。新闻以信息满足人们的需求，具有使用价值。新闻是新闻工作者为同广大的受众交换而生产的，具有交换价值。新闻的使用价值与交换价值是通过市场交换实现的，它同其他商品一样必须通过市场交换。既然新闻具有一般商品的共性，那么我们就应该承认它的商品性。另一方面，新闻是一种特殊的商品。新闻不是普通商品，而是一种特殊商品。其所以如此，是因为新闻是以意识形态呈现为主的，而不是以物质形态呈现为主的商品；新闻工作者在制作这种商品时不仅改变了它的形态，而且注入了自己的意识；新闻是一种以劳动者的智力劳动为主生产的商品，而不是以体力劳动为主生产的商品；新闻是一种以信息服务为主要功能的商品，而不是以物质服务为主要功能的商品。

由于新闻具有商品性，或者说新闻是一种特殊的商品，因此新闻传播事业必然具有企业性，或者说新闻传播事业既是一种政治宣传工具，又是一种信息产业。新闻传播事业从一开始就是资本主义商品经济的一部分，就具有企业性。19世纪30年代以后，随着大众化报纸的兴起，报纸的企业性得到了充分

---

① 姚文元. 录以备考——读报偶感. 人民日报，1957 – 06 – 14.
② 邓小平文选（第三卷）. 北京：人民出版社，1993. 373.

体现。当时，一些著名的报纸本身就是大企业。

　　在我国，关于新闻传播事业企业性的认识，经历了长期而曲折的过程。早在新中国成立之初，我国沿袭过去市场经济体制，所以新闻传播事业被视为具有企业性质。1950 年 12 月，中共中央批准了全国报纸经理会议关于"报纸经营企业化"的方针。这次会议所通过的决议指出："全国一切公私营报纸的经营，必须采取和贯彻企业化的方针。即公营报纸必须把报社真正作为生产事业来经营，逐步实行经济核算。"① 随着高度集中的计划经济体制的建立和接连不断的"左倾"思潮的影响，这种认识很快被放弃。取而代之的，是片面地强调新闻传播事业的政治宣传功能。随着改革开放的深入，这个问题被重新提出，并且逐渐成为新闻界的共识。1978 年底，《人民日报》等七家首都报纸为试行企业化经营管理体制，在给财政部的报告中提出，新闻媒介应该实行"行政事业单位，企业化经营管理"。1985 年 2 月，时任中共中央总书记胡耀邦在《关于党的新闻工作》的讲话中指出："党的新闻机关就经营来说也是一种企业，但它们首先是舆论机关。"② 1993 年 6 月，中共中央、国务院发布的《关于加快发展第三产业的决定》明确将报刊经营管理归入第三产业的范围。决定指出："现有的大部分福利型、公益型和事业型第三产业要逐步向经营型转变，实行企业化管理。"从此，确立了新闻传播事业非机关型和生产企业型的属性，确立了新闻传播事业"行政事业单位，企业化经营管理"的基本定位。2001 年，中共中央办公厅、国务院办公厅转发中共中央宣传部、国家广播电影电视总局、国家新闻出版总署《关于深化新闻出版广播影视业改革的若干意见》（中办发〔2001〕17 号文件）规定，我国报业和广电集团属于事业性质，实行企业化管理，并要求建立健全党委领导与法人治理结构相结合的领导体制、宣传业务与经营业务相对独立的组织机构③。根据国家统计局 2003 年 5 月发表的《三次产业划分规定》，第一产业是指农、林、牧、渔业，第二产业是指采矿业、制造业、电力、燃气及水的生产和供应业、建筑业，第三产业是指第一、二产业以外的其他行业。第三产业包括交通运输、仓储和邮政业、信息传输、计算机服务和软件业、批发零售业、住宿和餐饮业、金融业、科学研究、技术服务、教育卫生业、社会保险业、文化体育和娱乐业（其中包括新闻出版、广播、电视、电影和音像业）等④。可见，新闻传播事业属于

---

①　中国报刊发行史料（第一辑）．北京：光明日报出版社，1987. 7.

②　中国共产党新闻工作文献选编．北京：人民出版社，1990. 82.

③　吴克宇．广电集团化改革．南方电视学刊，2005（2）.

④　15 个门类 48 个大类三次产业划分规定．南方日报，2003－05－21.

第三产业的范畴。

通过以上论述，关于新闻传播事业的性质可以这样表述：新闻传播事业既是一定社会上层建筑领域的一部分，又是一定社会的经济基础的一部分，是横跨于经济基础和上层建筑之间的特殊事业。"行政事业单位，企业化经营管理"，就是对这种性质的准确概括和贴切说明。作为上层建筑领域的一部分，新闻传播事业是一定阶级、政党的宣传部门，是"行政事业单位"。作为经济基础的一部分，新闻传播事业具有企业性，属于信息产业。作为行政事业单位，新闻传播事业应该多刊登反映党和国家政策的新闻，坚持以社会效益为主。作为信息产业，新闻传播事业应提供其他信息服务，取得最佳的经济效益。

中国新闻传播事业的这种特性也体现在其整体结构和内部功能划分上。以报纸为例，目前中国的报纸大致可以分为以中共中央和各级党委机关报为代表的党报和各级党委及其党报指导下的非机关报或非党报两种类型。就其上层建筑领域特别是政治宣传任务而言，党报担负着主要的任务。就其经济基础或企业性而言，非党报体现出更浓郁的市场化特色。从内部功能划分上看，中国新闻传播事业既担负着新闻报道和政治宣传的功能，又担负着自身经营管理和创收赢利的功能。显而易见，新闻报道和政治宣传的功能要求其体现上层建筑领域的特性，经营管理和创收赢利功能则要求其遵循市场化和企业化的管理原则。

但是，应该看到，上述对新闻传播事业性质的认识是在我国由计划经济体制向市场经济体制过渡时期的一种认识，必定有其不确定性。事实上，事业单位与企业组织的宏观管理与微观管理上都存在着许多根本性差别。从宏观管理差异方面看，事业单位属于政府机构，有级别序列和等级划分，有地域划分和条块分割，所需经费由国家财政补助，无须纳税，不存在生死存亡的问题。因此，事业单位开展业务活动不能以营利为目的，不可能进行兼并和重组。而企业作为市场主体必须直接面向市场，以营利为目的，独立核算、自负盈亏、照章纳税，存在着被兼并和被淘汰的风险。所以，企业必然按照规模经济要求突破地域限制，追求统一市场，进行兼并和重组。"行政事业单位，企业化经营管理"意味着事业单位在亏损时需要国家补助，而在赢利时无需向国家纳税，由此造成国家税收的大量流失。从微观管理差异方面来看，事业单位不具备完整的法人财产权，很难独立行使权利，独立承担义务和责任，只需量入为出、维持正常的运转，不能对自己经营决策失误而造成的损失负责；而企业具有完整的法人财产权，独立行使权利，独立承担义务和责任，必须进行严格的成本核算。在人事管理方面，事业单位的机构设置由政府批准，员工一般列为国家事业编制，而企业则根据经营需要自己设计内部经营机构，自己聘用管理人员。所以进行企业化管理的事业单位，根据事业发展的需要增加职工数量，但又不得不把职工分为三六九等，造成内部人事管理的差别歧视。由此看来，事业单位无法彻底进行企业化管理。随着社会主义市场经济体制和民主法制秩序的全面确立，我国对新闻传播事业性质的认识必定不断深化。

二、新闻传播事业的主要特征

所谓特征是指事物的性质的外在表现，是一事物区别于其他事物的特点的象征和标志，它表明事物"怎么样"。新闻传播事业的特征，是指新闻传播事业所具有的独特性质的外在表现。一般认为，新闻传播事业的特征主要表现在"组织"、"活动"和"管理"三个方面。

从"组织"方面看，新闻传播事业具有以下三个方面的特征：第一，新闻传播事业是一个以新闻传播流程为结构方式的组织。它是按照新闻的采集、制作和传播这样一个过程来设置组织机构、配置力量、确定责任、进行工作的。其内部的组织结构大致可以分为编辑部（含记者部）、技术服务部和事业经营部三大部分。这三个部门犹如三大支柱，撑起了新闻传播事业这座大厦，维持着新闻传播事业的日常运转。但是，三个部门的作用并不是平分秋色的，其关键部门是编辑部门。编辑部门直接决定新闻产品的质量，是新闻传播事业的灵魂。第二，新闻传播事业是整个社会信息流通的中介组织，充当着社会的"耳目"和"喉舌"。在新闻传播过程中，创造新闻的主体是社会公众，接受新闻的主体也是社会公众，新闻传播事业只不过是收集、整理、传递和放大新闻。这种"中介性"既要求新闻传播事业和社会各个方面紧密联系在一起，成为全社会的新闻信息中心，又使得社会上不同的政治和经济利益集团利用新闻传播事业作为自己的宣传工具。这种社会性和工具性的矛盾和统一，正是新闻传播事业作为横跨于一定社会的经济基础和上层建筑之间的特殊事业的突出表现。第三，新闻传播事业是一个按照特殊经济规律运行的"精神产品"生产组织。作为一个生产组织，新闻传播事业必须按照企业化的要求实行经营管理，但是其方式与一般"物质产品"生产企业是不同的。"物质产品"生产企业是直接从产品销售利润中取得维持和扩大再生产的资金的，属于"体内经济循环"系统。而新闻传播事业的投入明显地大于产出，不可能仅仅依赖于报刊发行和广播电视的节目销售收入保持收支平衡，而必须以出售版面空间和节目时间的形式来取得广告和其他收入以维持和扩大再生产。这说明新闻传播事业的经营管理属于"体外经济循环"系统。因此，新闻传播事业要忠于自己的本职，不要为广告商或赞助人所控制。

从"活动"方面看，新闻传播事业的活动具有现实性、广泛性和服务性三个特征：所谓现实性，是指新闻传播事业反映和干预社会生活的频率快，几乎与社会生活同步发生，属于社会变动的"秒针"。现实性要求新闻传播事业运用纪实的手法，传达事物的实际面貌。任何虚构、夸张、歪曲和嫁接新闻的方法，都是违反新闻传播事业的纪实性和真实性要求的。所谓广泛性，是指新闻传播事业所涉及的内容和服务的对象无所不及、无处不在。新闻传播事业对社会生活的反映必须是综合性和全景式的报道，无论何人何事何物，都可以纳入它的报道范围。虽然新闻传播事业不可能做到"有闻必录"，但绝不允许"要闻不录"。同时，新闻传播事业的"传送器"是面向全社会开放的，无论何人何时何地都可以从新闻传播事业获取新闻信息，并参与新闻传播活动。虽然新闻传播事业具有倾向性或阶级性，但它绝不可能只向某一特定的社会成员开放。所谓服务性，是指新闻传播事业要为社会服务、为企业服务、为社会物质文明和精神文明建设服务、为最广大的受众服务。以前只讲指导性，不讲服务性，这是对新闻传播事业特性的片面理解。《中华人民共和国宪法》第二十二条明确规定，"国家发展为人民服务、为社会主义服务的文学艺术事业、新闻广播电视事业、出版发行事业、图书馆博物馆文化馆和其他文化事业"。这是对新闻传播事业服务性的最根本的规定，它要求新闻传播事业贴近时代、贴近生活、贴近受众。新闻传播事业的服务性可以通过许多途径来实现，提供信息是服务，刊播广告特别是各种公益广告是服务，进行受众调查是服务，开展各项社区工作也是服务。

从"管理"方面看，新闻传播事业具有行政事业单位的性质和实施企业化管理的特征。以我国近年来普遍建立的报业集团为例，它们仍然是党和国家的宣传工具，也是企业集团的一种特殊形式。一方面，报业集团具有企业集团的一些基本性质，如在成员组成上，报业集团也是一个法人联合体；在组织结构上，报业集团基本上也是由核心层、紧密层、半紧密层和协作层组成；在管理体制上，报业集团也要求在内部各成员中建立现代企业制度，并采用集权与分权相结合的模式；在产权结构上，报业集团也要进行股份制改造，建立现代化的产权关系等等。另一方面，报业集团由于其特殊性，它不是一般的市场主体，它既是市场经济中的一种经济实体，更是新闻舆论机关，是上层建筑的一部分。报业集团必须以办好党报为主要任务，必须按照新闻宣传规律和市场经济规律办事，它必须坚持社会效益和经济效益的统一。我国现行的社长领导下的总编辑和总经理负责制的新闻传播事业领导体制充分体现了这种两翼并举、协调发展的特点。以社长为首的报社委员会负责总体协调工作，以总编辑为首的编辑部负责新闻采编工作，以总经理为首的经理部负责经营管理工作。在新闻宣传方面，要坚持政治家办报，确保报纸的政治方向。在经营管理方面，要由企业家经营，确保报业集团的经济效益。

三、新闻传播事业的基本功能

所谓功能是指事物所具有的作用或效能，是一事物在与其他事物的联系中所能发挥的作用，它显示事物"有何用"。新闻传播事业的功能是指新闻传播事业在社会生活中所起的作用，或者是指新闻传播媒介能够对受众施加的影响和提供的实际帮助。

传播作为人类所特有的社会现象，本质上具有外向扩张和内向融合的两重性。瑞士心理学家皮亚杰（Jean Piaget）认为，儿童的谈话（即传播）分为社交性谈话和自我中心性谈话两种。在社交性谈话中，"孩子是在对听者讲话，注意自己谈话的观点，试图影响对方"。在自我中心性谈话中，"孩子并不知道是对谁讲话，也不想知道是不是有人在听他讲"，而只是为了满足自我兴趣。[①]

这说明，人们的传播行为既具有工具性的特点，又具有娱乐性的特点。工具性传播是人们为改变自己的生存状况而进行的社会交往，带有明显的功利性。"人类讲话只不过是'一种工具，本质上与绳子、棍子、盒子等其他工具没有什么不同'。例如，就指挥命令而言……讲话的人通过指挥命令让他的下属做某件事。"[②] 娱乐性传播是人们为求得身心的满足与快乐而进行的自我传播，无功利性可言。"数量相当惊人的传播行为主要是为了满足自己……都是在利用传播作为满足我们自己的工具，并没有故意牵连其他任何人。"[③]

从传播的工具性特点出发，政治学家 H. 拉斯威尔认为传播有三种社会功能，即环境监视、使社会各个不同部分相关联以适应环境和使社会遗产代代相传。从传播的娱乐性功能出发，传播学家 C. 赖特在拉斯韦尔关于传播的三种社会功能之外增加了娱乐功能。在此基础上，传播学家韦尔伯·施拉姆等人将传播的功能归纳为以下四种，即监视功能、协调功能、教育功能和娱乐功能，并将它们在口传社会和媒介社会的作用及其内外向表现形式作了具体的分析，如表 6 - 1 所示：

---

① ［美］韦尔伯·施拉姆等 . 传播学概论 . 陈亮等译 . 北京：新华出版社，1984. 25 ~ 26.
② ［美］韦尔伯·施拉姆等 . 传播学概论 . 陈亮等译 . 北京：新华出版社，1984. 26.
③ ［美］韦尔伯·施拉姆等 . 传播学概论 . 陈亮等译 . 北京：新华出版社，1984. 28.

表6-1　传播功能一览表

传播功能	口传社会	媒介社会	外向方面	内向方面
监视功能	个人接触、看守人、会议等	个人接触、新闻媒介	寻求和传递信息	接受信息
协调功能	个人影响、舆论领袖等	个人影响、新闻媒介	劝说、指挥	解释、决定
教育功能	家庭教育、专家示范	家庭、学校和媒介教育	寻求知识、传授知识	学习
娱乐功能	民歌手、说书人、群体参与	表演艺术、娱乐媒介	娱乐	享受

根据上述对传播功能的分析，我们可以将新闻传播事业的基本功能归纳为报道新闻、引导舆论、刊播广告、传播知识和提供娱乐五个方面。一般说来，报道新闻是新闻传播事业最基本和最主要的社会功能，其他功能是其在社会生活各方面的具体表现。例如，引导舆论是其政治功能，刊播广告是其经济功能，传播知识和提供娱乐是其文化功能等。当然，这种划分不是绝对的。事实上，新闻传播事业的所有功能之间都是相互渗透的。

第一，报道新闻。报道新闻作为新闻传播事业最基本和最主要的功能是由以下三个方面的原因决定的：首先，从受众的角度看，新闻报道是受众对新闻媒介最大的期望，也是新闻传播事业能够存在和发展的根本原因。因此，尽量满足受众多方面的新闻信息需求是新闻传播事业的天职。其次，从传播者的角度看，办好新闻栏目（节目）是提高新闻媒介的阅读率和收视率的关键。新闻媒介要吸引受众的方法很多，但是最根本的还是提高新闻栏目和新闻节目的质量。如何在有限的版面空间和节目时间内，充分发挥新闻传播事业的功能，尽可能多、快、好地向受众传播新闻呢？一般认为，可以从扩大信息的流通量、拓宽信息的范围和提高信息的消化率三个方面着手。再次，从新闻传播学研究者的角度看，新闻报道质量的好坏是衡量一个新闻媒介水平高低的重要标准，也是衡量一个国家新闻传播事业发达与否的重要标准。因此，任何一家新闻媒介要在新闻竞争中立于不败之地，必须大力提高新闻报道的质量，而不仅仅是改善经营管理甚至投机取巧。任何新闻传播媒介如果抹杀了新闻传播的功能，以新闻传播媒介之名谋求其他利益之实，那它必将事与愿违，毫无立足之地。

第二，引导舆论。所谓舆论，是指"社会或社会群体中对近期发生的、为人们所普遍关心的某一有争议的社会问题的共同意见"①。在社会生活中，新闻和舆论这两种不同的社会现象之间有着密切的联系。一方面，新闻媒介是舆论传播的载体，它能够为舆论的产生、形成和发展提供必要的依据和条件。另一方面，反映舆论是新闻报道的重要职责，新闻媒介只有抓住舆论"热点"问题，才能深入地干预生活、协调社会的发展。由于舆论具有广泛性、争议性和公开性的特点，所以反映舆论、表达舆论、引导舆论和代表人民群众实行舆论监督，就成了新闻传播事业最重要的政治功能。所谓反映舆论，就是新闻媒介及时报道舆论，并表示对于某一舆论的态度，使人们了解舆论的基本趋势，从而决定自己的态度。所谓影响舆论，是指新闻媒介在反映舆论的过程中所表现的倾向性，并通过这种倾向性扩大或扶植正确舆论，缩小或抑制错误舆论。所谓组织舆论，是指新闻媒介运用新闻传播的优势将暂时分散的、弱小的正确舆论广泛宣传，并且批判其敌对的舆论，使之成为舆论的主流。组织舆论是必要的，但是绝不能以此为借口而违背民众的意志制造舆论，欺骗人民。所谓舆论监督，就是公民通过新闻媒介对国家机关、国家机关工作人员和公众人物的与公共利益有关的事发表批评和建议，这是公民言论自由权利的体现，是人民参政议政的一种形式。新闻传播媒介充分发挥舆论监督的功能，目前在我国社会民主政治生活中具有重要意义。它有助于共产党和政府决策的民主化和科学化，有助于吸引广大人民群众参政议政，有助于克服共产党内和政府工作中的不正之风和腐败行为。但是，新闻传播媒介在开展舆论监督时也要依法办事，既要积极主动，又要理智慎重，切不可感情用事，图一时之快。

第三，刊播广告。刊播广告是新闻传播事业的一项重要的业务，也是新闻传播事业向社会各界提供有偿信息咨询服务的最主要的途径。对于企业来说，利用新闻媒介刊播广告有助于企业形成良好的形象，有助于提高产品的知名度，有助于沟通企业和消费者之间的联系，有助于企业在激烈的市场竞争中求得生存和发展。对于消费者来说，新闻媒介刊播广告，有利于他们在接受新闻时增加美感，有利于他们了解产品的性质，有利于他们养成正确的消费观念和消费行为，有利于调动消费者的潜在购买能力，从而促进社会生产力的发展。对于整个社会来说，新闻媒介刊播广告，有助于宏观经济结构中的更高环节保持平衡，有助于美化人们的生活，有助于人们培养高尚的生活情操。对于新闻传播事业本身来说，刊播广告既是它应尽的社会义务，也是它增加经济收入的主渠道。可见，广告对于整个社会特别是对于新闻传播事业具有重要的意义，因此，刊播广告是新闻传播事业的应有之义，新闻传播事业应该积极慎重地开

---

① 甘惜分. 新闻学大辞典. 郑州：河南人民出版社，1993.37.

展这项业务活动。但是，目前我国新闻传播媒介在刊播广告方面还存在着许多严重的问题。有的新闻媒介不遵守国家的《广告法》，刊播一些不健康的广告；有的新闻媒介广告和新闻不分，以新闻的形式刊播广告；有的新闻媒介刊播的广告夸大其词，推销伪劣产品，哄骗消费者；有的新闻媒介刊播的广告用语极不规范甚至生编硬造成语，误导大众文化。特别是在当今市场竞争激烈、消费主义盛行的社会转型时期，有些新闻媒介一味追求经济效益，屈从于商业利益集团，牺牲广大受众的利益，以各种形式推销其广告，操纵市场，误导消费者。在他们眼中，只有广告主及其所青睐的所谓"有效发行"的黄金群体"白骨精"——白领阶层，企事业骨干，社会精英。而那些老年人、工人、民工、农民、低收入者，媒体认为是"无效"人群，被排斥于媒体之外。在这种理念之下，媒体重视富人，扶持强势企业，甚至和利益集团共谋，压低农产品价格、哄抬房价、推销伪劣产品，以质量检查为名，使一些企业倾家荡产。这些问题应该引起新闻媒介在刊播广告时的高度重视，千万不能牺牲广大受众的利益而沦为商业利益集团的代言人。

第四，传播知识。在现代社会生活中，传播媒介具有越来越重要的影响。事实上，"传"与"播"具有不同的含义和功效。所谓"传"，是指纵向的、历时的文化精神的传递与传承。所谓"播"，是指横向的、当下的某种社会舆情或热点的撒播或推广。就即时效果而言，"传"的规模和影响力可能无法与"播"的规模和影响力相媲美。但是，由于"传"的内容是人类优秀文化的结晶，"传"的对象是社会的精英群体，所以就历时效果而言，"传"的作用远比"播"的效果要长久、深远和巨大。因此，承担起对社会大众的文化素质和人文精神的传输和培育，是新闻传播媒介的重要职责。人们知识的积累主要是通过家庭教育、学校教育和新闻媒介教育三种途径进行的。在这三种途径中，新闻媒介教育具有其他媒介不可替代的优势。首先，新闻媒介传播的知识具有新鲜性。新闻媒介每天报道的大量的新情况、新经验、新思想和新成果，就是人们创造的新鲜的、"活"的知识。新闻媒介对此加以报道，既是在报道新闻，也是在传播文化知识。其次，新闻媒介传播的知识具有广泛性。新闻媒介在传播新鲜的、"活"的知识的同时，也介绍与这些知识相关的历史、地理、科技常识和其他背景材料。这些背景材料对于帮助那些文化水平不高的受众理解新闻、开阔视野是有极大的帮助的。再次，新闻媒介传播知识具有灵活性。新闻媒介传播文化知识的目的是为了促进社会物质文明和精神文明的进步，而精神文明的内容极为丰富，它不仅包括教育、科学文化、艺术等，也包括政治、法律、宗教、伦理、道德等。新闻媒介可以设置各种专栏、专刊、专版或者专门节目来传播这些方面的知识。因此，人们把新闻传播事业当作无所不包的百科全书，把新闻工作者当作诲人不倦的教师，把新闻媒介当作无边无际的大学校。

第五，提供娱乐。受众是新闻传播事业存在的基础和服务的对象，在现实生活中，受众的需求是多种多样的。他们既有了解外界最新变化的需求，也有利用新闻传播事业寻求娱乐的需求。因此，新闻传播事业在报道新闻、引导舆论、刊播广告、传播文化的同时，还必须提供丰富多彩的文学影视艺术、体育竞赛、音乐绘画等方面的服务，以丰富和提高人们的精神文化生活。这既是新闻媒介为受众服务所应承担的义不容辞的责任，也是新闻媒介之间相互竞争、吸引受众的主要手段之一。在这方面，新闻媒介如果为迎合某些受众的低级趣味而采取媚烂媚俗的态度当然是不可取的。但是，如果以传播工具性的眼光来要求新闻媒介的娱乐功能则大可不必。英国实验心理学家 W. 斯蒂芬森（William Stephenson）指出："当大众传播被用于社会控制时，它必须坚定地面对根深蒂固的、非常难以改变的信仰和态度；当它被用于游戏时，它可以'向广大群众暗示某些行为标准'。"① 因此，他认为"大众媒介的游戏行为是有益的，如果主要从说教和社会效果的角度来研究大众传播，那是错误的，应当从它的游戏和愉快因素的角度来研究"②。在社会主义市场经济条件下，我国新闻媒介的娱乐功能明显加强，娱乐新闻专栏、专版、专门频道甚至专门的娱乐新闻传播媒介已经大量涌现。但是，人们也忧虑地注意到，娱乐新闻色情化、绯闻化、"八卦"化越来越严重。在这种情况下，固然要求娱乐新闻采编人员注意净化娱乐新闻，同时也要求受众以娱乐的心态看待娱乐新闻。

第四节　两种不同的新闻传播事业

一、新闻传播事业的阶级性

新闻传播事业是横跨于经济基础和上层建筑之间的特殊的社会事业。一定

① ［美］韦尔伯·施拉姆等. 传播学概论. 陈亮等译. 北京：新华出版社，1984. 26.
② ［美］韦尔伯·施拉姆等. 传播学概论. 陈亮等译. 北京：新华出版社，1984. 28.

社会的经济基础是一定社会的生产关系的总和，在阶级社会中，生产关系最主要表现为阶级关系。"所谓阶级，就是这样一些集团，由于它们在一定社会经济结构中所处的地位不同，其中一个集团能够占有另一个集团的劳动。"① 经济上占有生产资料的阶级，往往就是政治上的统治阶级和精神上的支配阶级。统治阶级由于掌握了生产资料，必然按照自己的意志来创办自己的新闻传播事业，宣传本阶级的思想和维护本阶级的利益。所以，在阶级社会中，新闻传播事业具有阶级性，并且常常被用来作为阶级斗争的工具。

在阶级社会中，新闻传播事业的阶级性主要表现在以下五个方面：

第一，新闻传播事业所有者的政治经济地位决定其新闻传播事业的阶级性。在阶级社会中，新闻传播事业的阶级性主要是由新闻媒介所有者的政治经济地位所决定的。在资本主义社会，新闻传播事业属于媒介资本家或媒介资本集团私人所有，媒介资本家必定要利用新闻传播事业来谋取和维护自己的利益。在社会主义国家，新闻传播事业属于执政的无产阶级政党和人民政府所有，必定要自觉地充当无产阶级政党和人民政府的喉舌。这是新闻传播事业阶级性的根源和主要表现。

第二，选择事实，趋利避害。大千世界，每天发生的事无穷无尽，任何一家新闻媒介都不可能"有闻必录"，而必须有所选择。趋利避害是每一个新闻传播媒介必须优先考虑的。有利的就多报、快报，没利的就不报或者少报。于是，就有了所谓的"新闻""旧闻"和"不闻"的区别。

第三，新闻写作特别是新闻评论写作。经过选择的新闻事实通过新闻工作者不同的写作，也可以表现出倾向性和阶级性。新闻传播事业的倾向性和阶级性首先表现在对于新闻内容的取舍上。有些新闻事实，不同的新闻媒介都可以加以报道，但报道内容的侧重点是不同的。其次，新闻传播事业的倾向性和阶级性更重要的是表现在新闻评论写作上。如果说选择事实是阶级性比较隐晦的表现手法的话，那么新闻评论则是最直接的表现手法。在新闻评论中，新闻媒介或者直接发表声明或宣言，或者根据本阶级、本政党的路线、方针、政策发表社论，就事论事，阐明新闻事实中包含的有利于本阶级的意义。

第四，运用新闻编排手段，寓褒贬于叙述之中。运用编排手段，也可以表现出新闻媒介的倾向性。所谓编排手段，是指报纸或者广播电视栏目组版所采用的体现编辑思想的物质材料，例如，声音、图像、字符、线条、色彩等。版面是报纸或者新闻节目各种稿件的布局，是编辑人员精心设计的报纸或者广播电视新闻节目内容的总体结构。版面通过对稿件的"扬"或"隐"，能够集中

① 列宁全集（第29卷）. 北京：人民出版社，1956. 382～383.

地体现新闻媒介的宣传意图、立场和观点。标题制作也是新闻媒介表现自己的倾向性或者阶级性的重要手段，它能够以精练的语言和突出的版位强烈地表达一定的思想。

第五，受众的阶级性。一定的新闻传播事业总是为一定的受众服务，受众的阶级性往往会影响新闻传播事业的阶级性。如果新闻媒介的态度与受众的观点一致，维护了受众的利益，反映了受众的愿望，他们就会很快地接受和支持新闻媒介的观点。相反，他们就会厌恶、排斥和抵制新闻媒介的宣传。新闻媒介宣传真理，开始时可能只为少数人所接受，但日积月累，最终能够赢得大多数人民群众的拥护。相反，新闻媒介如果宣传谬误，在一段时间内可能会迷惑人民群众，但真理必定战胜谬误，这样的新闻媒介必然为广大受众所鄙弃。

在阶级社会中，新闻传播事业有其阶级性。但是，如果把阶级性绝对化、普遍化、庸俗化，特别是把新闻传播事业当作阶级斗争的工具，则是十分错误的。在中国社会主义新闻传播事业曲折发展的历程中，这方面的教训特别深刻。因此，在民主与法制社会中，对新闻传播事业的阶级性问题应该有一个正确的认识和科学的态度。

首先，应该看到，任何一种新闻传播事业都有自己鲜明的倾向性。这些倾向性包括民族性、国家性、地域性、阶级性、阶层性、职业性等。可见，阶级性不是新闻传播事业的唯一特性，它仅仅是新闻传播事业倾向性中的一种表现形式。在不同的时期和不同的问题上，不同的新闻传播事业可能表现出不同的倾向性，这是完全正常的。但是，如果简单地将这些不同的倾向性归纳为阶级性则是十分片面的。

其次，应该看到，在阶级社会中新闻传播事业有阶级性，但并不是所有社会中的新闻传播事业都有阶级性。新闻传播事业产生于阶级社会之中，在阶级社会中新闻传播事业有阶级性，有时候会被用来作为阶级斗争的工具。但是，新闻传播活动自古有之，而且阶级消亡之后新闻传播事业将会永久存在，那时候的新闻传播事业就不再会有阶级性。

再次，还应该看到，阶级社会中，新闻传播事业有时候有阶级性，但并非每时每刻都有阶级性。即使是在阶级社会中，也并不是所有的新闻传播事业每时每刻都有阶级性，只有那些政党、政团和政府主持的新闻传播事业在阶级斗争尖锐、激烈的时候才表现出强烈的阶级性。一般的新闻传播事业，在平时阶级斗争比较和缓的时候，其阶级性的表现是不明显的。

目前，世界上有两种不同的新闻传播事业，这就是资本主义新闻传播事业和社会主义新闻传播事业。它们经历了不同的历程，形成了各自的特色，既相互斗争又相互联系和借鉴。

二、资本主义新闻传播事业

如前所述，西方主要资本主义国家的新闻传播事业大致经历了"革命化报纸""政党化报纸""大众化报纸"和"垄断化报纸"四个发展阶段。当今，西方资本主义新闻传播事业仍然处于高度垄断化的发展时期。

西方各主要资本主义国家新闻传播事业的垄断化进程大致经历了以下四个由低级到高级的发展阶段：第一步，由资本的集中形成大的"报系"或"报团"，即拥有两种以上日报或多种报刊的报业公司。第二步，银行资本和产业资本结合，形成金融寡头式的报业托拉斯，即由一定数量的新闻机构和与新闻传播事业相关的生产企业所组成的垄断企业。第三步，金融资本与国家政权相结合，形成垄断资本主义国家对新闻传播事业实行全面控制的局面。第四步，由各种媒介资本相互渗透组成的交叉所有制或媒介合成体，即一家报纸与一家电视台或者电台同为某一所有者单独所有或者包括新闻传播业在内或以新闻传播业为主的跨行业的多种经营的垄断公司。

在新闻传播事业垄断化发展过程中，当代西方主要资本主义国家新闻传播事业集中化的趋势逐渐加强。所谓新闻传播事业集中化，就是一国新闻传播媒介由众多所有者分散拥有逐步走向由少数所有者拥有或控制大部分新闻传播媒介的过程和趋势。20 世纪 90 年代以来，西方主要资本主义国家无一例外地形成了高度垄断化的报业公司或传媒集团。在英国，全国报纸已被新闻国际公司（News International Ltd.）、三一镜报公司（Trinity Mirror）、每日邮报和大众信托公司（Daily Mail & General Trust）、北壳公司（Northern Shell）等 9 家报业集团所控制。其中，上述 4 家报业集团公司垄断了全国报纸 86% 的发行量。[①] 在美国，全国性报纸均集中在甘乃特报业集团公司（Gannett Co. Inc.）、奈特—里德报系（Knight–Ridder Inc.）、时代—镜报公司（Times Mirror Co.）等 11 家报业集团公司旗下。[②] 其中，居于魁首地位的甘乃特报系除拥有全美发行量最大的报纸《今日美国》外，还在全国 43 个州拥有 99 份日报，在英国拥有 11 家日报和 100 多份周报。[③]

在西方新闻传播事业集中化过程中，媒介交叉所有制和媒介合成体的现象非常普遍。所谓媒介交叉所有制又叫媒介联合所有制，其特点是一家报纸与一

① 唐亚明. 走进英国大报. 广州：南方日报出版社，2004. 237.

② 郑超然等. 外国新闻传播史. 北京：中国人民大学出版社，2000. 351.

③ 顾晓进. 走进美国大报. 广州：南方日报出版社，2002. 108~109.

家电视台或者电台同为某一所有者单独所有。尽管 1975 年美国联邦通信委员会（Federal Communication Commission，简称 FCC）通过了"不准同一社区之内广播与报纸合并"的严格限制媒介联合所有制的规定，但是由于使用了"不追溯条款"，几乎一切已有的媒介联合公司均得到豁免。1996 年 2 月，美国国会通过《电信法》，打破媒介之间的壁垒，允许各种不同媒介互相渗透，放宽媒介所有制限制，从而促进了媒介之间的互相竞争。目前，美国各大报业集团均已发展为跨媒介经营的大公司，例如，甘乃特报业集团公司在美国已拥有 99 家日报、35 家周报、10 家电视台、16 家广播电台、1 家通讯社。所谓媒介合成体，是一种包括新闻传播业在内的或者以新闻传播业为主的跨行业的多种经营的垄断公司。根据不同的经营范围，媒介合成体可以分为两种类型：一种是跨不同的传播行业，兼营几种不同的传播工具的纯粹传播媒介合成体，例如前面提到的甘乃特公司；另一种是除了经营大众传播工具以外，还兼营与大众传播无关的行业。例如，美国著名的时代公司（Time Corp.）的经营范围包括杂志出版、森林造纸、电视电影三大行业。2000 年，美国时代华纳公司与美国在线合并，打造了一个资产总值 3 500 亿美元的媒介巨人——时代华纳公司（AOL），经营业务几乎包括了传播媒介产业的各个领域：互联网服务提供（ISP）、电视和广播、有线电视部门、出版、影视娱乐以及音乐等。①

由于西方本土媒介市场的饱和趋向，跨国传媒越来越依赖于国际市场的开发。当前，西方资本主义国家新闻传播事业的发展呈现出跨国垄断的新趋势。西方一些影响巨大的跨国传媒集团，已经不单纯是某一国的媒介集团，而逐步发展成为跨国、跨行业的全球化的信息产业集团。一方面，它们通过兼并、购买其他国家的报纸、广播、电视及其他信息传播产业进入全球市场；另一方面，通过信息技术，如卫星电视、互联网直接进入其他国家。2003 年 4 月，传媒大亨默多克以 66 亿美元收购了美国休斯电子公司旗下的直接电视公司（DirecTV），实现了其长达 20 年之久的卫星电视网覆盖全球的梦想。默多克新闻公司旗下的卫星电视网络，包括美国福克斯电视网、英国天空电视台、香港卫星电视在内，在全球拥有近 10 亿用户。迪士尼 ABC 的海外业务也十分可观，1998 年，其总赢利中有 38 亿美元即 17% 来自美国本土以外的国际市场②。跨国传媒通过资本、技术和文化产品的输出，在全球建立起了新的垄断。

资本主义新闻传播事业在各个不同时期和不同国家各有特色，但从整体上看，它们具有以下三个方面的基本特征：

① 张齐智. 超级航母要下水. 北京青年报，2000 – 12 – 16.
② 王枭. 默多克倾心全球卫星电视王国. 中华工商时报，2003 – 04 – 21.

第一，以私人资本占有为主要形式。除极少数政党团报纸外，大多数新闻传播事业都是资本家独资或合资经营的私人企业，董事会是最高权力机构。新闻传播事业作为一种企业，其产品是以商品的形式出现的。资本家以新闻为商品，受众为顾客，以赢利为目的。为此，他们千方百计迎合受众，并尽量降低成本、扩大销售。广告是新闻传播事业的财源，广告经营部门控制着新闻编辑部门。受价值规律的支配，新闻传播事业之间必然展开激烈的竞争。竞争的结果是，新闻传播事业不断走向高度垄断化。经济上实力强大的大资本财团不仅控制了一大批新闻媒介及其相关企业，而且和国家权力机构相结合垄断了社会舆论。

第二，以新闻自由相标榜。在同封建专制主义的斗争中，资产阶级革命家高举新闻自由的旗帜，曾经发挥了重要作用。资产阶级掌握政权以后，资本主义新闻传播事业继续坚持这个口号。在政治立场上，它们标榜超阶级、超党派，表示"不偏不倚""不受政府干涉"。在经营方式上，它们表示遵循价值规律，实行"自由竞争"和"自由发展"，按照经济规律实行优胜劣汰。在新闻业务上，它们标榜"客观公正""写作自由"，只对事实负责，不受任何干涉。从表面上看，新闻传播事业享有充分的自由，谁有钱谁就可以创办新闻传播事业，只要遵守法律的规定，想怎么报道就怎么报道。实际上，新闻自由只是资本的自由，资本主义新闻自由是为资产阶级服务的，人民群众不可能享有真正的新闻自由。

第三，竭力为资本主义制度服务。在资本主义社会，新闻传播事业既是资本主义企业，也是资本主义国家上层建筑的一部分，是为整个资本主义制度服务的。具体来说，它通过信息服务，使资本家在经济活动中信息灵通，有利可图；它通过广告服务，使资本主义工商业获得最大的销售利润；它通过舆论引导和舆论监督为资本主义政治经济制度服务；它通过提供文学、艺术及其他精神食粮为资本主义社会的各种人群特别是资本家提供娱乐和消遣。在对外交往中，它配合垄断资本主义国家侵略扩张的需要，将资本主义的价值观和利益观强加于人。所有这些表现说明，虽然某些资本主义新闻传播事业在某些问题上同资本主义国家之间存在分歧甚至对立，但在根本问题上它是为资本主义制度服务的。

三、社会主义新闻传播事业

社会主义新闻传播事业是在无产阶级新闻传播事业的基础上发展起来的。无产阶级新闻传播事业从 18 世纪末至 20 世纪中期，大致经历了一个产生、发展和壮大的历史过程。

18 世纪末开始的工业革命，一方面使社会生产力迅速发展，另一方面使社会明显地分化为两个对立的阶级——资产阶级和无产阶级。在早期的工人斗争中，产生了最早的工人报刊，其中最著名的是 1837 年在英国出版的《北极星报》和 1842 年在德国科隆出版的《莱茵报》。前者是英国宪章运动中的左翼机关报，存在了 15 年之久，最高销售量达到 10 万份以上。它高举"人民宪章"的旗帜，号召人民通过政治斗争实现人民宪章的主张，并且呼吁各国工人阶级联合起来。后者是德国激进的资产阶级民主派报纸，青年马克思曾担任该报的编辑，使报纸表现出民主主义倾向。

19 世纪 40 年代末期，马克思主义产生，无产阶级政党成立，无产阶级党报产生。第一个无产阶级党报，是 1847 年 9 月在英国伦敦出版的共产主义者同盟机关刊物《共产主义杂志》。杂志试刊号的封面上，印有"全世界无产者，联合起来"的战斗口号。1848 年 6 月，马克思创办了大型日报《新莱茵报》。该报坚持宣传《共产党宣言》的基本思想，揭露和批判了封建主义的专制残暴统治和资产阶级的虚伪性，真诚地表达了人民的呼声和愿望。在普鲁士封建统治者的迫害下，该报于 1849 年 5 月停刊，共出版 301 期。

19 世纪末期，随着马克思主义的广泛传播，各国共产党纷纷建立了自己的党报。其中，主要的有 1863 年创刊的德国社会民主党的机关报《社会民主党人报》和 1900 年在德国莱比锡出版的俄国社会民主党人机关报《火星报》以及 1912 年在彼得堡创办的《真理报》。

中国无产阶级新闻传播事业的产生和发展大致也经历了上述三个阶段。中国共产党从一开始就十分重视党报的建设，在第一次国内革命战争中，共产党创办了《向导》周报和《热血日报》。在抗日战争时期，中国共产党创办了大型的《新华日报》和《解放日报》。1942 年延安《解放日报》改版，初步形成了中国无产阶级新闻学理论。继延安《解放日报》之后，1948 年 6 月创刊的《人民日报》，于 1950 年 3 月改为中共中央机关报。

社会主义制度建立后，各个国家的无产阶级新闻传播事业成为社会主义国家和执政的共产党所拥有的社会主义新闻传播事业。各个国家各个时期的社会主义新闻传播事业虽然各有特色，但都具有以下五个基本特征：

第一，新闻传播事业以公有制为主要形式。社会主义新闻传播事业属于无产阶级和劳动人民所共有，由忠实于无产阶级事业的革命者或党的领导机关选派公职人员集体经营。无产阶级国家通过宪法保障人民群众享有充分的民主自由权利，其中包括新闻自由。但是，人民群众享有充分的新闻自由，并不等于每一个公民都一定要创办或者主持新闻媒介。社会主义国家和无产阶级政党所创办的新闻媒介代表广大人民群众的根本利益，所以就是人民群众的新闻媒介。因此，以公有制为基础的社会主义新闻传播事业既是共产党的喉舌，又是人民群众的喉舌。

第二，新闻传播事业必须坚持为社会主义服务、为人民服务的基本方针。在社会主义社会，新闻传播事业坚持为社会主义服务、为人民服务的基本方针，这是由社会主义的经济基础和政治制度所决定的。一方面，新闻传播事业作为上层建筑的一部分必须为特定的经济基础服务，否则它就失去了存在的基础。另一方面，人民群众作为新闻传播事业的所有者和服务对象，如果不为广大的人民群众服务，新闻传播事业就失去了发展的动力。坚持这个基本方针，首先要求新闻传播事业坚持社会主义的政治方向，在社会主义初级阶段，就是要坚持以经济建设为中心，大力发展生产力。其次，要求新闻传播事业坚持为人民服务的宗旨，坚持代表人民的利益，集中人民的智慧，体现人民的监督，引导人民前进。再次，社会主义社会的经济基础和政治制度决定了社会主义新闻传播事业必须遵循为社会主义服务、为人民服务的基本方针。

第三，新闻传播事业是党和人民的"耳目""喉舌"。社会主义新闻传播事业作为无产阶级的政治工具，主要体现在它能够充当共产党和人民群众的"耳目"和"喉舌"上。一方面，它担负着宣传党的纲领路线、方针政策，教育和引导人民群众，指导实际工作和了解舆情民意的任务。另一方面，它又担负着反映人民群众的利益和要求，报道人民群众的新成绩和新经验，提供人民群众所需要的各种信息服务，帮助人民群众行使各种民主权利的任务。从这个意义上说，社会主义新闻传播事业的"党性"和人民群众的根本利益是一致的。

第四，新闻传播事业以马克思主义为指导方针。无产阶级革命导师所阐述的新闻思想奠定了社会主义新闻理论的基础，是社会主义新闻传播事业的指导思想。这就要求新闻传播事业一方面要完整、准确地宣传马克思主义，用于武装无产阶级和广大人民群众；另一方面，也要求它坚持用马克思主义的立场、观点和方法解释和阐明各种社会现象，对人民群众进行生动、形象、具体的马克思主义教育。因此，以马克思主义为指导，宣传马克思主义，用马克思主义教育人民群众，是新闻工作的一项重要内容。

第五，新闻传播事业坚持以社会效益为主。社会主义新闻传播事业的规模、新闻传播事业的改革，是从满足人民群众日益增长的物质文化需求这一目标出发的，而不像资本主义新闻传播事业一切从追求利润出发。社会主义国家的新闻传播事业也需要讲求经济效益和获取利润，但是它不是把追求经济利润放在首位，而是把追求社会效益放在首位。社会主义国家的各个新闻传播事业之间也需要竞争，但是竞争的目的不是相互拆台，而是相互促进、共同繁荣。

思考题

1. 什么叫新闻传播事业？新闻传播事业和新闻事业有何区别？
2. 为什么说新闻传播事业是资本主义商品经济发展的产物？
3. 新闻传播事业的产生主要经历了哪些发展阶段？
4. 新闻传播事业作为上层建筑领域的一部分有何特殊性？
5. 新闻传播事业的组织特征和活动特征有哪些？
6. 新闻传播事业的主要社会功能有哪些？
7. 怎样认识当代西方资本主义新闻传播事业的集中化趋势？
8. 怎样正确认识新闻传播事业的阶级性？
9. 资本主义新闻传播事业有哪些基本特征？
10. 社会主义新闻传播事业有哪些基本特征？

第七章
新闻传播事业的基本原则

内容提要

新闻传播事业作为一种有组织、有系统的专门信息传播活动，必须遵循自身运行规律，并且要处理与一定的政治势力和经济集团的关系。在遵循这些规律和处理这些关系时，新闻传播事业形成了自身的业务和政治原则。从业务规范方面看，有真实性原则和人民性原则；从政治规范方面看，有党性原则；从业务规范和政治规范结合上看，有客观性原则。在中国，新闻传播事业的顺利发展，必须遵循这些基本原则。

第一节　新闻传播事业的真实性原则

一、新闻传播事业必须坚持真实性原则

一切新闻都必须真实，这是新闻存在的基本条件，也是新闻传播事业的力量和优势所在。因此可以说，真实性是新闻的生命，是新闻传播事业的生命，也是新闻工作者的生命。一切新闻传播事业和新闻工作者都必须自觉地遵循和维护这个新闻传播事业最基本的原则。新闻传播事业之所以必须坚持真实性原则，从根本上说是由新闻这一特殊的社会现象的根本属性所决定的。具体来说，它有以下三个方面的原因：

第一，辩证唯物主义思想路线在新闻传播事业中的必然要求。辩证唯物主义认为，世界是物质的，物质是第一性的，精神或意识是客观世界在人们头脑中的反映，是第二性的东西。这就告诉我们，辩证唯物主义的思想路线，首先是唯物的，它确认客观存在决定人们的意识，人们的意识是对客观事物的反映，客观世界是第一性的，是决定性的。其次，辩证唯物主义的思想路线告诉我们，意识对于存在具有反作用，人们对于客观外界的认识是能动的，而不是被动的，人的认识是不断深入的，能够由表及内、由此及彼地认识事物的现象和本质，以及"此事物"和"他事物"之间的相互联系。上述辩证唯物主义的思想路线在新闻传播事业中的表现可以从以下三个方面来分析：首先，从新闻与事实的关系来看，新闻是新闻传播媒介传播的有关新近发生的事实的信息。在事实和新闻之间，先有事实后有新闻，事实是第一性的、本源的东西，是起决定作用的；新闻是第二性的，是对事实的反映。因此，新闻必须真实地报道客观事实，反映客观事物的本来面目。其次，从人的认识过程来看，人的认识是对客观外界事物的反映。但是，这种反映是主动的、不断深入的。因此，新闻传播事业不仅要真实地反映实际，而且要能动地指导实际；不仅要反映事物的个别方面，而且要反映事物的总体；不仅要反映"此事物"，而且要反映"此事物"与"他事物"之间的联系。这样，就使得事实与新闻之间出现了复杂的联系，也使得新闻真实性问题呈现出多种层面和复杂的状态。罗素

指出："感觉到的事物和人们认为是客观的事物之间的差别逐渐扩大……我们的直接视觉材料，由于它们掺有主观性因素，差不多可以肯定地说不是我们所见到的物体的真实情况。"① 这说明，所谓新闻的真实性也是相对的和复杂的，绝对的和简单的真实性是不可能达到的。再次，从新闻传播媒介与受众的关系来看，受众了解和接受新闻的目的是为了了解外界的新情况，以求得生存和发展。新闻传播事业的优势在于能够大量地、迅速地、及时地满足受众对于信息各方面的需求。因此，新闻传播事业应该发挥自身优势，更好地为受众服务。同时，一切新闻都来源于人民群众的社会实践，它的真假优劣无不受社会实践的检验。而新闻的创造者、实践者和检验者就是人民群众（受众）。因此，为了赢得人民群众的信赖，新闻传播事业必须遵守真实性原则，并自觉接受人民群众的监督和检验。

第二，辩证唯物主义思想路线对于新闻工作者的共同要求。按照辩证唯物主义的思想路线，新闻工作者必须有扎扎实实、实事求是的科学态度，必须从实践出发、反映事实真相，必须讲真话、讲真理，并为坚持真理而斗争。周恩来曾经要求新闻工作者做到"忠于事实，忠于真理"，要求"说真话，鼓真劲，做实事，收实效"②。这是辩证唯物主义思想路线在新闻传播事业中的表现的最好说明，也是对于新闻工作者最基本的要求。在这个问题上，无论是资产阶级新闻传播事业，还是无产阶级新闻传播事业，都要求新闻工作者遵守和维护真实性原则。只要不危害本阶级的根本利益，资产阶级新闻传播事业是可以坚持真实性原则的。1948 年通过的《联合国国际新闻信条》第一条规定："报业及其他新闻传播媒介的工作人员，应尽一切努力，确保公众所接受的消息绝对正确，不能任意歪曲事实，也不可以故意删除任何重要的事实。"③ 美国著名新闻传播事业家普利策（Joseph Pulitzer）曾经说过，"准确，准确，再准确"，"光是不登假报道还是不够的。……必然把每一个人都与报纸联系在一起——编辑、记者、通讯员、改写员、校对员……让他们相信准确对于报纸就如贞操对于妇女一样重要"④。我国台北市新闻记者公会通过的《中国新闻记者信条》第四条规定："新闻记述，正确第一。凡一字不真，一语失实，不论有意之造谣夸大，或无意失检致误，均无可恕。"⑤

第三，坚持真实性原则是无产阶级新闻传播事业的优良传统。既然资产阶

---

① ［英］罗素. 人类的知识. 张金言译. 北京：商务印书馆，1983.14.
② 中央中央文献编辑委员会. 周恩来选集（下卷）. 北京：人民出版社，1984.350.
③ 复旦大学新闻系. 新闻学概论. 福州：福建人民出版社，1985.165.
④ 复旦大学新闻系. 新闻学概论. 福州：福建人民出版社，1985.165.
⑤ 复旦大学新闻系. 新闻学概论. 福州：福建人民出版社，1985.165.

级新闻传播事业尚能主张新闻的真实性，那么，以人民群众的根本利益为出发点的无产阶级和社会主义新闻传播事业必然更加强调真实性原则了。无产阶级革命导师都强调，敢说真话、敢面对现实，是政治上有力量的表现，欺骗撒谎必然导致道义上和政治上的灭亡。马克思和恩格斯从事新闻工作伊始，就十分强调新闻报道的真实性。他们认为，新闻所反映的是客观发生的事实，"撰稿人必须无情地把每一个压迫工人的事件提供舆论谴责，提供有关事件的有名有姓、有地点、有时间的最确切的报道"①。列宁指出："如果认为人民跟着布尔什维克走是因为布尔什维克的鼓动较为巧妙，那就可笑了。不是的，那是因为布尔什维克的鼓动说实话。"② 毛泽东指出："我们反攻敌人的办法，并不多用辩论，只是忠实地报告我们革命工作的事实。" 由此，他提出了"请看事实"的著名论断③。中国解放区新闻传播事业 1947 年开展过一场大规模的"反客里空"运动。对此，刘少奇作了精辟的总结，他说："报道一定要真实，不要故意加油加醋，不要戴有色眼镜。……唯物论者是有勇气的，绝不要添加什么。"④

　　中华人民共和国成立后，党和国家反复要求新闻工作者尊重事实，不说假话。1980 年 2 月，中共十一届五中全会通过的《关于党内政治生活的若干准则》明确规定："共产党员无论何时何地、对人对己都要尊重事实，按照事物的本来面目如实地向党反映情况。不可看领导需要什么就提供什么，报喜不报忧，更不许弄虚作假，骗取信任、荣誉和奖励。不许以任何理由和任何名义纵容、暗示、引诱、命令或强迫下级说假话。"⑤ 当然，在无产阶级新闻传播事业的发展中也曾出现过不讲真实性甚至弄虚作假的情况。这种情况在新中国成立以前的战争年代有过（1947 年"反客里空"运动前的土地改革宣传中的错误），新中国成立以后和平年代也有过（1958 年"大跃进"运动中的虚报浮夸风，"文化大革命"时期的乱打棍子、乱扣帽子）。这些情况的出现，不是无产阶级新闻传播事业本质的表现，而恰恰是违背了无产阶级新闻传播事业本质的要求，也从反面说明了坚持新闻传播事业真实性的极端重要性。

---

① 童兵. 马克思主义新闻思想史稿. 北京：中国人民大学出版社，1989. 201.
② 列宁全集（第 38 卷）. 北京：人民出版社，1986. 77.
③ 毛泽东新闻工作文选. 北京：新华出版社，1983. 5.
④ 刘少奇选集（上卷）. 北京：人民出版社，1981. 402～403.
⑤ 三中全会以来重要文献汇编（上册）. 北京：人民出版社，1982. 423～424.

二、新闻传播事业真实性原则及其含义

为了了解新闻传播事业真实性原则及其含义，有必要明确以下五个方面的问题：

第一，所谓真实，是指作为主观世界的人的头脑对客观外界事物真伪评判的一种认识活动，或者说是客观外界事物在人的头脑中的反映。从认识的对象上看，有所谓事实的真实和逻辑的真实。从具体的认识方式上看，有所谓哲学的真实、文学的真实、新闻的真实和法律的真实。从认识对象的结构上分析，有所谓现象的真实和本质的真实。新闻是通过新闻传播媒介传播的关于客观事物的一种信息，所以它必须真实地反映客观事实的本来面目，必须具有真实性。所谓真实性是指新闻报道的事实与客观事实之间的准确度。真实性、新闻的真实性、新闻传播事业的真实性，虽然表述不同，但是实质内容是一致的。那就是：真实性是指新闻报道的事实与客观事实之间的准确度。新闻报道的事实与客观事实相符合，其新闻报道的准确度就高，就具有真实性。相反，如果新闻报道的事实与客观事实不相符合，这样的新闻报道就不是真实的，就不具有真实性。这是新闻真实性最基本的，也是最简单的含义。

第二，真实性是新闻传播事业的基本原则。上述含义是就新闻真实性问题的最基本的意义上而言的，做到了这一点，也就保障了每一条新闻报道的真实性。但是，仅仅做到这一点又是不够的，还必须把真实性的问题作为新闻传播事业的一条基本原则。因此，在这个层次上讲，所谓新闻的真实性又是指新闻传播事业的真实性，它是新闻传播事业必须坚持的一项基本原则。新闻传播事业如果坚持了这一原则，那它就是称职的、有权威的、值得信赖的。相反，它就是不称职的、没有威信的、不值得信赖的。新闻的真实性和新闻传播事业的真实性是两个不同的概念，前者是具体的、基本的要求，后者是抽象的、高层次的要求。新闻的真实性，是指新闻传播媒介所报道的每一条新闻反映客观事物的准确度。新闻报道的事实必须符合客观实际，比如报道中的时间、地点、人物、事件、原因、过程、结果，人物的思想、言语、行动，以及所引用的文字、数据、言语等都必须完全符合实际情况，做到准确无误、查之有据。可见，新闻的真实性是一种具体的或者是微观的真实性。而新闻传播事业的真实性，是指新闻传播事业必须把新闻的真实性作为一项最基本的原则，并且把这种原则贯彻到新闻工作的各个方面。坚持真实性的原则，要求新闻传播事业不仅对于每一条新闻都按照客观事物的本来面目反映客观事物，而且要从总体上、从事物与事物的联系中去把握和反映客观事物。可见，新闻传播事业的真

实性是一种抽象的或者宏观的真实，是一项基本的原则。因此，新闻传播事业的真实性包含了新闻的真实性，真实性原则主要是指新闻传播事业的真实性。

第三，新闻传播事业真实性原则的含义。新闻报道是客观事实在记者头脑中的反映，它必须完全符合客观事物的本来面目。但是，客观事物是无穷无尽的、错综复杂的、千变万化的，因此，新闻传播事业的真实性有不同层次的含义：其一，新闻事实必须完全真实。所谓新闻事实必须完全真实，就是新闻报道的具体事实要真实无误。新闻报道要具备5个"W"，即When（何时）、Where（何地）、Who（何人）、What（何事）、Why（何因）。其中，What（何事）处于核心地位，其他几个"W"都是围绕它展开的。一则新闻报道要真有其事，确有其人，适当其时，恰于其地。其二，新闻报道的事实必须全面。新闻报道的具体事实要真实，概括的事实也要真实，不能以点带面，以偏概全。此外，新闻报道的事实和同类事实的总体要完全一致。应从事实的全部总和中，从事物的联系中去把握事实的真实，做到微观和宏观、个体和总体都要真实。其三，新闻报道要反映时代的真实。所谓新闻报道反映时代的真实，是指新闻传播媒介要通过连续不断的新闻报道，向人们展示一幅现实社会的真实图画。这是真实性原则对新闻工作者更高层次的要求。1985年2月，中共中央总书记胡耀邦专门就新闻工作发表长篇讲话，他指出："社会主义社会是光明的，同时也存在着阴暗面。""我们这样的大国，今天如果有谁专门搜集阴暗面，每天在报纸上登一百条，容易得很！……虽然其中每一条可能都是真实的，但如果谁说这就是代表今天中国社会主义社会的整个画面，那就不真实了。当然，如果反过来硬说我们今天的社会，到处都是光明面，实在好得不得了，一点阴暗面都没有，一条缺点也没有，那也不真实。"[①] 但是，中国新闻事业发展的历史一再表明，在所谓反映时代的真实的问题上极容易为了宣传总体的光明面而忽视或掩盖具体事实或局部事实的真实性。这类弊端为人民深恶痛绝，值得深刻反思和改进。

第四，关于"有闻必录"。"有闻必录"是早期西方新闻学界一种关于真实性的观点，这种观点认为，只要听见某人讲过或见之于某种材料的事实或者情况，新闻传播媒介就可以加以报道，至于所报道事实的真实性，报道者可以不承担责任。关于这种观点的另外一种解释是，新闻传播媒介不应该以本身的利害关系和主观因素来取舍新闻，而应该尽可能将所得到的重要的新闻如实刊登出来。如果按照第一种表述的意思，所谓"有闻必录"表面上似乎是主张新闻的真实性，但是由于对真实性无严格要求，所以容易适得其反。如果按照

---

① 中国共产党新闻工作文献选编. 北京：人民出版社，1990. 90.

第二种表述的意思，所谓"有闻必录"似乎主张抛开新闻传播媒介和新闻工作者的政治立场甚至主观感受，完全按照新闻价值来报道新闻。这当然可以作为一种价值趋向，要求新闻工作者尽可能客观地看待事物和反映新闻，事实上，完全做到这一点也是不可能的。英国著名哲学家罗素说："感观乃是形成个人世界的门户。人体是一件反应灵敏的记录器，不断传进来自外界的消息；传到一个人体的消息绝不会和传到另一个人体的消息完全一样。"① 这说明，绝对的客观事实是不存在的，它们既然为人所认识，就必然或多或少地带有主观的色彩。因此，无论按照哪一种解释，对于"有闻必录"应该做出"一分为二"的分析。一方面，这种观点主张"录"必须有所"闻"，符合新闻真实性的原则，新闻工作者利用这个口号作为揭露反动统治的掩护，发挥过积极作用。另一方面，这种观点主张"有"闻"必"录，否认了新闻工作者对于新闻事实的倾向性和选择性，采取对新闻的真实性不负责任的态度，成为虚假新闻的庇护所。因此，在新闻真实性的问题上不宜提倡"有闻必录"。不过，我们同时要反对"文化大革命"中林彪、"四人帮"所推行的"要闻不录"的错误做法。

第五，关于"本质真实论"。在真实性的问题上，应慎重对待"本质真实论"的问题。所谓"本质真实论"，是指新闻报道要透过纷繁复杂的事实的现象，揭示事实发展的本质，反映带规律性的东西。按照某些论者的表述，"本质真实论"还被赋予了检验新闻工作者政治立场的内容，他们认为："报道什么，宣传什么，提倡什么，反对什么，都要符合党的政策精神和人民的根本利益。……这就要求我们以客观事实为基础，以四项基本原则为指针……从社会生活中发生的新事物来反映党的政策精神。"不管是从哪一种意义上来解释，"本质真实论"都是不能成立的。首先，新闻报道如果能够通过事物的现象揭示事物的本质，固然好，但难度很大，只能朝这个方向努力，不可强求。其次，揭示事物发展的规律是科学研究的事，不应成为对新闻报道的要求。再次，即使"本质真实论"被理解为哲学的真实或逻辑的真实，也是不能成立的。从哲学的意义上来讲，所谓真实可能是对客观世界一种现实的真实性的概况的描述，也可能只是一种纯思维领域的逻辑上的推理。古希腊哲学家芝诺就曾提出过著名的"运动场悖论"②。他假设，跑步者要到达跑道的终点，就必须到达跑道的中间点，而起点到中间点又可以分成两半。如此类推，他就不可能在有限的时间内穿越无限数量的中间点，因此运动并不存在。由此可见，逻

---

① ［英］罗素．人类的知识．张金言译．北京：商务印书馆，1983. 12.

② ［美］撒穆尔·伊诺克·斯通普夫等．西方哲学史．丁三东等译．北京：中华书局，2005. 26.

辑的真实在逻辑推导中可能是真实的或正确的，如果套用到以报道现实客观世界为根本任务的新闻传播事业中来，则可能导致极其荒谬的结论。最后，如果以"本质真实论"作为衡量新闻工作者"政治立场"的标准，则容易陷入主观唯心主义的误区，步入"事实为政治服务"的歧途，而这一点已被实践证明是错误的。因此，在新闻传播事业真实性的问题上，不宜提倡"本质真实论"的概念。

三、新闻失实的表现

新闻的真实性或者新闻传播事业的真实性的重要意义已于上述，但是，在新闻实践中，往往发生不尊重新闻的真实性或者制造假新闻的现象。新闻失实，从广义上说是指新闻工作者和新闻传播媒介由于不能准确地反映客观现实世界的真实面目而造成的对于客观现实世界的虚假的反映。从狭义上说，是指某一篇新闻报道中的事实与客观实际不相符合的情况。假新闻这种现象由来已久，如今尤烈。近代化报纸出现以后，报纸先是被用来作为政治斗争的工具，假新闻便经常出现在政党化报纸上。"大众化报纸"时期，报业资本家为了追求利润，更是肆无忌惮地制造假新闻。假新闻的现象在中国新闻界也屡见不鲜。据记载，在宋朝的小报上和清朝的京报上，就曾经出现过假新闻的现象。中华人民共和国成立后，中国新闻界非常注意真实性的问题。但在历次政治运动中，新闻界制造或者被迫制造假新闻的现象也非常严重。改革开放以后，总体上看新闻真实性问题得到了重视，但是假新闻依然存在，并且有了发展。

新闻失实的表现种类很多，一般说来可以归结为故意失实和非故意失实两种类型。

所谓故意失实，是指由于新闻工作者的思想品质低劣，或是为了达到某种目的，而故意凭空捏造事实或歪曲事实，制造假新闻。这是新闻失实中影响最为恶劣，后果最为严重的一种。新闻故意失实的具体表现有以下五种情况：①无中生有，公开造谣。有些新闻媒介和新闻传播者出于自私心理和某种顽固的偏见，常常置客观事实于不顾，仅凭想象，就公开造谣惑众，结果造成极坏的影响。2007 年 4 月 16 日，美国弗吉尼亚理工大学发生美国历史上最惨重的校园枪击案，造成 33 人死亡，28 人受伤。惨案刚刚发生，美国《芝加哥太阳报》（*Chicago Sun-Times*）就贸然刊发消息，称凶手是来自中国上海的留学生。一时间，世界上许多媒介广泛转载，给中国人民特别是在美国的中国留学生造成严重的负面影响。事实上，真正的凶手是韩裔美国人赵承熙。美国媒体如此公开造谣，绝非一时疏忽所致，而是长期以来种族歧视偏见作怪。②添枝加叶，层层拔高。在这类失实的新闻报道中，可能现实生活中确有其事、其人，但是新闻传播媒介或者新闻工作者出于某种需要，往往出现拔高或者贬低的情况。例如，有些关于改革开放先进人物的报道，往往认为好就是一切都好，以一俊遮百丑，结果有些人为树立的典型经不起时间的考验，走向了自己的反面。这种情况在批评报道中也常常出现，那就是把"坏人坏事"说得绝对的坏，天生的坏，结果既造成新闻失实，也引起诸多麻烦。③移花接木，偷梁换柱。在这类新闻失实的情况中，新闻传播者为了达到某种目的，往往把过去的事实和现在的事实相混淆，或者把众人的事实和某个人的事实相混淆，把"彼人"的事实和"此人"的事实相混淆。据《南方日报》披露，2004 年 12 月 30 日加拿大《卡尔加里先驱报》在报道印度洋海啸灾难时，所刊载的"震撼人心"的"独家照片"竟是 2002 年 9 月在中国拍摄的"钱塘江潮"。①。后来，该报被迫认错。④"疑似新闻"，自打耳光。在这类新闻失实的情况中，新闻传播者为了制造"卖点"和"轰动效应"，不惜欺骗受众，制造一些"模糊新闻"或"疑似新闻"，进可攻，退可守，今日造谣，明日澄清，不以为耻，反以为荣。其中，特别值得警惕的是，处于改革开放急剧变化中的中国社会，有些地方政府或权力部门为了试探性推出某些改革措施，往往发布一些似是而非的"信息"，待媒体广泛报道之后又出来辟谣。如此作为，只能损害政府的公信力和权威性。此风万万不可再长。2004 年是"疑似新闻"盛行的一年，先是某些大报刊登"中国要撤销地市一级行政管理单位"，接着又盛传"国家要设置 50 个省市"，弄得国家官员紧急辟谣；接着又抛出所谓"端午节商标被抢注"的假新闻，各报大肆讨论、炒作一番，而后草草收场，毫不负责；后来，又有所谓"老伯留下善良谎言悄然去世"的"新闻"出笼，传播一番、揭露一番、追踪一番、辩解一番，终于逃脱不出假新闻的下场。⑤题文不符，哗众取宠。有些新闻报道为追求"视觉冲击力"，所拟标题要么煽情、挑逗，要么耸人听闻、低级下流，与文章内容风马牛不相及。

所谓非故意失实，是指由于新闻工作者作风马虎、知识水平不高或工作经验不足（特别是一些新加入新闻工作的记者不懂得新闻和文学创作的区别）而造成的虚假新闻。这类新闻失实，虽然后果也可能非常之严重，但是相对而言比较容易得到改正，改正以后也容易得到谅解。新闻非故意失实的具体表现有以下四种情况：①道听途说，捕风捉影。②不懂装懂，以偏概全，因果不符。例如，有的报道说有十万打工仔（妹）乘飞机回家过春节，实际情况并非如此。显然，这已经歪曲了分析报告的原意。③装神弄鬼，自欺欺人。例

① "世纪海啸"竟是"钱塘江潮". 南方日报，2005 – 01 – 05.

如，有的新闻报道讲，"千年古树开口说话"，某"火娃"自身着火，某妇女被外星人（野人）掳去"生崽"等等。④粗心大意，图文不符。有的编辑为新闻配置图片，匆忙从网络和其他地方下载，由于粗心大意，往往导致新闻失实。2005年3月22日，《重庆时报》报道《新中国最大卖官案今日开审》，误将黑龙江省委书记宋法棠的照片当成黑龙江省绥化市委原书记马德的照片刊出。这些照片的刊出，既造成了新闻失实，又侵害了当事人的名誉，产生了严重的不良影响。

四、新闻失实的原因

造成新闻失实的原因是多方面的。从社会宏观层面看，既有社会的原因，也有新闻界内部的原因。从新闻界自身分析，既有新闻单位之间恶性新闻竞争的原因，也有新闻单位管理不严格的原因。从新闻工作者自身分析，既有缺乏新闻学基本知识和基本技能方面的原因，也有某些新闻工作者品质低劣、追名逐利方面的原因。总之，既有客观原因，又有主观原因。

新闻失实的客观原因是指社会上存在着引诱、鼓励和助长新闻传播媒介和新闻工作者制造假新闻的客观环境。这种客观环境主要包括以下三个方面：一是社会发展到一定的历史阶段总会产生这个特定的历史时期的时尚或者时髦，社会成员受时尚或者时髦的蛊惑总会希望社会出现某种变化，以达到某种共同的价值观念。受这种社会心理的支配，新闻传播媒介和新闻工作者会自觉地或者不自觉地追求这方面的轰动新闻。例如，在阶级斗争激烈的时期，就会出现大量的政治方面的假新闻；在一个贫穷落后的社会向现代富裕社会转化的过程中很可能出现"发家致富"的假新闻；在一个快节奏的社会中很可能出现"社会新闻"的假新闻；当一个社会道德水平普遍低下的时候，很可能会出现一些高不可攀的"先进人物"的假新闻等。二是由于新闻传播事业处于社会信息传递的枢纽地位，社会上各种不同的政治、经济、军事势力集团或个人都要利用新闻传播事业。当今社会，假冒伪劣的东西无处不在，无孔不入，某些单位或个人出于自身利益的需要，采用隐蔽性和欺骗性很强的手段，故意制造或提供虚假的信息。而作为视时效为生命的新闻媒介，每天面对大量形形色色的信息，要在非常短暂的时间内辨别真伪，确实有一定的难度。同时，由于一些领导干部好大喜功，爱听恭维话，容不得半点批评，造成一些新闻报道"报喜不报忧"。在某些特殊的情况下，他们或者威逼，或者利诱新闻传播媒介制造假新闻。如果新闻传播媒介和新闻工作者，没有坚持真理，没有敢于为真理而献身的勇气，就很难避免不为他们所利用。社会上某些人为了获取名利，或者出于某种报复社会或他人的心理，往往欺骗和利用新闻传播媒介和新闻工作者。这些人或者把有关自己的和与自己相关的"事实"主动传递给新闻传播媒介，或者主动采写稿件向新闻传播媒介投稿。这些新闻线索和新闻稿件往往极具新闻价值，而且新闻要素齐全。如果新闻传播媒介稍有不慎，就会上当受骗。三是现代传播技术特别是网络传播技术的进步为某些投机取巧的新闻工作者制造假新闻提供了方便。2003 年，美国新闻界也传出了"杰森骗倒《纽约时报》"的丑闻。杰森·布莱尔是《纽约时报》的记者，发表过大量独家新闻。但这些独家新闻都是他通过手机和电脑抄袭剽窃得来的。

从主观方面看，一条新闻从采写到发表，要经过许多"把关人"。"把关人"的失误，有以下五个方面的原因：一是采访不深入，造成新闻失实。现在有相当多的第一线的记者采访不深入，他们参加会议，拿了讲稿就走，结果领导的讲话和讲稿不一样，精彩的东西没有抓住，还造成了假新闻。二是思想方法片面，为突出主题而不惜随意吹嘘或者贬抑，结果片面强调了新闻事实中的某一方面而忽视了另一方面，造成新闻失实。三是不懂新闻写作的特点，特别是不懂新闻与文学的区别，写作新闻时搞"合理想象"、艺术加工，致使新闻真假掺杂。四是知识不足，自以为是，造成新闻失实。五是个别新闻工作者自私自利之心严重，名利思想作怪，又受到权力或金钱的诱惑，无中生有，故意造假，"为他人作嫁衣裳"。

新闻失实有其主观原因和客观原因，一般说来客观原因是次要方面的。但是，在特殊政治背景下（例如，1957 年"反右"运动、1958 年"大跃进"运动和"文化大革命"运动）不能如此笼统而言。可是，常常有人有意无意地忽视这一点，或者否认这一点。他们认为，"党中央犯错误，党报必然犯错误"，这种事确实有过，并不奇怪。一个人的大脑犯了错误，他的嘴巴（言）和手脚（行）很难不犯错误。但是，大脑的思维和决策为什么犯错误？往往是人的眼睛、耳朵等器官没能给大脑传送正确、全面的信息。"历史上，党中央、毛主席犯错误，原因是多方面的，其中之一是党的新闻工作人员没有全面、准确地反映情况。"例如，1957 年"反右"运动中，中国人民大学葛佩琦教授的"反党言论"，是《人民大学校刊》添油加醋报道出来的，《人民日报》报道时进一步添油加醋，说葛佩琦号召"杀共产党"。"这些报道刺激了毛主席、党中央，也煽动起全国人民的愤怒。'反右'那么激烈，与这些歪曲报道有关。难道能把这件事说成毛主席犯错误，你记者编辑跟着犯错误吗？""大跃进"的始作俑者，是报纸的头版头条。这些失实报道，"影响了毛主席、党中央的思维，使全国人民头脑发热，于是全国来了个大跃进"①。这番话因果混淆、本末倒置，既不符合历史事实，也不符合理论逻辑，难以自圆其说。如果这种认识继续在新闻界蔓延，将会严重扰乱人们的思想。

在新闻失实的问题上，只有在一种情况下是可以理解的，即每当重大的突发事件尚处于剧变之中，而新闻传播媒介处于"现场直播"状态时，情况不明朗或冲突双方互相制造假象。此时，新闻报道出现不真实、不准确的情况，则是可以理解的。例如，2003 年 3 月 20 日伊拉克战争爆发时，即有新闻传播媒介报道，美军占领了伊拉克电视台，在南部俘获了大量伊拉克军人。随着战争的推进，这些假象迅速得到了澄清。

五、如何确保新闻真实

要解决新闻失实的问题，除了加强政府对新闻单位和新闻工作者的管理和监督外，还必须加强新闻工作者的理论修养、知识修养和道德修养。而在加强新闻工作者的修养中，坚持调查研究的方法是一个关键问题。

调查研究作为一种科学的认识方法和活动，是一个动态的发展过程，它包括调查和研究两个方面。调查主要在于搜集大量的第一手资料，获得感性认识，它是研究的基础和重要依据；研究是思考，即运用科学的方法对感性材料进行"去粗取精，去伪存真，由此及彼，由表及里"的加工制作，从中引出关于事物的本质和规律性的认识。可见，调查和研究的关系是：调查是研究的基础，研究不能离开调查；调查又要以研究为指导，并靠研究来提高；调查和研究相互渗透，调查中有研究，研究中有调查；调查中的研究是初步的研究，研究中的调查是更深入的调查。

调查研究是任何科学研究最基本的方法，对于新闻传播事业来说更具有特殊的意义。首先，新闻工作者是社会的"耳目"和"喉舌"，是专职的调查研究人员。其次，调查研究是一切新闻报道的基础，贯穿于新闻传播的各个方面和全过程。再次，调查研究是新闻工作者的一项基本功，是衡量新闻工作者素质高低的重要标志，是名记者的成功之路。有的记者满足于"等"新闻（不作调查研究），有的记者满足于用"脚"写新闻（只调查不研究），有的记者"脚""脑"并用写新闻（既调查又研究）。只有"脚""脑"并用的记者才是好记者，才有可能成为名记者。

新闻工作调查研究的方法一般有以下五种：第一种方法，"解剖麻雀"

---

①　喻权域．与香港同行谈我们对新闻工作的基本看法．新闻与传播研究，1997（2）．

式,即对某一基层单位进行系统的、全面的调查;第二种方法,"专项调查"式,即对某一个专门问题进行专题调查研究,调查的问题只有一个,但调查的地方和单位可以是若干个;第三种方法,"日常调查",这是记者或编辑日常采用的一种方法,一方面他们随时搜集各种第一手资料,另一方面又通过各种方式加强和人民群众的联系,并且养成认真搜集古今中外资料的习惯;第四种方法,"自我调查"式,即对新闻工作自身的效果进行调查;第五种方法,"隐形调查"式,即为了获得对复杂的或危险的新闻事实的全面而准确的了解,记者隐蔽自己的职业身份或通过某些特殊途径进行的调查研究。例如,中央电视台《焦点访谈》记者经常"微服私访",取得了很好的效果。但是,在市场经济日益发达,社会日益走向法制轨道的今天,这种"隐形调查"如果运用过多、过滥,就容易侵犯公民的隐私权,也不符合国家安全的有关规定,新闻界对此应十分慎重。

新闻工作的调查研究不仅仅是走马观花式地了解实际,更重要的是要观察实际,从实际生活中总结和归纳出带规律性的认识。对此,有的新闻工作者比喻为用"脑"写新闻。他们认为,要用"脑"写新闻,首先要运用科学的理论进行思考,站在理论的高度才能胸有全局,认识事物的本质与规律;其次要坚持实事求是的科学态度,不唯上,不唯书,只唯实,在调查研究中不带框框,不搞印证或图解,坚持独立思考;再次要有广博的知识,了解各方面的情况,不能被一些假象所迷惑;最后要增强调查的目的性,调查时应装着许多大问题,而不要只装着一个或几个小问题。只有这样,才能做出符合事物本质的报道,甚至获得独家新闻。这样的新闻调查研究和新闻采写方式,才能称得上是"用脑"写新闻①。在这方面,1997年10月8日《人民日报》第四版刊载的卢小飞采写的《首都女记协纪念杨刚逝世四十周年》就是一个好的典型。报道首先用"一个人的感召力在他身后究竟能持续多久"作导语,用"心"来感受会议气氛,用"心"来组织报道;然后用"心"去感受和概括与会者的发言:"众人的发言谈到,有才华没有热情不行,有学识没有锐气不行,有追求没有献身精神不行。而这些,杨刚都具备了。"这样,就跳出了一般会议新闻常见的"八股"式样,将会议和人物写"活"了。

---

① 方小翔. 新时期调查研究的思考. 新闻写作,1996 (6).

第二节　新闻传播事业的客观性原则

一、客观性原则的提出

新闻传播事业的客观性原则，又叫新闻报道客观性原则或客观报道原则。这一原则是在 19 世纪末期和 20 世纪初期出现的，但是"客观性"（objectivity）这个概念古已有之。古代希腊哲学中，有所谓"怀疑主义"学派，其代表人物是普罗泰戈拉（Protagoras）和葛加斯（Gorgias）。他们虽然肯定人在认识中的主体地位，但根本否认客观真理的存在。他们认为：没有东西存在；即使有东西存在，也无法认识；纵然可知，也无法传达。与之相反，柏拉图（Plato）和亚里士多德（Aristotle）则主张真确知识的客观性，即世界是可以认识的。但是，认识真确知识必须有主观条件和客观条件。从主观方面来看，人具有理性与认识能力；从客观方面来看，知识的对象必须是确定的、实在的。这种"二元论"的看法到了笛卡尔时期发展为"心物二元论"，一方面他怀疑由感官知觉的外在世界的真实性，另一方面又承认有"无须依靠自身以外的他者"的客观物质世界的存在。至此，所谓客观性概念即产生出来。

19 世纪中期，西方报业从政党化报纸向大众化报纸转化，这就要求新闻报道改变过去政治宣传中常用的报道方式，将事实和意见区分开来，用客观公正的事实报道适应更广泛的读者。随着电报技术的发明和通讯社的迅速发展，人们意识到，新闻稿件必须精练，只有多写事实、少发议论，才能为更多的报馆所采用。"意识形态浓厚的报纸，其销路势必局限在一小撮抱持这种意识形态的党员之内，而销路如此小的报纸，是不可能营利的。"① 报纸要营利就必须大量发行，而要大量发行，又必须使报纸的言论超越党派性。大众化报纸背政党化报纸之道而行，它坚持以新闻为主、经济独立、政治中立、新闻软化为基本特征。这样，就出现了有关政治、经济、社会事件等重大题材的报道的空缺。新闻传播事业的发展呼吁另一种类型的报纸——严肃报纸或者高级报纸的

---

① 彭家发．新闻客观性原理．台北：台湾三民书局，1994. 23.

出现。1896 年，当阿道夫·S. 奥克斯买下《纽约时报》时，面临着"便士报"的激烈竞争。奥克斯表示，要办一份严肃、典雅、富有教养的报纸，贡献给那些优秀的纽约人。他提出的口号是："报纸不应该弄脏他们早餐的餐巾。"①《纽约时报》开创了一个新的时代，严肃报纸不仅保持了新闻为主、经济独立、政治中立的特点，而且在报道内容上独树一帜，这就是客观性报道的兴起。当时，新闻界认为，客观性报道主要有以下特征：一是注重记录性；二是将事实与议论分开；三是报道重大事件时注意用事实本身所具有的魅力去吸引读者，而不是像黄色新闻那样大肆煽情；四是尊重科学，利用科学技术提高新闻的时效性。在这种认识之下，客观写作的技巧获得显著进步。电报的发明和大型通讯社的产生，也推动了客观报道的发展。

大致到了 20 世纪初期，新闻报道客观性原则已经确立。最早表述这一概念的是美国著名报人普利策，1902 年他在筹办哥伦比亚大学新闻学院，谈到新闻教育理念时说："新闻教育在强调正确与可靠的报道，应该训练学生把事实与意见区分开来。"② 在此基础上，李普曼（Walter Lippmann）对新闻报道客观性原则作了全面的阐述。他认为，客观报道是新闻成为专业的必要条件，但人的本身与社会组织不利于客观报道的实现。

从人的本身来看，任何报道都是"知者"（knower）与"被知者"（known）之间的共同产品。每个人的经验范围都十分有限，只是外部世界的一小部分。为了处理外部世界的大量信息，人们总是先看再下定义（即所谓"刻板印象"）。新闻是由记者的"刻板印象"所建构出来的，因而不可能完全客观。从社会各种组织方面看，报纸只是"一只不断移动的手电筒"，"使我们能够看到一片黑暗中的一部分"，不可能把人类生活的全部完整地报道出来，而必须依赖这些组织或机构。对客观报道容易发生错误的探讨，并不表示李普曼否认客观性报道原则的存在，相反，表示他确立了"客观报道是一个理想"的原则。在李普曼等人的影响下，1928 年"美国新闻编辑协会"（American Society of Newspaper Editors）首次提出了"客观性"这个名词。

二、客观性原则的含义及其评价

关于"客观性"（objective）的词义，美国《韦伯斯特英语大辞典》的解释是，"独立于一个人心思之外的、真实的、确实的"，或者是"无偏差或偏

---

① 李良荣. 西方新闻事业概论. 上海：复旦大学出版社，1997. 45.
② 彭家发. 新闻客观性原理. 台北：台湾三民书局，1994. 27.

见的、无关联的"，以及"不带人情的"。但是，从新闻传播学的发展来看，客观性具有更广泛、更复杂的含义。20世纪20年代初期，美国新闻界认可的客观报道原则的含义包括报道态度、写作风格和决策过程三个方面的内容。从报道态度方面说，客观性是指以真实告知（truth-telling）和"有什么说什么"（telling it like it is）的"事实报道"（facts reporting）原则。从写作风格方面说，它是指使用"倒金字塔"（inverted pyramid）的段落结构、"5个W和1个H"的美联社式导言（the AP lead）和直接引用来源的写作方法。从新闻决策过程来看，它是指决策者不受证据、来源、当事人和受众人影响，以及讲求正确、公平、公正、公开的态度。

　　20世纪80年代以来，西方新闻传播学界对客观性的认识趋向一致。博耶（J. H. Boyer）在访问50多家报社后归纳出六项客观报道的要素①，并获得新闻传播学界的普遍认可。这六项要素是：第一，平衡与公正地呈现一个议题中各方面的看法；第二，正确与真实的报道；第三，呈现所有主要的相关要点；第四，将事实与意见分开，但是将意见视为相关；第五，将记者本身的态度、意见减至最低；第六，避免偏见、怨恨以及迂回的言论。

　　综合上述各家见解，所谓新闻传播事业的客观性原则，是指新闻工作者凭借所搜集到的且能够观察又能查证的种种事实，以试图了解现实的一种方式。大致来说，新闻传播事业客观性原则包括以下四个方面的内容：一是新闻报道的最终目的是客观地反映现实。新闻报道将客观世界如实地呈现在公众面前，其作用在于将个人与外部世界连接起来，从而有助于个人形成对于外部世界的独立判断。二是新闻工作者从事本职工作时的一种职业态度。记者在报道新闻时，必须保持一种中立的超然态度，尽量做到不偏不倚，无党派色彩，无感情色彩，保持平衡和公正的超然态度。三是新闻工作者从事本职工作时的一种科学的方法。它要求新闻记者用自然科学的方法即"观察—实验"的方法来报道社会事实。李普曼说："真正的新闻从业人员不是那种会抢新闻的伶俐的记者，而是那些无畏的、耐心的、用科学方法装备起来的人。"② 所以，他告诫新闻记者要用工程师或者科学家的方法而不是用道德家的观点来工作。四是检验新闻工作成绩的一种标准。新闻传播媒介及其新闻工作者是否遵循了客观性原则，可依下列情形判断：在搜集和呈现（报道）新闻成品时，是否以事实为主、无偏无私、无党派立场，展现的是否是正确、真实的报道；对于新闻事件，是否只作为"证人"的角色，提供所有主要相关的观点；是否受自己成

---

① 彭家发. 新闻客观性原理. 台北：台湾三民书局，1994. 40.

② 邵志择. 新闻客观性原则. 新闻与传播研究，1997（1）.

见或观念的左右，将个人态度和个人感情的投入减至最少；是否将事实与意见分开处理；所提供的信息是否是可以查证的事实的总和。

对客观性原则，有人认为根本不可能达到，但新闻传播学界仍然奉为不可替代的基本理论和基本操作方法。多数人认为，承认客观性并不意味着指望达到它，而是对现实反映的一个过程、一种态度、一套思维方法。于是，客观性原则不再被认为是可望而不可即的，而是一种有益的、应该追求的一种理想。虽然绝对客观是不可能的，但可以尽可能地接近它。它作为一种新闻职业道德和工作态度，要求人们不要以自己的偏见去歪曲事实，也不应该以自己的主观愿望去代替事实。它作为一种新闻思维方式，要求人们尽可能客观地再现新闻事实。

真正的纯客观报道是不可能的，西方新闻传播事业之所以极力推崇客观性原则，是想利用它来为维护资本主义制度服务。虽然如此，客观性原则毕竟反映了新闻报道的一般规律，具有一些积极的意义，也能为社会主义新闻传播事业提供借鉴。基于这种认识，我们可以从以下四个方面来评价客观性原则：

第一，客观性原则能为维护社会稳定起到良好的作用。新闻传播事业是现代社会组织中非常重要的一环，与其他社会组织有着密切的互动关系。客观性报道无论作为新闻专业的一项理念或是新闻写作方法的一项技巧，都能为维护社会的稳定起到良好的作用。作为一项专业理念，它为新闻工作者提供了一个基本的价值取向，使他们为维持社会现状的基本形态而工作。作为一项新闻写作方法的技巧，它可以为受众提供充分的消息，并给新闻事实涉及的双方当事人提供答辩的机会。这样，有助于整个社会稳定发展。

第二，客观性原则有助于更好地吸引并影响读者。新闻传播事业是为受众服务的，并通过这种服务影响受众的态度。但是，受众所需要的不是指手画脚的说教，而是客观公正的事实。客观性原则正好尊重和满足了受众的这种心理需求，能够取得受众的信任。

第三，客观性原则有利于新闻传播媒介的自我发展和保护。中立、不带个人意见的报道可以吸引更多的读者，从而帮助扩大发行量，带来广告收入。从这个意义上说，客观性原则可以给新闻传播媒介带来更多商业上的利润。对于新闻工作者来说，客观性既可使他们免除主观判断的责任，使他们无须成为专家而易于处理某些有争议的议题，又可帮助他们免受偏见与责备。因此，客观性原则可以保护新闻传播媒介和新闻工作者，使其免遭社会上其他势力的报复。在这种情况下，客观性原则是最有力的防范武器。

第四，客观性原则是相对的。事实上，完全的客观性报道是不可能的，也是不可取的。从客观方面来看，新闻传播事业不可能脱离其他各个社会行业而独立存在和随心所欲地工作，它必然要受到来自社会利益集团的影响。从主观方面来看，记者对于所报道的事实不可能做到保持纯客观的态度。一个人总是社会的人，他是立足于一定的文化背景、时代背景和个体经验之上的。在这种传统文化的背景之下，每一个人都可能产生"合法的偏见"或者局限性。当新闻记者客观地看待社会事物时，他不可能消除或者排除这种偏见或者局限性，只是有意无意地将它们隐蔽起来。从主观和客观的结合方面（科学方法）来看，新闻记者所面对的人和事不可能是自然科学研究所面对的纯客观事物，而是浸染了意义的事实。在这里，主体与客体、事实与价值是不可分的，这就决定了不可能将自然科学的研究方法完全搬入社会科学的新闻传播事业研究之中。正因为如此，我们不能用所谓"纯客观"来掩盖其倾向性，而应将客观性与倾向性有机地结合起来。

三、正确把握客观性原则

世间万事万物每时每刻都在发生变化，具有新闻价值的事实不计其数，新闻传播媒介由于自身主客观条件的限制，不可能"有闻必录"，只能有选择地报道。而选择什么样的事实加以报道，以及怎样报道，完全由人的主观判断决定，这样就产生了新闻报道的倾向性。这种倾向性主要表现在以下三个方面：一方面，新闻传播媒介报道的许多重大事实本身并不是中立的，它们本身具有明显的倾向性，能够对不同的人产生利害关系。"事实利害的客观性会引起不同记者的关注，再现这类事实（的新闻报道）就有了倾向性。"[1] 另一方面，新闻报道的倾向性表现在新闻报道者作为某一阶级、政党、团体的政治代言人，在选择事实和报道新闻时总是会自觉或者不自觉地反映出本阶级、政党或者团体的利益。再一方面，新闻报道者还会因为自身已经形成的政治倾向、价值观念、文化素质等不同而产生不同的思维定式，在新闻报道中，这种思维定式也会自然表露出来。

新闻传播媒介在报道某一新近发生的事实时总是要传播某种观点或主张，并且希望这些观点或主张能够对受众产生影响。这样，新闻传播事业就具有了指导性。所谓新闻传播事业的指导性，是指新闻所具有的能够影响受众的思想和行动的客观功能。其实，新闻传播事业的这种指导性无论中外新闻传播事业都是有的，不同的是西方新闻传播事业不承认这一点，而我国新闻界特别强调罢了。因此，所谓新闻传播事业的指导性就成了社会主义新闻传播事业的一个

---

① 刘建明. 当代新闻学原理. 北京：清华大学出版社，2003. 72.

基本特征。李良荣教授认为："新闻传播事业的指导性就是要用马克思主义的立场、观点、方法，用党的路线、方针、政策来影响、指导人民的思想和行为，把人民引导到为社会主义事业、共产主义事业而奋斗的总目标上去。"①

既然承认新闻报道具有倾向性，新闻传播事业具有指导性，那么在对待客观性原则的问题上，我们应该同时反对客观主义和主观主义两种倾向。所谓客观主义倾向，是指在新闻报道中只强调报道事实、传播新闻，不考虑立场、观点，不顾及传播效果。如上所述，由于新闻报道具有倾向性，新闻传播事业具有指导性，这种客观主义倾向是错误的。因此，在新闻报道中不能只强调报道事实、传播新闻，而不考虑立场、观点，不顾及传播效果。其实，坚持客观性和倾向性是不矛盾的，"客观"和"公正"完全可以统一起来。例如，2000年1月6日，东莞市大朗镇爱家超市发生保安因怀疑顾客卢某偷窃而将其四指斩断的惨案，《南方日报》和《羊城晚报》均对此作了客观报道。《南方日报》消息的题目是"断指双方各有说法——爱家：她是惯偷；卢某：我被冤枉"。《羊城晚报》则在头版利用大量篇幅加以连续报道，报道并没有纠缠于顾客是否偷盗上，而是集中报道了凶手的残忍和商家的狡辩，并且发表评论呼吁"严惩凶手，不能私了""张水强必须立即投案自首"。相比之下，《羊城晚报》的报道既"客观"又"公正"，体现了客观性和倾向性的统一。而《南方日报》的报道则显得过分"客观"，以致失却了"公正"和社会正义。

与客观主义倾向相反，新闻报道中的主观主义倾向完全从新闻传播事业的指导性出发，只强调立场、观点，不善于用事实说话，不愿意从事客观报道。这种倾向不是从客观实际出发，而是从主观愿望和臆想出发，因而是错误的。有这种主观主义倾向的新闻工作者，他们习惯于用实验主义的态度选择材料和拼凑材料来说明自己先验的观点。这种报道往往容易给人一种强加于人的感觉，非但达不到预想的传播效果，反而会造成群众的逆反心理。可见，新闻报道中的主观主义倾向不但不能发挥新闻传播事业指导性的作用，反而会贬损新闻传播事业的威信。

当前，我国新闻传播事业中，主观主义倾向有时是非常严重的。一般来说，它主要有以下六方面的表现：一是在宣传某一项政策时，往往只有质的概念而缺乏量和度的把握，喜欢说过头话（例如，过多地宣传"万元户""万元村""二奶村"等）；二是抓住一点，不及其余，不善于从整体上把握党的方针和政策，往往静止地宣传某一项具体政策，造成宣传上的左右摇摆（例如，宣传提前"翻两番"而忽视了经济效益，宣传数量而忽视了质量，宣传"高

---

① 李良荣. 新闻学概论. 福州：福建人民出版社，1995. 183.

消费"而忽视了艰苦奋斗等）；三是脱离实际，简单地肯定或者否定一切（例如，"凡是敌人反对的就要拥护""一抓就灵""一包就灵""一股就灵"等）；四是在先进典型的宣传中，往往强调革命精神而忽视科学态度，强调奉献精神而忽视正当的个人利益甚至人之常情；五是图解党的政策，按图索骥，上有所好，下必盛焉，带着观点找材料，结果写出来的新闻是概念加例子，概念化、一般化；六是公报式、命令式的写作方法，大量报道"文山会海"，不动脑筋，以"势"吓人。

把握客观性原则的正确态度应该是"寓倾向性于客观报道之中"。具体来说，应该注意把握以下三个要点：

第一，正确把握客观性原则的基本方法。把握客观性原则的关键在于新闻报道的内容、形式和态度都应该客观公正。具体来说，应该做到以下四点：首先，事实要准确。新闻报道应着眼于客观地叙述新近发生的事实，保证所报道的事实真实准确。这是正确把握客观性原则的基础。其次，叙述要全面。事物包括各个方面，有正面、反面和侧面，新闻报道应努力将事物的全貌反映出来。特别是涉及有争议的问题时，应该尽量提供争论双方的"观点"。另外，在处理各类消息的总量时，记者特别是编辑应该注意平衡处理的原则，免得厚此薄彼，招致不必要的麻烦。这是正确把握客观性原则的高层次要求。再次，态度要公正。新闻报道者必须出于公心，不为权势所屈服，不为利益所驱使，不为情绪所左右，坚持站在公正的立场，实事求是地报道和反映事物。这是正确把握客观性原则的关键。最后，应该依照"提供最多的事实材料"的方式组织报道，而且这些"事实材料"最好指出消息来源。这是把握客观性原则的最基本的策略方法。

第二，寓指导性新闻于客观报道之中。强调新闻传播事业的指导性一定要体现新闻传播事业的特点。新闻传播事业指导性的特点就是坚持寓新闻的指导性于客观性报道之中。一般说来，新闻传播事业的指导性是通过指导性新闻和评论两个方面来体现的。坚持倾向性与客观性的统一，或者说"寓倾向性于客观性报道之中"，应该从指导性新闻和评论两个方面努力。所谓指导性新闻，就是具有指导作用的新闻。对于这类新闻应该怎样做到寓指导性于客观报道之中呢？新闻学界有不同的看法。有人认为，应该是"寓新闻的指导性于知识性和趣味性之中"；也有人认为，应该是"寓新闻的指导性于可读性之中"；还有人认为，应该是"寓新闻的指导性于服务性之中"。复旦大学新闻学院李良荣教授认为，这些表述都不甚准确，新闻的"指导性必须寓于一定的事实之中"。① 因为，指导性新闻的基础在于事实，没有事实，只有指导，那不能称为新闻，只能称为评论。又因为新闻传播的事实实际上是关于事实的信息，所以"指导性新闻的基础在于信息，指导性要寓于信息传播之中"。而要做到这一点就必须精心选择新闻事实，善于用事实说话，善于将所要表达的观点寓于所报道的事实之中，并且正确运用报道形式（如版面、标题、字号等），把握传播时机，让人们在接受事实的同时接受传播者的观点。

第三，从新闻的特点出发做好评论工作。评论是新闻传播媒介的旗帜，是新闻传播事业的党派性、政治性和指导性的突出体现。评论的观点正确固然重要，但是同样重要的是评论必须体现新闻传播事业的特点，这样才能更好地发挥新闻传播事业的指导性。一般说来，利用新闻评论来发挥新闻传播事业的指导性，应该注意以下四点：一是评论应该具有新闻性，即评论的对象应该是最新发生的重大事件或者是重大事件的最新状况；二是评论应该具有针对性，即能够敏锐地抓住时局的中心问题、人民迫切希望解答的问题和社会上新出现的带倾向性的问题；三是评论应该具有新鲜感，即能够给予受众以新的思路、新的角度和新的观点，能够带来耳目一新的感觉；四是评论应该具有逻辑性，即能够依据确凿的事实、缜密的论证和正确的结论来说服和争取受众，取得他们的理解和支持。

第三节　新闻传播事业的党性原则和人民性原则

一、新闻传播事业党性原则的形成

要弄清什么是新闻传播事业的党性，首先必须弄清什么是党性。列宁说："严格的党性是高度发展的阶级斗争的随行者和结果。反过来说，为了公开地和广泛地进行阶级斗争，必须发展严格的党性。"② 这就是说，党性是阶级性的集中表现。在阶级社会中，新闻传播事业是掌握在一定的政党或者集团手中

---

① 李良荣．新闻学概论．福州：福建人民出版社，1995．189．

② 列宁选集（第1卷）．北京：人民出版社，1960．656．

的舆论工具，是政党的宣传喉舌，具有一定的阶级性和倾向性。当阶级斗争发展到比较激烈的阶段，一定阶级的政党都自觉地以新闻传播事业作为自己的政治斗争的工具。因此，在阶级社会中新闻传播事业不可避免地具有鲜明的党性。

从广义上讲，任何一种新闻传播事业都有自己的党性，党性原则是所有新闻传播事业自觉或不自觉地遵循的基本原则。早期的资产阶级新闻传播事业大多数是以"党报"的面目出现的，也是公开承认自己的党派性的。但是，自从大众化和企业化报纸出现以后，资本主义新闻传播事业往往不愿公开承认这一原则，甚至以反对党派性作为旗帜。无产阶级新闻传播事业从一开始就公开承认自己的党派性，并且直至今天也只有无产阶级新闻传播事业才敢于公开承认这一原则。因此，所谓党性原则是无产阶级新闻传播事业的特殊原则，它是社会主义新闻传播事业区别于资本主义新闻传播事业和其他一切新闻传播事业的显著标志。

无产阶级新闻传播事业党性原则的确立，经历了一个较长的发展时期。早在 1864—1895 年期间，马克思和恩格斯在指导德国社会民主党党报《社会民主党人报》等无产阶级报刊的实践中，就明确提出了无产阶级党报思想及其原则。关于党报的性质，马克思和恩格斯认为，"党报是工人政党力量的象征和标志"，"是在报刊方面能够以同等的武器同自己的敌人作斗争的第一个阵地"。[①] 关于无产阶级党报的使命，马克思和恩格斯认为，无产阶级党报的主要使命是：阐述党的政治纲领，监督党的领导与用科学原理武装工人。[②] 马克思和恩格斯关于无产阶级党报思想的论述，初步奠定了无产阶级新闻事业党性原则的基础，对此后各国无产阶级新闻事业的发展产生了深远的影响。明确提出新闻传播事业的党性原则并作系统论述的是列宁。他在《党的组织和党的出版物》一文中指出："对于社会主义无产阶级，写作事业不能是个人或集团的赚钱工具，而且根本不能是与无产阶级总的事业无关的个人事业。无党性的作者滚开！超人的作者滚开！写作事业应当成为无产阶级总的事业的一部分，成为由全体工人阶级的整个觉悟的先锋队所开动的一部巨大的社会民主主义机器的'齿轮和螺丝钉'。写作事业应当成为社会民主党有组织的、有计划的、统一的党的工作的一个组成部分。"[③] 为了保证党性原则的贯彻执行，列宁还强调报纸必须在组织上同党保持联系，成为集体的宣传者、鼓动者和组织者。

---

① 童兵. 马克思主义新闻思想史稿. 北京：中国人民大学出版社, 1989. 162～163.
② 童兵. 马克思主义新闻思想史稿. 北京：中国人民大学出版社, 1989. 164～171.
③ 列宁选集（第 4 卷）. 北京：人民出版社, 1960. 309.

具体来说就是，报刊"日常的宣传和鼓动必须具有真正的共产主义性质。党掌握的各种机关报刊，都必须由确实忠于无产阶级革命事业的可靠的共产党人来主持"①。

中国共产党历来十分强调新闻传播事业的党性原则，中共"一大"通过的决议指出："杂志、日刊、书籍和小册子须由中央执行委员会经办。""任何中央、地方的出版物均不能刊载违背党的方针、政策和决定的文章。"1941年延安《解放日报》改版社论指出，党报"不仅要在自己的一切篇幅上，在每篇论文，每条通讯，每条消息……中都能贯彻党的观点，党的见解，而且更重要的是报纸必须与整个党的方针、党的政策、党的动向密切相连，呼吸相通，是报纸应该成为实现党的一切政策、一切号召的尖兵、倡导者"②。

二、新闻传播事业党性原则的基本内容

在长期的实践中，无产阶级和社会主义新闻传播事业的党性原则的内容不断具体和丰富。概括地说，新闻传播事业的党性原则主要包括以下三方面的内容：

第一，在思想上，坚持以马克思主义作为新闻工作的指导思想。马克思主义是关于自然界、人类社会和人类思维的发展规律和科学，是无产阶级政党指导思想的理论基础，也是无产阶级和社会主义新闻传播事业的指导思想。新闻工作者，一方面要学习和掌握马克思主义的一些基本著作、基本原理、基本观点和基本方法，另一方面又要在新闻宣传工作的实践中不断地宣传和贯彻马克思主义的基本原理。新闻传播事业贯彻以马克思主义为指导思想这一党性原则，可以从以下三个方面努力：首先，完整、准确、生动地宣传马克思主义。这既是新闻传播事业责无旁贷的任务，也是新闻工作者提高政治思想水平的重要途径。其次，克服理论宣传中的错误倾向。在理论宣传中应防止以下三种有害倾向：一是形式主义，即不看对象，无的放矢，刊登大块理论文章。这样既浪费版面和节目时间，又容易引起受众的反感。二是实用主义，即抓住马克思主义的只言片语、断章取义、任意发挥，甚至歪曲马克思主义。三是教条主义，即脱离实际，回避现实问题，既缺少具体分析，又乱下结论。为了克服理论宣传中的形式主义、实用主义和教条主义的缺点，使理论宣传达到大众化的要求，新闻传播媒介必须贴近现实、贴近群众，善于从热点问题切入，善于从

---

① 列宁选集（第4卷）. 北京：人民出版社，1960.309.

② 中国共产党新闻工作文件汇编（下卷）. 北京：新华出版社，1980.50.

群众身边的小事出发讲解大道理，从读者的思路出发去阐述问题。再次，运用马克思主义的立场、观点和方法，对各种新闻事实进行解释性报道。新闻传播事业担负着理论宣传的任务，但它不同于教科书，主要是通过报道新闻和评论新闻来进行的。这就要求新闻工作者具有较高的理论思想水平，对于各种复杂的社会现象做出正确的解释，推动整个社会的文明进步和全面发展。例如，当今中国在全面向社会主义市场经济体制转变的过程中必然会遇到这样一些问题：怎样认识社会主义制度的优越性？社会主义公有制有哪些实现途径？为什么会出现腐败现象，能否依靠共产党自身的力量来克服？怎样避免一部分人先富起来和大部分人富不起来的矛盾等。对于这些问题，新闻传播事业既不能回避，又不能乱发议论，必须按照实际情况和马克思主义的原理加以解释和说明。

　　第二，在政治上，坚持新闻宣传工作与党的路线、方针、政策保持一致。党的路线、方针和政策是党的一切行动的出发点和归宿。宣传和贯彻执行党的路线、方针和政策，以及反馈党的路线、方针和政策执行的情况，是新闻传播事业的一项基本任务。毛泽东指出："有关政策的问题，一般地都应当在党的报纸上或刊物上进行宣传。……群众知道了真理，有了共同的目的，就会齐心来做。……群众齐心了，一切事情就好办了。马克思列宁主义的基本原则，就是要使群众认识自己的利益，并且团结起来，为自己的利益而奋斗。报纸的作用和力量，就在它能使党的纲领路线，方针政策、工作任务和工作方法，最迅速、最广泛地同群众见面。"① 新闻传播事业宣传党的路线、方针和政策必须注意把握以下三个环节：首先，立场坚定，旗帜鲜明，在政治上同党中央保持一致。1980 年 12 月，中共中央通过的《关于党内政治生活的若干准则》规定："党的报刊必须无条件地宣传党的路线、方针、政策和政治观点。……绝对不允许在报刊广播的公开宣传中发表同中央的决定相反的言论。"1981 年 1月，中共中央通过的《关于当前报刊新闻广播宣传方针的决定》指出："报刊、新闻、广播、电视是党的舆论机关，要加强组织纪律性。必须无条件地同中央保持政治上的一致，不允许发表与中央路线、方针、政策相违背的言论。必须接受和服从党的领导，凡是涉及党的路线、方针、政策以及重大政治性的理论问题，对外必须统一于党中央的决定和口径，与党的步调一致，不得各行其是。"② 其次，善于把党的政策变为群众的自觉行动。党的路线、方针和政策是根据马克思主义的基本原理和实际工作中的具体情况和人民群众的实际经

① 毛泽东选集（第四卷）．北京：人民出版社，1966.1213.
② 中国共产党新闻工作文件选编．北京：人民出版社，1990.46.

验而制定的。新闻传播事业作为联系党和人民的"桥梁"和"纽带"（精神导线），要把党的政策贯彻到群众中去，又把群众中的新经验、新问题、新意见反映上来。刘少奇正是从"耳目"这个角度强调了新闻传播事业的重要作用。他说："你们不仅要宣传党的政策，还要在群众的实践中去考察政策是不是正确，有没有缺点，这里就表现出你们的创造性了。""党的政策是否正确要在群众实践中考验，你们要把党的政策执行结果如实告诉我们，中央时刻在准备考验自己的政策。……如果政策有错误，就修正它，如果它是不完全的，就把它补充得完全起来。"① 可见，"喉舌"和"耳目"作用与党的思想路线和工作路线是完全一致的。再次，要防止对党的路线、方针和政策的片面性宣传。在一个时期内，针对实际工作中的问题，有所侧重是必要的，但不能搞片面性。同时，在政策宣传中注意划清各种界限，如共产主义理想和现行政策的界限，政治教育与物质利益的界限，国家利益和集体利益、个人利益的界限等。这种宣传要通过大量典型事实来进行，说明哪些事是政策允许的，哪些事是政策不允许的。否则，就会出现片面性。

第三，在组织上，接受共产党的领导，并且自觉遵守党的纪律特别是党的有关新闻宣传工作的纪律。一定的思想路线、政治路线必须有一定的组织路线保证，新闻传播事业党性原则在思想上、政治上的贯彻执行，也需要有组织上的保证。党对于新闻传播事业组织上的领导，是无产阶级新闻传播事业的党性原则的第三个最主要的内容。这方面的内容，包括新闻传播事业必须在组织上接受党的领导，并且在日常的新闻宣传工作中自觉地遵守党的纪律，特别是党的有关新闻宣传工作方面的纪律。首先，新闻传播事业必须接受党的组织领导。新闻传播事业作为整个无产阶级事业的一部分，毫无疑问必须接受共产党的领导。这种领导必须是政治上同党中央保持一致，不允许发表与中央路线、方针、政策相违背的言论。同时，新闻传播事业要接受和服从上级党委的组织领导，并且坚持民主集中制的原则，执行党的决议。随着改革开放的深入展开，我国新闻传播事业的性质已经或者正在发生着深刻的变化，但是党管新闻传播事业这一条最基本的原则没有改变，新闻传播事业必须接受和服从党的组织领导的原则仍要坚持。其次，党的领导主要是政治原则上的领导。虽然新闻传播事业单位要接受党的组织上的领导，但是这种领导主要是政治原则上的领导。宪法一方面规定，党应该在宪法规定的范围内活动，另一方面又规定，全国人民应该坚持四项基本原则，其中就包括坚持共产党的领导。从这个角度讲，新闻事业必须接受共产党的领导。但是，党的领导并不是包揽一切，而主

---

① 刘少奇选集（上卷）. 北京：人民出版社，1981. 406、403.

要是政治方向的领导，主要是抓好新闻宣传的政治方向，抓好新闻改革，抓好新闻工作的经验总结，抓好新闻队伍的建设，特别是领导班子的建设。可见，坚持党的领导同发挥新闻工作者的积极性、主动性和创造性是不矛盾的。再次，遵守党的纪律，特别是宣传纪律。共产党对新闻传播事业的领导，既要通过组织人事制度来保障，又要通过一系列宣传纪律来监督执行。

中国共产党在新闻宣传工作方面的纪律，主要有以下五个方面：一是重大问题事前请示、事后汇报的制度。"各地党报的社论及编者对于新闻的政治性和政策性的按语与对于读者政治性和政策性问题的答复，必须由党委的……负责人阅正批准后，才能发表。凡该级党委不能负责答复的问题，应请示上级党委或新华总社，而不应轻率答复。"① 二是重要稿件送审和党委负责人看大样的制度。"各地党报必须执行……党的负责人看大样制度，每天或每期党报的大样须交党委负责人或党委所指定的专人作一次负责的审查，然后付印。"② 三是不得在报纸上批评同级党委的制度。"党报是党委的机关报，党报编辑部无权以报纸与党委会对立。党报编辑部如有不同的意见，它可在自己的权限内向党委会提出，必要时并可向上级党委、上级党报直至中央提出，但不经请示不能擅自在报纸上批评党委会，或利用报纸来进行自己与党委会的争论。"③ 四是涉外事件未经允许不得随便发言的制度。"严禁发表或转载对各国领导人进行人身攻击的文章、漫画；不得公开对友好党、友好国家的内部事务乱加议论。""有关重大、敏感的国际问题的评论、文章，需发表时，必须报请有关部门批准。"④ 五是新闻记者要为领导部门采写内部参考资料的制度。1953 年7 月，中共中央专门规定，新华社记者必须采写内部参考资料。这些资料包括各地在执行党的政策中的所发现的情况和存在的问题，特别是存在的问题，各阶层人民的思想状况，自然灾害详情和其他不宜公开发表的重要情况。这一规定也适合于其他各级各类党报记者。

上述新闻宣传纪律大部分是在革命战争年代和计划经济条件下确立的，在当时是必要的，现在仍然有其合理性。但是，其中有些内容已不适应形势发展的需要，需要加以改进。例如，党报不得批评同级党委会，后来扩展到不得批评党委"一班人"和党委领导下的公安、政法部门。如果以教条主义的态度对待新闻宣传工作纪律，就可能出现许多弊端。因此，新闻传播事业在坚持党

---

① 中国共产党新闻工作文件汇编（上）. 北京：新华出版社，1980. 186.
② 中国共产党新闻工作文件汇编（上）. 北京：新华出版社，1980. 186.
③ 中国共产党新闻工作文件选编. 北京：人民出版社，1990. 29.
④ 中国共产党新闻工作文件汇编（上）. 北京：新华出版社，1980. 99.

的政治领导和遵守宣传纪律的前提下，应该履行舆论监督的职责，并承担由于行使舆论监督而引起的责任。

三、新闻传播事业的人民性原则

新闻传播事业有没有人民性，该不该提人民性，在中国无产阶级新闻传播事业发展史上，本来是毫无疑问的。但是，在新时期新闻改革中它却成了一个严重的问题。直到 2013 年 8 月，中共中央总书记习近平在全国宣传思想工作会议上重新强调新闻传播事业的党性原则，新闻界对这个问题才有了权威的认识。

从基本的特性来看，新闻传播事业具有广泛的人民性。在现代社会生活中，再也没有第二项事业像新闻传播事业一样具有最广泛的人民性。这种广泛的人民性，首先表现在新闻传播事业反映的对象上，大到天文地理、小到鸡毛蒜皮，凡和人民群众有关的各种各样事实的信息都是新闻报道的对象。这种广泛的人民性，其次表现在服务对象上，上至国家领导人，下至平民百姓，无一不是新闻传播事业服务的对象。这种广泛的人民性，还表现在新闻传播事业所处的特殊位置上，新闻传播事业是信息传输的中枢，是社会的"中介"组织，它具有广阔的辐射力和影响力。

中共"十二大""十三大""十四大""十五大"通过的党章都明确规定："中国共产党是中国工人阶级的先锋队，是中国各族人民利益的忠实代表。""党除了工人阶级和最广大人民群众的利益，没有自己的特殊的利益。党在任何时候都把群众利益放在第一位，同群众同甘共苦，保持最密切的联系，不允许任何党员脱离群众，凌驾于群众之上。"① 中国共产党的这种特殊性质决定了新闻传播事业具有人民性。既然中国共产党把自己视为实现工人阶级和人民群众利益的一种工具，那么党领导下的新闻传播事业自然也就是人民的新闻传播事业。因此，中国社会主义新闻传播事业总是把人民群众作为自己的主人，把为人民服务作为自己的根本方针之一。

在无产阶级新闻传播事业发展的历史上，强调自身的人民性，也是其优良传统之一。马克思认为，报刊应该是人民的"英勇的喉舌"，是人民"日常思想感情的表达者"，"它生活在人民中，它真诚地和人民共患难、同甘苦、齐爱憎"②。中国共产党的党报也一再表示既是党的喉舌，又是人民的喉舌。

---

① 中国共产党第十五次全国代表大会文件汇编. 北京：人民出版社，1997. 54，60～61.

② ［德］马克思，［德］恩格斯. 马克思恩格斯全集（第 1 卷）. 中共中央马克思恩格斯列宁斯大林著作编译局译. 北京：人民出版社，1958. 187.

1945 年 10 月，《新华日报》专门以"人民的报纸"为题发表社论，表示自己是共产党的机关报，也是人民的报纸。社论指出："本报创刊八年来，一贯的就是以人民的报纸为方针，为目标。""我们将更加努力使新华日报成为人民的报纸。……真正成为属于人民，为了人民的报纸。"① 1956 年 7 月，人民日报实行改组，改版社论《致读者》开门见山地指出："人民日报是党的报纸，也是人民的报纸，从它创刊到现在，一直是为党和人民的利益服务的。"社论还指出："我们的报纸名字叫做'人民日报'，意思就是说它是人民的公共的武器，公共的财产。人民群众是它的主人。只有靠着人民群众，我们才能把报纸办好。"② 经过十年"文化大革命"，改革开放后，新闻界一致认为，新闻传播事业具有人民性，并且强调坚持人民性原则可以保证正确的路线方针和政策顺利贯彻执行。但是，1989 年政治风波之后，有些人却颐指气使地指令新闻界和学术界不可讨论和提倡新闻传播事业的人民性问题。在长达 20 多年的沉寂之后，2013 年 8 月 19 日，中共中央总书记习近平在全国宣传思想工作会议讲话中明确指出："党性和人民性从来都是一致的、统一的……坚持人民性，就是要把实现好、维护好、发展好广大人民根本利益作为出发点和落脚点，坚持以民为本，以人为本。要树立以人民为中心的工作导向，把服务群众同教育引导群众结合起来，把满足需求同提高素养结合起来，多宣传报道人民群众的伟大奋斗和火热生活，多宣传报道人民群众中涌现出来的先进典型和感人事迹，丰富人民精神世界，增强人民精神力量，满足人民精神需求。"③

　　相对于新闻传播事业的党性来说，人民性是比较复杂的概念。这首先是因为人民的全体并不一定就是共产党组织的阶级基础，而只有人民群众中最先进、最有组织的工人阶级才是共产党组织的阶级基础。其次是因为，人民群众在不同的历史时期具有不同的外延和内涵，新闻传播事业的人民性在不同时期有不同的表现。为了避免误会，以"人民利益"代替"人民性"的概念，较为妥当。那么，新闻传播事业坚持人民利益有哪些具体表现呢？一般来说，新闻传播事业可以通过以下四个途径来坚持人民利益：

　　第一，代表人民的利益。新闻传播事业的受众就是社会上最广大的人民群众，新闻传播事业代表人民利益就是要代表绝大多数人民的政治利益和经济利益。当然，人民利益并不总是一致的，其中有全局利益，也有局部利益，有长

---

　　① 中国共产党新闻工作文件汇编（上）．北京：新华出版社，1980. 75.

　　② 中国共产党新闻工作文件汇编（上）．北京：新华出版社，1980. 113.

　　③ 本报评论员，《坚持党性和人民性相统一——四论学习贯彻习近平总书记 8·19 重要讲话精神》，《人民日报》，2013－08－27.

远利益，也有眼前利益。新闻传播事业既要代表人民群众的全局利益和长远利益，也要代表人民群众的局部利益和眼前利益。当全局利益、长远利益和局部利益、眼前利益发生矛盾时，新闻传播媒介应该用事实说服人民服从全局利益和长远利益，把人民群众的意志引导到党的政策和方针上来。

第二，当好人民的"公仆"。由于新闻传播事业从根本上是代表人民利益的，因此新闻工作者必须忠实地当好人们的公仆。他们必须代表人民追求真理，向人民宣传真理，不能以任何理由欺骗人民群众；他们必须忠诚地反映人民的意志、愿望和要求，做人民群众的喉舌；他们必须向人民群众提供以信息服务为主的多种多样的服务。

第三，体现人民的监督。人民群众是社会的主体、国家的主人，他们有权监督国家行政工作人员的工作，有权就重大政治问题发表意见。但是，他们人数众多，又分布在社会各个不同的岗位，不可能经常地、全部地、直接地履行这种权利。新闻传播事业是大众的事业，它天然地体现人民监督的有效形式。正如李瑞环所指出的："新闻的舆论监督，实际上是人民的监督，是人民群众通过新闻工具对党和政府的工作及其工作人员进行的监督，是党和人民通过新闻工具对社会进行的监督，不应仅仅看成新闻工作者个人或者是新闻单位的监督。"[1]

第四，吸引人民参加新闻工作。新闻传播事业是一项专业化的事业，但是由于新闻事实的创造者、新闻的接受者和检验者都是人民群众，所以它又是一项人民群众广泛参与的事业。新闻传播媒介吸引人民参与新闻工作具有多种形式，如处理人民来信、建立通讯员和新闻报料员队伍、联系专家学者、通过连锁店等商业网点沟通与社区的各种业务联系等。

四、新闻传播事业党性原则与人民性原则的一致性

由以上分析可见，新闻传播事业的党性原则和人民性原则是两个既有联系又有区别的概念。新闻传播事业的党性原则是人民性原则的集中表现，是共产党代表工人阶级和最广大人民群众的根本利益在新闻传播事业中的集中表现。人民群众的主体是最广大的工人和农民，他们是共产党赖以成立的阶级基础和服务的最广大的对象。正是从这个意义上说，新闻传播事业坚持人民性原则是体现党性原则的基础。因此，从根本上来说，新闻传播事业的党性原则和人民性原则是一致的，是没有根本矛盾的。

---

[1] 中国共产党新闻工作文献选编. 北京：人民出版社，1990. 172.

第一，党性原则和人民性原则的一致性，最根本表现在共产党和人民群众的关系上。1956年，邓小平在中共"八大"所作的《关于修改党的章程的报告》中指出："同资产阶级政党相反，工人阶级的政党不是把人民群众当作自己的工具，而是自觉地认定自己是人民群众在特定的历史时期为完成特定的历史任务的一种工具。共产党——这是工人阶级和劳动人民中先进分子的集合体，它对于人民群众的伟大的领导作用是不容怀疑的。但是，它之所以成为先锋部队，它之所以能够领导人民群众，正因为，而且仅仅因为，它是人民群众的全心全意的服务者，它反映人民群众的利益和意志，并且努力帮助人民群众组织起来，为自己的利益和意志而斗争。确认这个关于党的观念，就是确认党没有超乎人民群众之上的权力，就是确认党没有向人民群众实行恩赐、包办、强迫命令的权力，就是确认党没有在人民群众头上称王称霸的权力。"① 一方面，党是为人民服务的，人民群众的利益就是党的利益。用这个观点看问题，新闻传播事业的党性原则来源于工人阶级的阶级性，来源于包括工人阶级在内的广大人民的利益。另一方面，人民群众是分散的，有落后和先进之分，如果没有党的领导就无法保障人民群众的根本利益和最高利益。用这个观点看问题，党性原则是人民性原则利益的集中表现。所以，即使是在1989年那场惊天动地的政治风波刚刚平定之时，中共中央总书记江泽民仍然指出："坚持党性原则，也就是坚持工人阶级和人民群众的根本利益的原则，两者是完全一致的。"②

第二，党性原则和人民性原则的一致性，表现在新闻传播事业是党和人民之间的"精神导线"。党代表人民的最高利益，党的路线、方针和政策必须得到人民群众的理解和支持，才能得到贯彻执行。为了沟通这种联系，党可以利用许多渠道，新闻传播事业就是其中最主要的一条。刘少奇指出："我们党要通过千百条线索和群众联系起来，而你们的工作，你们的事业，就是千百条线索中很重要的一条。……千座桥，万条线，主要的一个就是报纸。"③ 中共"十三大"发展了这一思想，提出了建立社会协商对话制度的构想。大会报告指出："各级领导机关的工作，只有建立在倾听群众意见的基础上，才能切合实际，避免失误。领导机关的活动和面临的困难，也只有为群众所了解，才能被群众所理解。群众的要求和呼声，必须有渠道经常地顺畅地反映上来，建议有地方提，委屈有地方说。这部分群众同那部分群众之间，具体利益和具体意

① 邓小平文选（一九七五—一九八二年）．北京：人民出版社，1989. 205~206.
② 中国共产党新闻工作文献选编．北京：人民出版社，1990. 188.
③ 刘少奇选集（上卷）．北京：人民出版社，1981. 398.

见不尽相同，也需要有互相沟通的机会和渠道。因此，必须使社会协商对话形成制度，及时地、畅通地、准确地做到下情上传、上情下达，彼此沟通、互相理解。"① 新闻传播事业的这种"精神导线"作用，正好形象地说明了党性原则和人民利益的一致。

第三，党性原则和人民性原则的一致性，还表现在共产党的领导和人民监督的一致性上。中共"十五大"提出了"依法治国"的任务，其中最重要的一条就是加强人民的监督。社会主义民主的本质是人民当家做主，"我们的权力是人民赋予的，一切干部都是人民的公仆，必须受到人民和法律的监督"②。大量事实说明，公仆脱离了人民的监督是非常危险的。所以，"依法治国首先是依法治权、治官，用法律规范国家机关工作人员的行为"。要依法治国，最重要的一条就是实行人民群众监督，而人民群众的监督主要体现为舆论监督。因此，要"把党内监督、法律监督、群众监督结合起来，发挥舆论监督的作用"③。正因为如此，2003年12月中共中央发布的《中国共产党党内监督条例（试行）》明确规定："在党的领导下，新闻媒体要按照有关规定和程序，通过内部反映和公开报道，发挥舆论监督的作用。"以上这些监督是无产阶级政党的本质要求，是保证社会主义现代化和民主法制实现的根本条件之一。

第四，把党性原则和人民性原则分割开来和对立起来是错误的。党性原则和人民性原则根本上是一致的，但实际工作中常常出现不一致的情况。但是，这不是根本的对立，而是基本一致的情况下的差别。克服的方法是使党报适应新形势，适应人民群众的新要求，同时教育人民群众认识自己的根本利益。胡耀邦指出："我们的新闻工作有很高的党性，党性和人民性是一致的……有时，在一件具体事情上，党组织的要求同人民群众的要求也可能有矛盾，但那只是个别情况和某一具体问题。从党的根本性质来讲，党性和人民性是融合在一起的，党性就是人民性。"④ 因此，把新闻传播事业的党性原则和人民利益等同起来、混淆起来、分割开来或者对立起来的观点都是错误的。改革开放初期，新闻界有些人鉴于"文化大革命"中党和党报犯了错误，片面地认为这是"党性原则出了问题"，于是主张"人民性高于党性"。显然，这种观点是错误的。因为他们没有看到，在"文化大革命"中党和党报犯错误，根本的原因不是坚持了党性原则，而恰恰是某些人践踏了党性原则，即利用自己的

① 中国共产党第十三次全国代表大会文件汇编. 北京：人民出版社，1987. 44.
② 中国共产党第十三次全国代表大会文件汇编. 北京：人民出版社，1987. 34～35.
③ 田纪云. 必须把公仆置于主人的监督之下. 人民日报，1998 - 04 - 02.
④ 胡绩伟. 新闻工作论说集. 工人出版社，1989. 214.

"个性""派性"取代了党性。与此同时，个别从事机关新闻理论研究的人，鉴于改革开放以来包括新闻界在内的思想理论界出现过"自由化"的问题，认为这是"人民性带来的麻烦"，于是，他们片面地主张"不要提倡新闻传播事业的人民性"，甚至以命令的口气禁止使用"人民性"这个词语。显然，这种观点是武断的，也是错误的。他们同样是为了利用自己的"个性""派性"或"私利"取代党性，践踏人民性。这种武断而错误的指令造成了全民族思想的迷茫，割裂了党和人民的血肉联系，教训极为深刻。

思考题

1. 新闻传播事业为什么必须坚持真实性原则？
2. 新闻传播事业真实性的含义是什么？
3. 新闻失实主要有哪些方面的表现？造成新闻失实的主要原因是什么？
4. 什么叫调查研究？调查研究的基本方法有哪些？
5. 何谓新闻传播事业的客观性原则？客观性原则的基本内容有哪些？
6. 怎样坚持新闻传播事业的指导性和客观性的统一？
7. 无产阶级新闻传播事业党性原则有哪些基本内容？
8. 中国共产党有关新闻宣传的纪律有哪些主要规定？
9. 新闻传播事业为什么要坚持人民性原则？其表现有哪些？
10. 怎样理解坚持新闻传播事业的党性原则和人民性原则的一致性？

第八章
新闻传播事业的运作方法

内容提要

　　新闻传播事业是一项原则性和技艺性都很强的社会事业。在长期的发展过程中，中国新闻传播事业形成了许多特有的运作方法。其中，主要包括"以正面宣传为主的方针""舆论监督和新闻批评""新闻策划"和"新闻精品及其新闻美"四个方面的内容。这些基本的运作方法贯穿于新闻传播事业运行的全过程，涵盖了新闻传播事业运行的各个方面。熟悉和掌握这些基本的运作方法，对于推动中国新闻传播事业的健康发展具有重要意义。

第一节　以正面宣传为主的方针

一、以正面宣传为主的方针及其基本内容

我国新闻传播事业是党和人民的喉舌，担负着宣传党的路线、方针和政策，推动社会经济发展和维护社会稳定的重要职责。因此，在新闻工作中要坚持以正面宣传为主的方针。

什么叫正面？什么叫正面宣传？什么叫"以正面宣传为主"的方针呢？"正"是垂直和符合标准的方向，正面是和反面、斜面或侧面相对应的。正面宣传应该是对"好的、积极向上的新闻事件、新闻人物的报道"。有的人也将正面宣传称为"正面报道"或者"典型报道"。他们认为，所谓正面报道是指弘扬"主旋律"的报道，也即希望对事实作积极的、肯定的、赞扬的、倡导的报道与评价。[①] 由此可见，正面宣传或者正面报道是新闻宣传报道中的一种方法，是指在新闻宣传报道中多报道反映社会主流的事物以及事物的正面、光明面和积极面，目的是为了弘扬社会正气，推动社会进步。

以正面宣传为主的方针就是关于正面宣传或者正面报道方面的方针政策，是我国新闻传播事业所应该遵循的一项基本的宣传报道方针。对此，最早做出比较全面论述的是曾经主管中共中央宣传工作的李瑞环。在 1989 年 11 月召开的新闻工作研讨班上，他专门以"坚持正面宣传为主的方针"为题发表了重要讲话。他指出："无论是从新闻工作的一般意义上讲，还是从当前各方面的实际情况来讲，或者是从稳定是压倒一切这个大局来讲，关键的问题是新闻报道必须坚持以正面宣传为主的方针。……这是社会主义新闻传播事业必须遵循的一条极其重要的指导方针。坚持这个方针，就是要准确、及时地宣传党的路线、方针、政策，实事求是地反映社会现实生活的主流，让人民群众用创造新生活的业绩教育自己，形成鼓舞人们前进的巨大精神力量。"[②]

---

① 冯健．中国新闻实用大辞典．北京：新华出版社，1996. 81.
② 中国共产党新闻工作文献选编．北京：人民出版社，1990. 163.

坚持以正面宣传为主的方针之所以是必要的，是因为它是人类社会对新闻传播活动的基本要求。文学创作除了歌颂美好的人性以外，还揭露和批判现实，以揭露和批判来推动社会进步。新闻传播担负着向社会全体成员传达信息、联络感情、形成合力的任务，它在适当地进行揭露性的批评报道之余，主要是通过歌颂和弘扬社会的光明来鼓舞社会成员和推动社会进步。从人类的本性而言，它总是要求真的、美的、善的东西战胜假的、丑的、恶的东西，这就决定了新闻传播活动必须给人以光明，给人以乐观和信心。社会的统治阶级为了维护自己的统治，为了有效地组织社会的生产和生活，他们总是期望新闻传播有利于自己的东西，而避免传播那些过分暴露和批判现实的东西。

那么，什么叫做"以正面宣传为主"的方针呢？李瑞环指出："我们所说的'正面'，所说的'为主'，就是要着力去宣传报道鼓舞和启迪人们发展社会生产力的东西，鼓舞和启迪人们坚持四项基本原则、坚持改革开放的东西，鼓舞和启迪人们加强社会主义民主和法制建设的东西……总之，一切鼓舞和启迪人们为国家的富强、人民的幸福和社会的进步而奋斗的新闻舆论，都是我们所说的正面（宣传），都应当努力加以报道。"① 据此，我们可以将以正面宣传为主的方针的基本内容归纳为以下三个方面：

第一，坚持以正面宣传为主的方针必须体现时代精神。所谓时代精神，是体现时代发展规律和要求的一种推动社会进步的意识力量，体现时代精神是正面宣传所应担负的任务。大致说来，时代精神具有以下三个特点：一是回答时代最迫切的问题。每一个时代都有自己最迫切需要解决的问题，抓住了这些问题，就抓住了时代的动向，就能够引起广泛的关注。二是揭示生活的根本矛盾。每一个时代的人们都会遇到带普遍性的生活矛盾，新闻传播媒介只有揭示和解决这些矛盾，才能吸引人民群众。三是反映人民心声。每一个时代的人民群众面临着需要解决的主要生活矛盾，都会发出强烈的呼声，新闻传播媒介反映人民的心声也就反映了时代精神。

第二，坚持以正面宣传为主的方针必须运用典型报道的方法。典型报道是对现实生活中具有代表性和普遍性意义的人和事所进行的比较深入、系统的报道。具体而言，典型有以下五种类型：一是思想先进型，即具有正确的人生观、价值观、献身精神和奋斗作风。二是道德高尚型，即新闻报道的典型具有能够反映出一个时代的道德价值。三是勇于创业型，即新闻报道的典型具有超凡的勤奋、非凡的毅力、令人羡慕的业绩，能够催人奋进。四是开拓创新型，即新闻报道的典型是一些"第一个吃螃蟹的人"，他们的事迹能够启发人们思

① 中国共产党新闻工作文献选编. 北京：人民出版社，1990. 167.

考，积极大胆地探索。五是批评揭露型，即所报道的典型能够从反面反映时代精神，给人以警戒。

第三，坚持以正面宣传为主的方针必须和批评报道有机结合。坚持以正面宣传为主的方针，是对新闻传播媒介反映全局来说的，是对宣传报道的整体而言的，并不是仅仅要求多说好话，不接触或少接触热点和难点问题。坚持以正面宣传为主，既报喜又报忧，可以促使健康的东西更健康，使腐败的落后的东西转化成先进的健康的东西。实践证明，不充分肯定和倡导现实生活的光明面，就会造成人们的思想混乱，影响社会的稳定；不揭露现实生活中的阴暗面，也会影响正面宣传的效果。正面宣传与批评报道虽然在形式上和内容上有所不同，但在目标和方向上是一致的，是相辅相成的。

二、坚持以正面宣传为主的方针的基本要求

中国无产阶级和社会主义新闻传播事业是十分注重正面宣传的，早在延安时期就着重宣传了吴有满、马杏儿、赵占魁等先进典型人物，鼓舞了人民群众参加战争和生产的热情。中华人民共和国成立后，我国新闻传播媒介进行了一系列正面宣传，树立了雷锋、焦裕禄、王进喜等一大批先进人物。中共十一届三中全会以来，我国新闻传播媒介加大了正面宣传的力度，树立了苏宁、孔繁森、郑培民等一大批先进典型。所有这些正面宣传对于维护社会稳定、促进改革开放和加强社会主义精神文明建设都起到了重要的作用。

但是，毋庸讳言，我国新闻传播媒介的正面宣传也存在一些弊端，产生过一些负面影响。大致说来，这些弊端主要表现在以下三个方面：首先，题材雷同，手法陈旧。正面宣传是我国新闻传播事业在计划经济时期形成的优势，在社会主义市场经济条件下如果照搬"老一套"，就会和时代的发展不协调。这种不协调主要表现为正面宣传中的"三老"现象：一是"老调调"，即旧主题与新内容缺乏有机结合，缺少时代特色；二是"老套套"，即新闻报道的思路没有适应形势的发展和群众的需要，缺少创新；三是"老框框"，即新闻宣传的形式沿用过去固定的模式，缺少突破。其次，高高在上，不合情理。有些正面宣传报道为了推广先进，往往脱离实际、脱离群众、脱离生活，结果是口号响、内容空，文件多、实际少，人为拔高、片面夸张。有些先进人物报道，为了渲染先进人物的高尚品格，往往铺陈他（她）们为了工作而不顾父母儿女，身患重病也不医治，分文不取，无私奉献等。有些正面宣传报道，事实真实、典型，但效果却不能令人满意。例如，某市长卖掉几十万元的轿车给教师发工资，某医院坚持六年不卖假药等。这样的宣传不但不能产生正面效果，反而会

产生严重的误导。还有一些正面宣传，事实非常感人，但是由于宣传报道的时机不对，也起不到正面引导的效果。例如，关于"好公仆"李润五（北京市副市长）的报道，由于选择在"陈希同—王宝森"特大贪污受贿案之后发表，严重地冲淡了其应有的效果。

正面宣传是一项政策性很强的宣传报道工作，在进行这项工作时应注意以下四个方面的问题：

第一，坚持党性原则。我国新闻传播事业是中国共产党事业的一部分，坚持党性原则是新闻工作的应有之义。江泽民指出，"坚持党性原则，就是要求新闻宣传在政治上必须同党中央保持一致"，但这"绝不是机械地简单地重复一些政治口号，而是站在党和人民的立场上，采取多种多样的方式，把党的政治观点、方针政策，准确生动地体现和贯彻到新闻、通讯、言论、图片、标题编排等各个方面"①。

第二，把握舆论导向，提高引导水平。新闻报道必须以正确的舆论引导人，以高尚的精神塑造人。而以正确的舆论引导人，重在正确、难在引导。正确的舆论不仅仅指政治导向正确，还要注意思想导向、价值导向、知识导向、行为导向、生活导向、服务导向等方面的问题。讲究引导艺术，就是要增强正面宣传的吸引力、感召力和感染力。要做到这一点，就必须从群众关心的话题入手，改变单向式、训导式、灌输式和填鸭式的报道方法，创造出群众喜闻乐见的、多姿多彩的、生动活泼的和亲切感人的报道方式。

第三，坚持服务大局。坚持以正面宣传为主的方针，是为了贯彻落实党在某一阶段的路线、方针和政策。这就要求新闻传播媒介在进行正面宣传时，一定要审时度势，把握全国和全党工作的大局。具体说来，就是要在新闻报道的内容上和基调上体现大局，在新闻宣传的效果上服务大局，在新闻宣传的组合上"唱响主旋律"。

第四，准确干预生活。正面宣传在很大程度上是对所报道的人和事的肯定和褒扬。但是，正面宣传往往也会遇到一些困难。例如，它所表现的是政治生活和社会生活的难点，某一特定时期对社会发展不利的特殊的社会现象等。要使正面宣传取得最佳效果，新闻传播媒介必须准确地干预生活。干预生活是指正面宣传要在"反差性社会大背景之中，面对多元化社会价值取向，旗帜鲜明地表明新闻的'倾向'，并以此方式引导人们的取舍"②。要做到这一点，要求确定报道思路的时候，更准确地找到事件、记者和读者之间的共振点，找到

① 中国共产党新闻工作文献选编. 北京：人民出版社，1990. 189.
② 樊克宁. 正面报道也要干预生活. 羊城晚报通讯，1994（8）.

正面宣传干预生活的切入点；也要善于从生活中发现真善美的题材，并且能够运用这些题材激发人们的善良本性。

三、讲求正面宣传的艺术

长期以来，我国新闻传播媒介在正面宣传中积累了丰富的经验，形成了一些行之有效的宣传艺术。这些经验或艺术主要包括以下三个方面：

第一，找准权威性、指导性和可读性的结合点。如何将权威性、指导性和可读性结合起来，是新闻传播媒介面临的普遍问题。在这方面，《南方日报》作了如下有益探索[①]：将党和政府正在着手解决的问题与人民群众要求解决的问题结合起来；将有关党和政府的工作报道，从人民群众关注的角度寻找切入点；在宣传报道中，将人民群众的切身利益和党和政府的工作相结合，使人民群众易于理解和接受；寻找党和政府工作的难点和人民群众困惑点的交叉点，为人民群众排忧解惑。实践表明，这样的正面宣传对读者具有感染力和吸引力。实现新闻的指导性和可读性的统一，最主要的是抓准问题，把握火候。党和政府的大事，就是群众关心的大事，党和人民的利益是一致的，这是指导性和可读性统一的客观基础。

第二，增强"精品"意识，提高宣传质量。为了适应社会主义市场经济体制的要求，我国新闻传播媒介都增强了质量意识和"精品"意识。"精品"意识体现在正面宣传中，首先，必须具有深刻的思想主题，并且在介绍新闻事件、新闻人物的同时，全方位、多角度、多层次去表述新闻事件或新闻人物所具有的重要意义，使之具有一定的深度和广度。其次，正面宣传报道遵循客观公正的原则，对新闻事件和新闻人物不能任意拔高和夸大。再次，正面宣传报道的"精品"应该在发表之后经得起时间的考验，应该很快成为人们"街谈巷议"和"茶余饭后"的话题，应该引发比较强烈的受众反馈。

第三，正面宣传和批评报道有机结合。在进行正面宣传的同时，也可以通过分析和解剖实际工作和现实生活中存在的一些问题，运用批评报道，从侧面引导群众认识和解决问题。从这个意义上说，正面宣传和批评报道是相辅相成的。正面宣传并不是不要批评报道，而是在坚持以正面宣传为主的前提下适量（度）、适时地开展批评报道，并且将正面宣传和批评报道有机地结合起来。所谓"适量（度）"就是要把握好正面宣传和批评报道的比例。在坚持以正面宣传为主的前提下，必须开展批评报道，但是正面宣传和批评报道的比例不宜

---

① 李孟昱. 舆论导向要正，宣传报道要活. 岭南新闻探索，1996（6）.

过分繁密。所谓"适时",就是要把握好正面宣传和批评报道的时机。无论是正面宣传或者是批评报道都有其特定的社会"负面"环境,因此,正面宣传和批评报道应该在这种"负面"环境比较严重的时候同时配合出现。所谓"有机",就是要找到正面宣传和批评报道的相关点和共振点,使两者能互相促进、相得益彰。批评报道和正面宣传两者是有机统一的,如果两者结合得好,可以收到"反面文章正面作"的效果。伸张正义、抨击时弊的新闻不一定都是批评报道,揭露腐败现象也能产生积极影响。因此,批评报道要特别注意揭示负面事件的积极因素,努力把隐藏在负面事件中的正面意义显现出来。同时,在批评报道中要不失时机地推出相关的正面典型,使之形成强烈的反差,促进事物的顺利转化。

第二节　舆论监督与新闻批评

一、舆论监督及其作用

舆论的定义很多,新闻传播学界中外殊异、百家争鸣。我们仅取其中比较权威的观点,这就是说,舆论"是社会或社会群体中对近期发生的、为人们所普遍关心的某一争议性的社会问题的共同意见"①。舆论既然是社会群体对普遍关心的有争议的问题的共同意见,那么它必然具有集合性、争议性、现实性、公开性、自主性等特征。所谓集合性,是指在舆论形成的过程中个体意识中的局部观点不断自我修正以适应群体意识中的共同观点。所谓争议性,是指舆论总是针对有争议的问题而发,总是强烈地表现出人们的世界观、立场和观点。所谓现实性,是指舆论总是针对现实问题而作的评价,它不会回避现实生活中的任何矛盾。所谓公开性,是指舆论总是通过一定的形式(例如新闻传播媒介)对事态作出公开的评价,并且广泛流传。所谓自主性,是指舆论的主体参与舆论活动完全是自觉自愿的,不受外界的干涉和强迫。

所谓舆论监督,就是"公民通过新闻传播媒介对国家机关、国家机关工

---

① 甘惜分. 新闻学大辞典. 郑州:河南人民出版社, 1993. 37.

作人员和公众人物的与公共利益有关的事物的批评、建议，是公民言论自由权利的体现，是人民参政议政的一种形式"①。由此可见，舆论监督的主体是最广大的人民群众，对象是一切公共政治权力部门及其决策人物，主要形式或途径是通过新闻传播媒介。

和舆论一样，舆论监督也具有公开性、广泛性与及时性等特点。舆论监督之所以具有公开性的特点，是因为舆论监督是通过新闻媒介来进行的，而新闻媒介又是面向全社会的。通过新闻媒介的公开报道和评论，国家机关及其工作人员可以公开于人民群众面前。这样，舆论监督就可以最大限度地调动社会的正义和良知，与一切腐败现象作斗争。舆论监督之所以具有广泛性的特点，是因为舆论监督运用舆论的力量并借助新闻媒介进行，因此它在监督的主体上、对象上以及效果上，都具有广泛性。这样，舆论监督实际上是一种全社会性的监督，它可以借助人民大众的力量，产生广泛而深刻的影响。舆论监督之所以具有及时性的特点，是因为舆论监督是通过新闻媒介进行的，因此它能够迅速反映和形成强大的舆论。对于所监督的事件，舆论监督既可以提前介入，又可以进行追踪报道和连续报道，施加及时的影响。这样，舆论监督既可以防微杜渐于前，又可以惩恶罚劣于后，收到综合治理的功效。

从上述舆论监督的定义可知，舆论监督主要包括对"事"（政府决策及其过程和决策执行情况）的监督和对"人"的监督两个方面。

从对"事"的监督方面而言，它包括对政府决策过程的监督和对政府决策执行过程的监督。决策民主化和科学化是现代社会行政管理的起点和基础，而舆论监督又是实行决策民主化的重要途径。因此，凡是涉及国计民生的重大决策，都可以通过新闻传播媒介来酝酿和讨论，以便使决策集思广益，代表民意。决策失误是最大的失误，对于决策过程的监督应当成为舆论监督的首要任务。政府决策制定后，新闻传播媒介可以及时地对其执行过程进行多方面的反馈和检验。如果发现决策本身有错误，新闻传播媒介可以及时地反馈给某些方面，使之通过法定的某种程序将其取消。如果决策执行不当或者不力，新闻传播媒介可以加以披露，督促有关执行者认真贯彻执行。

从对"人"的监督方面而言，它既包括对国家机关工作人员的监督，也包括社会对于新闻传播媒介的监督。国家机关工作人员是人民的公仆，我国宪法规定，他们必须"接受人民的监督，努力为人民服务"。新闻传播媒介应该发挥广泛联系人民群众的优势，对各级领导机关和领导干部进行监督，或者提出意见和建议。这对于防止和克服腐败现象具有重要的意义。既然舆论监督是

① 王强华．舆论监督与新闻纠纷．上海：复旦大学出版社，2000.27.

人民群众通过新闻传播媒介对整个社会进行监督，那么新闻传播媒介及其新闻工作者自然也应该包括在舆论监督的范围之内。那种凌驾于党和人民群众之上，利用新闻传播媒介来发泄自己所代表的小集团的不满的所谓"舆论监督"，是对舆论监督的一种误解。新闻舆论监督必须在宪法和法律范围内进行，新闻单位和新闻工作者也应该接受党和人民的监督。否则，舆论监督就会走到错误道路上去，新闻工作者就会变成脱离人民的"无冕之王"。

在我国社会民主政治生活中，舆论监督具有重要作用。首先，开展舆论监督有助于党和政府决策的民主化和科学化。共产党和人民政府是人民群众根本利益的代表者，人民群众通过新闻媒介发表对党和政府决策的意见和建议，是参与国家政治生活的重要途径。新闻媒介积极参与决策过程，有利于充分反映各阶层人士的意见，集思广益，使决策过程民主化和科学化，并且使上情下达，下情上传，同心同德，贯彻实施。其次，开展舆论监督有助于吸引广大群众参政议政。既然党和政府的工作都是为了人民群众的根本利益，党和政府的工作除了具体的国防和外交机密外，绝大多数问题都可以让人民群众参与讨论、发表意见。这样既可以活跃民主气氛，又可以让人民群众自我教育，提高参政议政的水平。再次，有助于克服党和政府工作中的不正之风和腐败行为。为了保证党政机关及其工作人员的廉洁高效，有必要再继续加大舆论监督的力度。和党内监督、行政监督、司法监督相比，舆论监督虽然不具强制力，但它能够引导广大群众参与，能使腐败者有所顾忌，起到惩一儆百、治病救人的作用。不过，也应该看到，舆论监督是一把双刃剑，既可以揭露腐败、弘扬正义，也可能混淆视听、伤害无辜。因此，新闻媒介和新闻工作者在开展舆论监督时，既要积极主动，又要理智慎重，切不可感情用事，图一时之快。

二、舆论监督和新闻批评之关系

说到舆论监督，人们常常把它等同于新闻批评或者批评性的新闻报道。新闻批评或者批评性的新闻报道无疑是舆论监督的重要组成部分，但是如果由此将舆论监督归结为新闻批评，或者主张"舆论监督就是揭露和曝光"，则是错误的。中共"十三大"政治报告（1987）指出："要提高领导机关的开放程度，重大情况让人民知道，重大问题经人民讨论。""要通过各种现代化的新闻和宣传工具，增加对政务和党务活动的报道，发挥舆论监督的作用，支持群众批评工作中的缺点和错误，反对官僚主义，同各种不正之风作斗争。"可见，舆论监督的概念要比新闻批评或者批评性新闻报道的概念宽泛得多。除新闻批评或者批评性的新闻报道以外，舆论监督还包括人民群众通过新闻传播媒介对各项社会工作决策的讨论和参与，新闻传播媒介对于人民群众各种建议、倡导和要求的反映，以及领导者对于新闻传播媒介所反映的各种问题的及时沟通、疏导、化解等诸多方面的内容。

　　虽然我国新闻传播学界对新闻批评一词鲜有专门阐述，但其概念是清楚的。有的教科书将其称为"批评性新闻""批评性报道"，也有的将它归于"新闻传播事业的战斗性"之中。一般认为，所谓新闻批评，是指新闻传播媒介"对不良现象和错误现象做事实陈述和说理评析的报道。……（其）目的是为了纠正错误，变消极因素为积极因素"①。从形式和内容上看，新闻批评是以揭露社会中的消极腐败现象为主的，它和西方新闻界的"调查性报道""揭露性报道"有相似之处。但是，新闻批评的目的不在于"揭露""曝光"，而在于"治病救人"、促进社会风气的好转。从这个意义上来说，新闻批评和我国新闻界的"正面宣传"又有相同的目的和功用。

　　新闻批评是舆论监督的主要方式之一。舆论监督既可以通过肯定、倡导某种现象或行为的方式引导人们择善而从之，也可以通过否定、批评、谴责某些不良社会现象和行为，促使人们悔改、警觉和反思，以克服社会的消极腐败现象。这种通过否定、批评、谴责某些不良社会现象和行为的方式，促使人们悔改、警觉和反思，以克服社会的消极腐败现象的舆论监督形式，就是新闻批评。由于新闻传播媒介具有广泛性、及时性和巨大的影响力，新闻批评能够产生广泛而深刻的影响。由此可见，新闻批评不仅是舆论监督的一种形式，而且是一种重要和主要的形式。评价一个社会的民主进步程度，主要标准之一就是它是否真正允许新闻传播媒介开展舆论监督。一家新闻传播媒介的影响力如何，其重要标志之一也是它的舆论监督开展得如何。换言之，新闻批评开展的深度和广度往往成为衡量新闻传播媒介能否真正发挥舆论监督作用的尺度。

　　中华人民共和国成立以后，执政的中国共产党十分重视舆论监督和新闻批评的问题。1950年4月，中共中央作出了《关于在报纸上开展批评和自我批评的决定》。《决定》指出："在报纸刊物上进行批评和自我批评，是为了巩固党与人民群众的联系、保障党和国家的民主化、加速社会进步的必要方法。"这个《决定》发表后，在全国引起很大的反响，当时批评报道开展得如何成为一家报纸办得好坏的标准。据专家研究，1951年至1953年，《人民日报》平均每天发表批评稿件在4篇以上②。1954年7月，中共中央又颁布了《改进报纸工作的决议》。《决议》指出："报纸是党用来开展批评和自我批评的最尖

① 冯健. 中国新闻实用大辞典. 北京：新华出版社，1996. 81.
② 王强华. 舆论监督和新闻纠纷问题研究. 新闻与传播研究，1997（3）.

锐的武器。为了广泛地开展批评和自我批评，各级党委应充分地和正确地利用报纸这一有力的武器。"这个《决议》的发表，对于加强报纸的批评报道起到了重要的作用。但是，1957 年以后，随着"左倾"思潮的不断泛滥，报纸上正确的批评报道受到破坏。

改革开放后，我国的新闻批评得到恢复。1981 年 1 月，中共中央颁布《关于当前报刊新闻广播宣传方针的决定》，充分肯定了报纸刊物积极地开展批评和自我批评的做法，认为这"增强了党和人民的联系，也提高了报刊和党的声誉"。1987 年 10 月召开的中共"十三大"，第一次将新闻批评提高到"舆论监督"的高度。会议指出，要"提高领导机关活动的开放程度，重大情况让人民知道，重大问题经人民讨论。……要通过各种现代化的新闻和宣传工具，增加对政务和党务活动的报道，发挥舆论的监督作用"①。在中共中央的倡导下，新时期新闻批评和舆论监督工作有声有色地开展起来。其中，涉及一系列包括各省市党政领导与党和国家领导人在内的大案、要案。例如，1980 年 7 月披露的"渤海二号"沉船事件，1996 年披露的中共中央政治局委员、中共北京市委书记兼市长"陈希同贪污腐化案"，2001 年披露的全国人大常委会副委员长成克杰贪污受贿案，2006 年披露的中共中央政治局委员、中共上海市委书记"陈良宇贪污社保基金案"，2012 披露的中共中央政治局委员薄熙来贪污受贿和滥用职权的案件等；中共"十八大"后披露的中共中央常委周永康案件和中共中央军委副主席徐才厚、郭伯雄案件，中共中央办公室主任令计划案件等。这些特大贪污腐败案件的揭发和处理，与新闻传播媒介积极反映人民的心声，伸张社会正义密切相关。在 2016 年 2 月召开的党的新闻舆论工作座谈会上，中共中央总书记习近平指出，"新闻媒体要直面工作中存在的问题，直面社会丑恶现象，激浊扬清、针砭时弊，同时发表批评性报道要事实准确、分析客观。"② 可以说，新闻传播是党内监督的健康力量和反腐败的尖兵。

长期以来，我国新闻传播媒介在实践中形成了以下五种新闻批评的形式：一是读者（听众或观众）来信。"读者来信"是指读者向新闻传播媒介反映问题、提出批评、表示意见的信函，它体现着读者对于新闻工作特别是舆论监督的参与意识。对于一些重要的读者来信，新闻传播媒介不宜轻易地转给有关部门答复，而应调查核实，公开发表或者在内部刊物上发表。二是典型批评。典型批评是典型报道中的一种，一般是针对社会上带有普遍性的问题和现象进行

① 中国共产党第十三次全国代表大会文件汇编. 北京：人民出版社，1987. 45.
② "平语"近人——总书记关于新闻舆论工作的这些论述，你还记得吗？新华社，2017 - 02 - 19.

的新闻批评，它具有普遍的教育意义。新闻批评所涉及的典型，既可以是某些坏人坏事，也可以是某些带有普遍意义的不良社会风气，还可以是阻挠某项中心工作顺利推进的某种错误思想。三是连续批评。连续批评是新闻传播媒介针对重大的问题或者事件进行的集中、突出、连续的批评报道。这种批评形式往往是针对某一问题，在时间上展开连续报道，在对象上展开合理的联系，以便引起社会的普遍关注。四是对比性批评。对比性批评是将具有代表性和相关性的正反两方面的事例对应编排，目的在于用正面典型反衬和鞭挞反面典型，使人们在鲜明的对比中爱憎分明，深受教育。五是专题批评。专题批评是通过群众讨论对社会上某一专门问题展开辩论，以分清是非、提高认识所进行的一种讨论式批评。新闻传播媒介所设置的论题一般是群众普遍关心而又意见分歧的问题。这种方式没有明确的批评对象，目的在于帮助人们进行自我教育，提高认识。

三、舆论监督和新闻批评的原则及方法

改革开放以来，我国新闻传播媒介积极开展新闻批评，有效地发挥了舆论监督的作用。但是，应该看到，新闻批评也遇到了很大的困难。具体说来，这些困难主要表现在以下四个方面：一是批评报道受到地方保护主义的严重干扰。在社会主义市场经济条件下，由于批评报道要涉及具体的人和事，特别是要涉及一些生产或经营性企业，难免影响到一个部门或者一个地区的利益，所以新闻批评往往受到地方保护主义的干扰。二是批评报道的对象大多数集中于乡镇以下干部。据统计，在中央和各省级党报进行的 118 个批评报道中，涉及乡镇以下的企（事）业单位 59 例，涉及群众的 11 例，涉及县（处）级的 35 例，地、市（局）级的 4 例，省部级的 5 例。[①] 三是"新闻官司"增多。从 1983 年第一起"新闻官司"《二十年"疯女"之谜》诽谤案到 2004 年 6 月底，全国共发生"新闻官司"3 000 多起。[②] 这些"新闻官司"主要涉及公民和法人的名誉权、肖像权和隐私权，而且绝大部分是新闻传播媒介和新闻工作者败诉。四是市场竞争激烈，广告客户难以得罪。在社会主义市场经济条件下，新闻传播媒介为了维持自身的生存和发展，对于广告客户进行新闻批评，就不得不三思而行。

开展舆论监督和新闻批评的困难虽然很多，但是新闻传播媒介和新闻工作者绝不能因此放弃舆论监督和新闻批评的神圣使命。在这里，正确掌握舆论监

---

① 王强华. 舆论监督和新闻纠纷问题研究. 新闻与传播研究，1997（3）.
② 刘海涛等. 中国新闻官司二十年. 北京：中国广播电视出版社，2007. 2.

督和新闻批评的下列原则和方法，就具有重要意义。

第一，必须正确处理好舆论监督和新闻批评与共产党的领导的关系。这是由我国特殊的新闻传播体制所决定的，也是舆论监督成败的关键。在这个问题上，应该把握以下三个关键：首先，新闻媒介开展舆论监督必须接受共产党的领导。中国共产党是全国人民的领导核心，这一点在宪法中有明确规定。新闻传播事业作为社会主义事业的一部分，毫无疑问它所开展的舆论监督工作必须接受共产党的领导。但是，共产党对新闻传播事业的领导主要是政治方向的领导，而不必事无巨细地过多干涉。其次，共产党的各级机关及其干部都应该接受舆论监督。宪法既规定了共产党的政治领导地位，也规定了包括共产党在内的各个政党都要在宪法和法律规定的范围内活动。《中华人民共和国宪法》第四十一条明确规定，新闻媒介有开展舆论监督的权利，共产党的机关和各级干部都应该接受舆论监督。这种监督可以是对党员个人的，也可以是对党组织的，更应该是对党的路线、方针和政策的制定和执行的。再次，新闻媒介对共产党的舆论监督应该是善意的和有建设性的。社会生活有光明面，也有阴暗面，阴暗面的情况也各不相同，对于人民内部的缺点、错误，也应该进行揭露和批评，但这种揭露和批评是"恨铁不成钢"，目的是以同志式的态度帮助其克服缺点、纠正错误。对于共产党和政府工作中的缺点、错误，只要是善意的、有益于工作改进的，共产党和人民政府都应该热忱欢迎。

第二，依法开展舆论监督。舆论监督是公民的一项基本权利，维护司法独立也是民主政治所必须遵循的一项基本原则。因此，开展舆论监督和新闻批评必须遵守法律的规定，尊重和维护公民和法人的名誉权。舆论监督和名誉权保护制度同是人类文明和社会进步的重要标志，它们的最终价值取向都是为了整个社会文明的健康发展。怎样既保护公民和法人的名誉权，又保护正当的舆论监督呢？原最高人民法院院长任建新指出："对报刊上发表文章引起的名誉权纠纷，要区分正当的舆论批评与侵犯名誉权的界限，既要依法保护名誉权，又要依法支持舆论监督。"① 这应成为正确处理名誉权保护和行使舆论监督权利的指导思想。

第三，掌握"开、好、管"的三字方针②。所谓"开"，就是要开展批评；所谓"管"，就是各级党委要把新闻批评管起来；所谓"好"，就是要把新闻批评开展好，使之产生良好效果。根据上述三字方针，新闻传播媒介在开展新闻批评时，应该注意以下五项具体原则：一是要有对党和人民高度负责的

---

① 张西民等. 新闻侵权：从传统媒体到网络. 北京：新华出版社，2000. 197.
② 毛泽东新闻工作文选. 北京：新华出版社，1983. 177.

精神。开展新闻批评要从党和人民的根本利益出发，要坚持真理，出于公心，不能利用新闻传播媒介之便泄私愤、谋私利。二是与人为善，维护稳定。新闻批评应该选择那些带有普遍教育意义的事例加以报道，而且要让人感到是善意的、满腔热情的，不能冷嘲热讽，一棍子打死人。三是客观公正，不偏不倚。新闻批评的事实一定要准确、全面，不能感情用事。四是有头有尾，善始善终。新闻批评不能一"批"了之，应该争取有关部门协助解决问题，使批评报道产生积极的结果。五是遵守有关法规，依法开展新闻批评。对于重大的批评报道一定要事先征得有关领导部门的意见，并事先向被批评者核实和通报。

　　那么，怎样将新闻批评开展"好"呢？近年来，我国新闻界在这方面积累了一些成功的经验和方法。这些经验和方法主要包括以下五个方面：第一，端正认识，过好"思维关"。长期以来，新闻界有一种观点认为，新闻传播事业姓"党"，新闻传播媒介上的每一条消息，甚至每一句话都要代表党的声音。受这种观点的影响，新闻批评者以"裁判"自居，动辄给被批评者"定性"，往往造成被动。应该看到，新闻批评首先是一种新闻报道，既然是新闻报道，就应该从新闻事件入手[①]。这样既可以增加新闻批评的新闻性，又可以避免不必要的麻烦。第二，现场调查，过好"采访关"。新闻批评的线索可能是记者感觉到的，也可能是读者来信反映的，还可能是有关职能部门提供的。无论是哪一种情况，记者都必须深入现场进行采访。在采访中，记者不能带任何个人成见，也不能单纯核实"材料"，而应该"站在被批评者的角度"把事件的全过程弄清楚，并且随时注意发现具有新闻价值的事实。第三，删繁就简，过好"写作关"。新闻批评事件即使调查得再清楚，也没有必要按照"先下结论—次述经过—再列原因—最后提建议"的框框全部写出来。明智的做法应该是，抓住要害问题，舍弃枝节问题。这样做是为了集中"火力"，指向"要害"，同时避免"言多必失"的危险。第四，推动处理，过好"协调关"。新闻传播媒介不是权力机关，不可能包揽被批评事件的处理，但是它应该积极推动有关权力机关妥善处理被批评事件。第五，处理三大关系，过好"艺术关"。新闻批评涉及方方面面的复杂关系，一般要妥善处理好以下三个方面的关系：一是处理好揭露负面事件与揭发个人行为的关系。新闻批评的目的是为了解决问题，而不是"整人"，因此在新闻批评中应以揭露负面事件为主，尽量避免披露当事人那些与新闻事件无关的行为。二是处理好社会性事件与工作性事件的关系。社会性事件是群众所关心的大事件，具有突发性和接近性的特点。工作性事件是党和政府作为某一时期或者某一方面工作重点所关注的事

---

①　曹轲. 开创批评报道新天地. 南方日报通讯，1995（11）.

件，具有计划性和重要性的特点。新闻批评应该以社会性事件为主，并且尽量把社会性事件和工作性事件结合起来。三是处理好新闻采访与案件调查的关系。新闻采访应像案件调查那样真实而全面，用事实说话。但是，新闻采访的目的是为了报道，而不是为了侦查。因此，新闻采访应该注重那些具有新闻价值的事实，而不应该面面俱到，更不能轻易下结论。

第三节　新闻策划

一、新闻策划的定义与作用

"策划"一词，从字义上讲，有"计划""谋划""筹划"和"打算""想办法"等含义。"策划"作为一种新闻传播媒介的运作现象，在国内外早已有之。1918 年出版的徐宝璜著的《新闻学大意》一书在讨论编辑的职责时指出，编辑具有"决定访员之进退""实行社中之政策""采集临时发生之新闻""创新新闻"之职责。"编辑每日看国内各地及外国报纸时，如见有某地之事，为本埠所应有而尚未有者，可派访员往访本埠之重要人物与机关征求意见，并收罗关于此事之种种材料而登布之，此曰制造新闻。"① 这里所指的"创新新闻"或"制造新闻"和当今所谓的"新闻策划"具有相近的含义。

在中国新闻学界，将"策划"和"新闻"相联系是 20 世纪 90 年代中期的事情。1993 年，蔡雯教授分别在《中国记者》第 3 期和《新闻战线》第 11 期发表了《报纸策划：当代新闻学新课题》和《搞好新时期的报道策划》两篇论文，首先提出了"报纸策划"和"报道策划"的概念。这里所指的"报纸策划"和"报道策划"主要是指对新闻报道的策划。与此同时，"新闻策划"的概念在公关策划界流行起来。1993 年，孙黎在其编著的《策划家——商界传奇的创造者》一书中明确提出了"新闻策划"的概念。1996 年，高明等编著的《策划大师与经典策划》进一步对"新闻策划"作了详尽的阐释。不过，他们所谓的"新闻策划"主要是指对"新闻事件"的策划，即"专业

---

① 徐宝璜.新闻学.北京：中国人民大学出版社，1994.92.

公共关系人员经过精心策划，有意识地安排某些有新闻价值的事件在某个选定的时间内发生，由此制造出适合传播媒介报道的新闻事件"①。

　　"新闻策划"的概念提出后，引起了新闻传播学界和业界的普遍关注，1996 年至 1997 年曾经出现过有关新闻策划讨论的热潮。总体而言，新闻传播业界多持赞同之见，而在新闻传播学界则众说纷纭。赞成者认为，新闻策划"就是指视角新、立意高、开拓深、介入及时的战役性、系列性、话题性，并能形成新闻强势的新闻报道的谋划和组织过程"②。反对者指出，新闻策划是"在新闻事实发生之前，由记者参与设计促成事件的发生并予以报道的一种行为"③。实际上这些分歧并不是根本分歧，主要是因为对新闻策划概念的外延和内涵理解不同所致。随着研究的深入，新闻策划作为新闻传播媒介运作的基本方法之一，必然得到新闻传播业界和学界的普遍认同。

　　既然人们对于新闻策划的作用和意义还有相当大的分歧，那么对于新闻策划的定义和含义势必众说纷纭。当前，新闻传播学界关于新闻策划的定义主要有以下四种观点④：其一，新闻策划是对新闻事件的策划。这种观点认为，新闻策划是"在新闻事实发生之前由记者参与设计促成事件发生并予以报道的一种行为"。其二，新闻策划是对新闻报道的策划。这种观点强调，"新闻策划主要是指新闻活动的策划，更确切一点讲，是新闻报道宣传活动的策划"，是"关于新闻报道的筹划和谋划"。其三，新闻策划是对新闻业务的策划。这种观点提出，新闻策划是"采编人员对新闻业务活动进行有创意的谋划与设计，目的是更好地配置与运用新闻资源，办出特色，取得最佳社会效益"。其四，新闻策划是对传媒运作的策划。按照这种观点，"新闻策划的内容范围比报道策划大，新闻策划可以包括报道计划，报道计划一词却无法覆盖新闻策划的全部内容"。"新闻策划内容丰富，既包括新闻业务活动的策划，也包括新闻经营管理活动的策划，不仅仅只是报道计划"。

　　显然，上述关于新闻策划的观点分歧很大。新闻策划作为人的一种主观能动活动，是新闻传播者对客观存在的新闻事实进行的有创意的谋划和设计。按照辩证唯物主义认识论关于主体和客体关系的基本原理，新闻事实是第一性的，新闻策划是第二性的。第一种观点将新闻策划归结为对未发生而即将发生的新闻事实的策划，是不可取的。其余三种观点均承认新闻策划依赖于客观存

---

①　董天策．"新闻策划"的学理审视．暨南学报，2002（5）.
②　邢才文．新闻策划是提高宣传质量的法宝．新闻学苑，1996（6）.
③　卢荫榈．"新闻策划"现象初探．新闻纵横，1996（1）.
④　董天策．"新闻策划"的学理审视．暨南学报，2002（5）.

在的新闻事实，但对新闻策划外延的设定却各不相同。大体上说，第二种观点将新闻策划仅仅归结为新闻报道策划，外延过于狭窄；第三种观点将新闻策划扩展为新闻业务策划，包括媒介定位策划、版面和栏目策划、新闻报道策划三个层面，外延有所扩张；第四种观点将新闻策划归结为媒介运作策划，不仅包括了新闻业务策划的三个层面，而且把新闻传播媒介的其他经营管理活动都纳入其中。应当承认，从外延的广泛性看，第四种观点更符合新闻传播媒介策划的现状。

据此，我们可以对新闻策划做出如下定义：新闻策划是新闻传播媒介和新闻工作者在新闻业务活动中对新闻的生产、加工和传播的全过程中的任一过程和任一活动所进行的创造性的谋划和运筹，其目的是为了更好地配置和利用新闻资源，取得最佳的传播效果。由此可见，新闻策划实际上是指新闻传播媒介运作策划，因此有学者认为，准确地说，新闻策划应该叫做"新闻传播策划"。[①] 不过，为了保持称谓上的统一性，我们不妨仍然将其称之为新闻策划。

新闻策划已经成为当今新闻报道活动中的一个重要内容，质量高、影响大的新闻报道都是精心策划的结果。做好新闻策划对于新闻报道工作具有重要的意义。一般说来，新闻策划的作用可以归纳为以下四个方面：

第一，新闻策划作为一个特定的名词，它的出现适应了社会主义市场经济体制对新闻传播事业的要求。计划经济时期，报纸"官办、官订、官看"，新闻报道计划根据上级的指令、计划拟订，很少考虑受众的要求，传播功能比较单一，只发挥喉舌作用，新闻工作者和新闻传播媒介的主观能动性受到限制。改革开放以后，我国实行社会主义市场经济体制，一大批新闻传播媒介产生出来，受众市场和广告市场形成，新闻传播媒介逐渐走上了产业化的发展道路，新闻传播媒介之间的竞争加剧。这就给新闻工作者特别是新闻传播媒介的主管者增加了强大的压力，迫使他们充分发挥主动性和创造性。在这种形势下，报社编辑部的管理重心开始由记者中心制向编辑中心制转化。记者中心制是计划经济体制下的产物，它采用的是大采访部小编辑部的模式。编辑中心制是社会主义市场经济体制下的产物，它强调编辑的主导地位，强调编辑部对整个新闻报道过程的策划和指挥。在这种情况下，新闻策划由此应运而生。因此，可以认为，新闻策划的出现，"预示着编辑部记者中心制向编辑中心制转化，行政办报向自主办报转化，盲目办报向科学办报转化"[②]。

第二，做好新闻策划有利于新闻报道主题鲜明，导向正确。1996 年 9 月，

① 董天策．"新闻策划"的学理审视．暨南学报，2002（5）．
② 腾礼．报纸策划引论．北京：新华出版社，2001.2．

时任中共中央总书记江泽民在视察人民日报社时指出："历史经验反复证明，舆论导向正确与否，对于我们党的成长和壮大，对于人民政权的建立和巩固，对于人民的团结和国家的繁荣富强，具有重要作用。舆论导向正确，是党和人民之福；舆论导向错误，是党和人民之祸。"① 当前，我国社会正处于由计划经济体制向市场经济体制转型的过程，各种意想不到的事态都有可能发生。对于发展中的事物能否正确引导，关系重大，因此新闻传播媒介必须为社会的稳定和经济的发展提供正确的舆论导向。新闻传播媒介正确引导社会舆论的一个重要手段，就是做好新闻策划。一个有高度社会责任感的优秀的新闻工作者，不能仅仅满足于被动地获取新闻线索、报道新闻，而应该主动策划，干预生活。当某一社会现象或某一事件初露端倪时，新闻传播媒介应该积极介入，抓住有重大新闻价值的题材，确立报道主题，提出具体的报道要求，选择适当的新闻体裁加以报道，引导事物朝着有利的方向发展。

第三，做好新闻策划有利于客观地评估新闻价值，提高新闻报道的水平。在新闻报道中，我们常常会遇到好题材没有写足，一般性题材却作为重点报道的情况，造成"优质劣用"或"小题大做"的弊端。新闻策划作为集体劳动，可以比较客观准确地审视新闻价值，排除因个人偏见或癖好造成的对新闻价值的不公正评判。经过策划后的新闻报道，要求明确，任务具体，有利于记者深入采访。有新闻策划能力的记者有着强烈的采访欲，这使他们在采访中能自我施压，采写出高质量的稿件。经过策划的新闻选题，在采访分工、发稿顺序、文图配置、言论配合等方面有充分的保障，所以能够组织最佳的采访方案，选择最佳的报道形式，取得最佳的报道效果。

第四，做好新闻策划有利于发掘各种新闻资源。新闻信息虽然到处都有，但是，在一定的时间和区域内，为受众普遍关心的新闻资源并不很多，"独家新闻"更是难觅。这样的新闻资源一旦发现，就应该紧紧抓住，充分利用，而新闻策划正是避免"优材劣用"和"大材小用"的弊端的一个有效途径。

二、新闻策划的特征

新闻策划作为新闻传播媒介的一种基本运作方法，既是新闻传播者运用知识结构的运作方式，也是他们思维方式的具体表现。无论是从运作方式上还是从思维方式上来看，新闻策划都具有许多鲜明的特征。概括起来说，新闻策划主要有以下四个特征：

---

① 江泽民文选（第一卷）．北京：人民出版社，2006.563～564.

第一，新闻策划是对新闻报道的策划。有些人认为或者担心新闻策划会导致新闻造假，其实这是一种误解。所谓策划，是"一种程序，在本质上是一种运用脑力的理性行为。基本上所有的策划都是关于未来的事物的。也就是说，策划是针对未来要发生的事件所做出的当前的决策。"① 新闻策划是符合新闻的真实性原则的。新闻的真实性原则关心的是新闻所报道的事实是不是一种客观存在的事实，只要是事实，不论是自然形成的还是人们有意识地经过策划形成的，只要它们具备了新闻的属性并有一定的新闻价值，都可以作为新闻事实加以报道。因此，在新闻策划的过程中，当发展中的事物由"隐性"向"显性"发展时，或者已经成为一种看得见、摸得着的客观存在时，就不能认为新闻策划违背了新闻的真实性原则。所以，有学者特别强调，新闻事实是不能策划的，新闻报道活动（包括采访、写作、编辑、出版、播出）是可以策划的，新闻策划就是对新闻报道活动的策划。②

第二，创新性和科学性。新闻策划最重要的是要有创意或创新，没有创意，没有新颖的构想，只是一种常规的、平庸的报道，谈不上新闻策划。创新性是新闻策划的灵魂。创新性常常表现为"人无我有，人有我新，人新我优"。新闻策划的创新性就是标新立异，但是标新立异不是随意的，而必须有科学的根据。因此，新闻策划必须有科学性。所谓科学性是指新闻策划前必须认真调查研究、设计方案，进行可行性论证，在几种方案中选择最佳的方案予以实施。新闻策划的创新性和科学性在思维方式方面表现为超前性和求异性两种思维方式。超前性思维方式不同于习惯性思维方式，它不面向过去、不墨守成规、不僵化保守，而总是面向未来，"喜新厌旧"，敢于突破、敢冒风险、敢于竞争，在求新中施展自己的才华和创造力。求异性思维是思维主体（新闻工作者）沿着事物的不同方向、不同途径和不同角度去思考问题，从而不断发现新的信息。当今世界风云变幻，市场经济高深莫测，新闻的本质是求新求异，创新性思维是新闻工作者在市场经济条件下进行新闻策划的最主要的思维方式。新闻工作者只有善于运用超前性和求异性两种思维方式，才能在新闻策划中体现出创新性和科学性的特征来。

第三，普遍性和典型性。新闻策划的目的是提高新闻报道的质量，扩大其影响，这就要求新闻策划具有普遍性。越是具有普遍性的东西其针对性越强，也就越具有指导意义。新闻策划既要从普遍性的事实着眼，又要从普遍性的事实中选择典型性的事实，从典型性的事实入手。新闻报道的事实既有普遍性又

---

① 游为民．公关策划谋略．四川大学出版社，1996.3．
② 董天策．"新闻策划"剖析．新闻大学，1998（春季号）．

有典型性，才能产生巨大的宣传效果，这就是新闻策划的意义所在。普遍性和典型性在思维方面表现为宏观思维和微观思维两种思维方式。宏观思维是把众多的同类事物或某个单一事物放在广阔的范围内观察和分析，从整体上、大局上把握和认识事物的基本状况。微观思维侧重于单一的事物或某个事物的局部、侧面和重点进行深入的分析和研究，从事物的个性上了解事物的特点。在新闻策划中，新闻工作者只有将宏观思维和微观思维两种思维方式结合起来，才能够从大局着眼，从小处着手，才能够在具有普遍性意义的事实中发现具有典型性意义的事实，才能够把握事物的广度和深度，才能够使新闻策划显示出普遍性和典型性的特征。

第四，系统性和动态性。现代社会是一种网络式结构，各种利益集团和人际关系错综复杂地结合在一起，利益多元化和认识多元化的趋势日益明显。这就要求新闻工作者在进行新闻策划时对于某一事物的考察，不要局限于"点""线""面"的考察，而要从多层次、多角度、多因果、多变量去作系统考察，要善于从上下左右、过去现在去思考。新闻策划常常是围绕一个重大主题，从调查研究到计划制订，有一个较长的过程。报道思想的总体设计往往考虑全面，涉及众多的社会领域，报道形式和人员的配置也要形成优势互补，这些都是一个系统的策划过程所必需的。但是，新闻策划不是整个报道中独立存在的环节，策划者应该随着时间的推移和事态的发展，重新调整报道的规模、程度和表现形式。因此，新闻策划在系统性之中还必须根据具体情况的变化显示出动态性。新闻策划的系统性和动态性特征在思维方式方面表现为立体性思维和散发性思维两种思维方式的结合。所谓立体性思维方式就是要求人们在思考问题时把握事物的整体面貌、本质特征和这个整体与其周围事物构成的立体画面。只有运用立体思维方式，新闻工作者在进行新闻策划时，才能适应和把握现代社会错综复杂的关系和形势，也才能显示出新闻策划的系统性来。所谓散发性思维方式，又叫多向性思维，是以一个目标或任何一个事物为中心，将思路向四面八方扩散，沿着不同的方向、不同的角度思考问题的一种思维方法。新闻工作者在新闻策划时，运用发散式思维方式能够由此及彼，沟通某一事物同其他事物之间的联系和想象，开启创造的闸门，使思维沿着横向、纵向、顺向、逆向的各个方向发生互动，从而在认识上独辟蹊径。只有善于运用散发性思维方式，新闻工作者在进行新闻策划时才能随机应变，显示出新闻策划的动态性来。

三、新闻策划的类型

根据上述新闻策划的定义和新闻策划的实际状况，我们认为，对新闻策划的类型大体上可作如下划分，如图 8 - 1 所示：

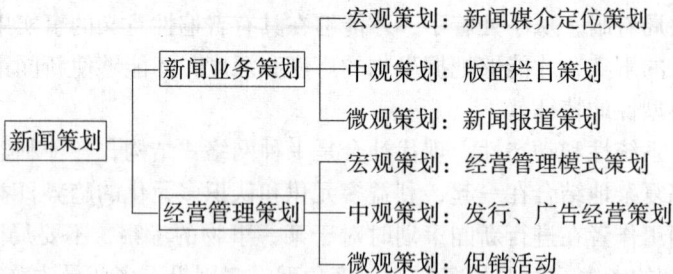

```
                                  ┌── 宏观策划：新闻媒介定位策划
                   ┌─ 新闻业务策划 ──┼── 中观策划：版面栏目策划
                   │               └── 微观策划：新闻报道策划
      新闻策划 ──────┤
                   │               ┌── 宏观策划：经营管理模式策划
                   └─ 经营管理策划 ──┼── 中观策划：发行、广告经营策划
                                  └── 微观策划：促销活动
```

图 8 - 1　新闻策划示意图[①]

由于经营管理策划部分属于媒介经营管理的范畴，在此不宜作详细分析。从新闻传播学的意义上看，即从新闻业务的范畴看，新闻策划又可以分为新闻媒介定位策划、版面栏目策划和新闻报道策划三种类型：

第一，新闻媒介定位策划。新闻媒介定位策划一般又可以分为新闻媒介的定位策划和新闻栏目或节目的定位策划两种类型。这是关系到新闻媒介兴衰成败的关键，是新闻媒介最根本的新闻策划。各个新闻媒介要想在激烈的竞争中求得生存和发展，就必须在新闻市场中占有一定的份额，并且不断地扩大这种份额。而要做到这一点，就必须对于自身进行准确的媒介定位，就需要进行媒介的定位策划。新闻媒介的定位策划一般包括媒介性质定位、受众定位和策略定位三个方面。所谓性质定位，是指新闻媒介究竟是一种什么性质的新闻媒介，是政党或者政府的机关报（台），还是行业企业报（台），抑或是生活类、娱乐类的消闲报（台）。不同性质的新闻媒介所担负的使命是不同的，由此决定它所采取的新闻报道策略也是不同的。所谓受众定位，是指特定的新闻媒介究竟以哪些人为自己的读者、听众或者观众对象，是以政府机关工作人员和知识分子为对象，还是以普通人民群众为对象；以普通人民群众为对象，究竟是以工人为对象，还是以农民为对象，抑或是以市民为对象。受众定位是新闻媒

---

① 董天策．"新闻策划"剖析．新闻大学，1998（春季号）.

介定位中最重要的内容，受众定位准确与否，决定一家新闻媒介的兴衰成败。所谓策略定位，是指特定的新闻媒介根据自己的性质和受众对象所采取的新闻报道策略，其中包括所应占有的媒介市场份额目标的确立、新闻报道内容上的侧重、新闻报道风格上的形成和新闻编辑手法的运用。在新闻媒介的定位策划方面，一些"都市报"取得了相当的成功。

第二，版面栏目策划。版面栏目策划包括专栏专版和节目策划。高水平的新闻专栏、专版，也可以体现新闻媒介的特色，同时还可以发挥新闻媒介的品牌效应，扩大新闻媒介的知名度。因此，做好新闻媒介专栏、专版的策划对于提高新闻媒介的质量和声誉，具有重要的意义。在这方面，一些新闻媒介积累了许多成功的经验。例如，上海《解放日报》从 1996 年 8 月 27 日起，在第一版版心位置推出了一个新栏目——"新闻照片背景故事"。这个专栏以一张具有"穿透力"的新闻照片和一个富有情节的新闻故事，报道发生在群众身边的新闻事实。这个专栏在第一版的重大的政治、经济新闻中，版面语言显得非常生动活泼，具有视觉冲击力，因而受到了广大群众的欢迎。

第三，新闻报道策划。新闻报道策划可以分为战略性新闻报道策划、战役性新闻报道策划和战术性新闻报道策划三个层次。所谓战略性新闻报道策划，是由新闻采访部门或者整个新闻传播媒介甚至多个新闻传播媒介经过反复酝酿进行的大规模、长时间的新闻报道过程的总称。这类新闻策划要求事前经过详细的调查研究，拟订总体的报道方案，强调在总体的报道思想上的统一，同时要求在单个典型报道上具有鲜明的个性，而在报道形式和角度方面充分调动各种新闻手段。这样，就会使整个报道形成舆论强势，收到良好的宣传效果。所谓战役性新闻报道策划，是由某一新闻传播媒介就某一新闻事实所进行的有统一的报道计划、在一定时间内和一定方向上有明确要求，运用各种新闻报道手段进行一系列新闻报道过程的总称。这类新闻策划要求新闻策划者善于发现、把握和发掘具有普遍意义和震撼力的典型新闻事实，及时地组织各类新闻报道，在某一时段内形成舆论强势。所谓战术性新闻报道策划，又叫做单篇报道策划，它是新闻报道者就某一单独的新闻事实所进行的战术性策划。在这方面，2001 年 12 月 19 日《羊城晚报》关于"李丽惠寻亲"的连续报道就是一个成功的范例。该报道根据当代读者希望以平等的身份参与讨论和获得收益的特点，采用互动性和故事化的叙事结构：这种叙事结构既能够将新闻人物和事件故事化，从而吸引和感染读者，又能不断提示和深化主题，还能够使编辑记者、报道对象和广大读者心灵互动从而推动社会良性发展。

四、新闻策划的方法

在了解新闻策划的定义、特征和类型之后，还有必要掌握新闻策划的方法。一般说来，在新闻策划中应该注意遵循以下四种基本方法或步骤：

第一，调查研究和目标定位。在新闻策划中，首要条件是目标明确，对于不同的客体有不同的目标定位。为此，开展广泛的调查研究活动，掌握大量的信息是非常必要的。首先，要开展受众调研和受众定位工作，新闻传播的对象是谁，他们有什么需求和爱好，应该心中有数。其次，要调研相关新闻传播媒介的报道特点、经验和教训，取长补短、扬长避短，创造自己的特色。再次，要调研内外部的有利条件和不利条件，尤其是内部采编人员的思想作风、知识结构、文字水平、个人特长等情况。这样才能保障新闻策划的目标明确，力量集中，程序流畅，效应明显。

第二，制订方案和实施计划。每个思路开阔、经验丰富的新闻工作者往往能够制订出几套不同的新闻策划方案。这些方案或者是同一目标的不同方案，或者是不同目标的不同方案。这样，新闻策划者在组织实施方案的过程中，可以充分考虑新闻报道的实际情况，选择最佳方案，优化策划效果。报道方案制订后，紧接着是计划的实施，其中包括内部人员的配置、各个部门的分工协作、指挥机构的设立和规章制度的建立等环节。

第三，信息反馈和目标校正。任何策划不可能预见一切，一成不变，而应该随着客观环境的变化而变化。因此，在新闻策划中，对于目标、效果的预测要不断地收集信息，根据反馈修订原有的计划。这种修订不是放弃原有的策划，而是对原有的方案的补充、修正和完善。

第四，论证和评估。新闻传播媒介的定位策划包括创办新报、新台，或者新栏目和新节目，往往要请专家论证和评估。战略性策划、战役性策划和战术性策划，也应该由领导和群众经过自上而下和自下而上的反复讨论和修订后确定。这样，就能集思广益、群策群力，从多角度和多侧面审视新闻策划，不断改进和完善新闻报道。

以上四个方面只是新闻策划最基本的方法或步骤，并不是它的全部，也不要求所有的新闻策划都必须严格遵守上述方法或步骤去做。

运用正确的思维方式和适当的操作方法进行新闻策划，对于改进新闻报道的效果是大有益处的。但是，绝不可以无限地夸大新闻策划的作用。因为新闻策划毕竟只是新闻工作的一种手段，而不是新闻工作的目的，更不是全部的新闻工作。因此，在进行新闻策划时一定要注意以下四个方面的问题：

　　首先，新闻策划一定要符合实际。新闻策划的基础是客观实际，因此在进行新闻策划时一定要从实际出发，紧密联系实际。这里所指的实际有三个方面的含义：一是地域的实际，即新闻策划要符合新闻传播媒介所在地或者是新闻事实发生地的实际。我国幅员辽阔，社会经济文化乃至政治制度发展仍然极不平衡。因此，在进行新闻策划时在手段、步骤和力度上，就应该有所差别。在此时此地适用的、成功的策划，不一定适合于彼时彼地。二是新闻传播媒介本身的实际，即新闻策划一定要从自身的实际情况出发，不可贪大求全。新闻策划是要靠人和物的有机配置来实施完成的，此家新闻传播媒介可以实施的新闻策划，彼家新闻传播媒介不一定能够效仿。有些策划尽管很巧妙，但是在实施过程中，由于没有考虑媒介本身的实际，物质配置不到位，采访工作不到位，稿件质量不到位，新闻处理不到位，很难收到预期效果的。三是新闻宣传工作的实际，即新闻策划要考虑一个时期里党和政府的新闻宣传工作的重点。新闻宣传工作千头万绪，但是每一个时期都有一个时期的中心工作，都有一个时期群众关注的"热点"问题。新闻策划只有紧紧抓住每一个时期的中心工作和"热点"问题，即把握群众的脉搏，吃透中央的精神，找准切入点，才能产生好的效果。

　　其次，新闻策划不能滥用于所有的新闻报道工作中。一家新闻传播媒介每天报道的内容是大量的、全方位的，客观世界中有许多事实都可能成为新闻传播媒介报道的新闻。对此，任何一家新闻传播媒介都没有必要、也不可能进行策划。真正能够产生重大影响的新闻策划，只能是那些对于重大事实、典型事实和代表某种发展趋势的事实的策划。

　　再次，新闻策划不能变成策划新闻。新闻策划是对新闻报道方式的策划，不是对新闻事实的策划。有时候，新闻传播媒介为了扩大自己的社会影响，会抓住时机参与或组织一些社会活动。如果这些社会活动有益于受众，当然无可非议。但若仅仅是为了扩大自己的影响，特别是仅仅为了扩大自己的广告效益，则是不可取的。这种新闻策划，实际上是商业策划，或者是"新闻策划"和"商业策划"的联姻。按照这种目的而组织的"新闻策划活动"，难免会制造出假新闻。因此，这种所谓的"新闻策划活动"不能列入新闻策划的范畴。

　　最后，新闻策划不能虎头蛇尾。新闻策划是否成功，取决于最终的实施效果。目前，许多新闻传播媒介曾经从良好的愿望出发作过一些的新闻策划，但是真正能够达到预期目的，收效良好的并不多见。究其原因，在于在实施的力度上缺少功夫，只坐而言，不能起而行，或者言不信、行不果，结果虎头蛇尾、草草收场。这样的新闻策划是不可取的。

第四节 新闻精品及其新闻美

一、新闻精品的标准

所谓新闻精品，就是好新闻。新闻传播媒介要取得良好的社会效益和经济效益，必须不断提高新闻的质量，多出新闻精品。要评选和鉴赏新闻精品，必须首先明了，什么样的新闻才是好新闻，也就是说好新闻的标准是什么。对于这个问题，新闻业界和新闻学界可能有不同的理解。但是，对一些最基本的标准，大家应有一致的认识。一般说来，衡量好新闻的标准大致有以下四个方面：

第一，题材重大。所谓题材重大，是指新闻报道所反映的新闻事实本身必须是重大的或者重要的事实。一般来说，重大的题材包括重大的事件、重要的人物和反映时代潮流的信息三个方面。所谓重大的事件，是指那些对社会发展有重大影响并和受众的切身利益密切相关那些事件。例如，1949 年中华人民共和国的成立、1978 年"中共十一届三中全会"的召开、1991 年苏联的解体、1997 年香港回归和 2000 年中国加入世界贸易组织等，都是惊天动地的大事。所谓重要的人物，是指在世界上具有重要影响的政治领袖与各界名流。重大的事件一般有重要的人物参加，一个人的知名度越高，他参与的新闻就越有价值。所谓反映时代潮流的信息，是指那些能够标志着社会发展出现质变的信息。新闻报道凡是涉及这些重大题材的都有可能成为新闻精品。

第二，舆论导向正确。一般认为，新闻传播事业具有信息告知和舆论导向两项功能。新闻传播事业作为社会信息交流的中心和枢纽，对个人的生存和发展、社会稳定与进步具有决定性意义。毫无疑问，新闻传播必须担负起正确的舆论导向的职责。但是，何为正确的舆论导向呢？大致说来，正确的舆论导向应该体现以下三个方面的要求：首先，反映社会正义。谈到舆论导向，人们自然会想到，那是党和政府的事，因为新闻传播媒介是党和政府的喉舌，所以要反映党和政府的立场。但是，党和政府为什么要求媒介反映自身的立场呢？说到底，党和政府是为人民服务的，离开了人民，任何政党和政府都不可能存在，也就无所谓舆论导向了。因此，正确的舆论导向首先必须反映社会正义。所谓反映社会正义，是说媒介报道的内容和观点必须体现社会发展的方向，必须符合事物发展的规律，必须代表社会大多数民众的利益，必须反映社会弱势群体的诉求。如果反其道而行之，媒体只反映某些领导人个人的意志，只代表某些利益阶层或强势群体的利益，有奶便是娘，那它就没有反映社会正义，在社会上就没有立足的余地。同样，新闻报道如果不反映社会正义，就不能称为好新闻。其次，服务全党、全国和地方工作的大局。在中国，新闻媒介是党和政府的喉舌，而党和政府又是为人民谋利益的，所以从根本来说，新闻报道必须自觉遵守党和政府的路线、方针和政策，自觉为党和政府的中心工作服务，自觉为所在区域地方政府的中心工作服务。当然，这种服务不是一味地拥护和图解，而是从各个方面宣传其精神实质，必要时甚至有所批评和建议。这样的舆论导向才是真正的正确的舆论导向。再次，体现人文关怀精神。新闻传播事业是社会信息传播的中心和枢纽，是为了满足人的需求而产生的，也只有不断满足人的需要，才能不断发展和壮大。因此，新闻传播一定要体现人文关怀精神，要关注人的生存状态，要关心人的心理需要，要培养人健康成长，要对个人、社区乃至整个人类命运的发展高度负责。这才是新闻传播的本质，这才是新闻工作者的使命所在。与这个本质和使命相比，新闻传播媒介的集团性、党派性乃至民族性，都处于比较次要的地位。因此，人文关怀精神的有无是判别一篇新闻作品、一个新闻工作者和一家新闻媒介优劣的重要标准。可以这样说，能够体现人文关怀精神的新闻工作者就是优秀的新闻工作者，能够体现人文关怀精神的新闻作品就是好新闻，能够体现人文关怀精神的新闻媒介就是一家负责任的新闻媒介。

第三，视角新颖。所谓视角是指新闻报道切入主题所选取的角度，这和一般文学作品的叙事方法没有什么不同。一般而言，人们观察事物和思考问题的角度有宏观、中观与微观之分，有远距、中距和近距之别，还有正面、反面、侧面、上面、底面之不同。这些都是角度或视角，都可以为文学作品或新闻作品所采用。在所有这些视角中，最能引人注目的视角应该是微观、近距、反面和侧面。从这些角度切入，就能吸引人，就是视角新颖。所谓文章喜奇不喜平，就是这个道理。用这种观点看问题，新闻报道如果能够从以下三个方面切入，似乎可以算得上视角新颖。一是以小见大。"小"与"大"，相互依存，相互彰显。无"小"难以成其"大"，无"大"难以衬托"小"。俗话说，一滴水可以见阳光，通过很小的事情可以反映出时代巨变。就人物新闻的表现而言，应该注意"大人物看小节""小人物看大节"的方法。所谓"大人物看小节"，就是写大人物时要抓住小细节，着眼于其平凡处，"于细微处见精神"。

所谓"小人物看大节",就是写小人物时应挖掘其闪光点,反映时代风貌。无论是"大人物看小节",还是"小人物看大节",都应该注意细节的描写。二是以点带面,立体呈现。任何一件事实都是由不同的层面组成的,而每一个层面又是由不同的要点组成的。因此,准确地反映一件事实可以采用以点带面、由面到体的写作方法。三是枯燥的数据形象化。新闻报道要协助政府的工作,要反映人民的生活,难免要涉及一些具体的数据。如果这些数据处理不好,就会变得枯燥无味。高明的记者常运用比较的方法将枯燥的数据形象化,以揭示事物相互之间的内在联系,展示生活的原生态。

第四,效果良好。新闻传播是要讲究效果的,舆论导向再正确,如果受众不接受,就毫无效果可言。那么,好新闻怎样才能做到效果良好呢?一般而言,可以考虑以下三个方面的因素:一是"两头满意"。所谓"两头满意",是指"上头"(党和政府)和"下头"(广大受众)都满意。要做到"两头满意",确实不容易,因为"上头"和"下头"都难伺候。新闻报道要做到"两头满意"确是难事,但也不是绝对不可能。在这方面,《南方日报》做了许多卓有成效的探索,注意把党和政府方针、政策和人民群众关注的社会热点、难点问题有机结合,既及时传达党和政府的声音,又真切反映老百姓的呼声,帮助老百姓解决困难。这样的新闻报道亲切感人,真正做到了"两头满意"。二是社会和经济"双重效益"。改革开放以来,时兴"一切向钱看",新闻媒介也不例外。新闻传播媒介既是党和政府的喉舌,也是独立核算的经济实体(不完全法人单位),既要保障社会效益,也要追求经济效益,这样才能生存和发展。但是,怎样取得社会效益和经济效益的双丰收呢?大概有三种不同的做法:一种是依靠有限的财政拨款,只满足于充当党和政府的传声筒,结果死气沉沉、无人问津;一种是"一切向钱看",为媚求广告主和部分读者的低俗要求,降低报格和人格,大量刊发低俗新闻,甚至以广告代新闻,以致为广大受众所鄙弃,无声无臭;再一种就是坚持新闻本位,把新闻办好办活,以优质的新闻信息服务获取丰硕的经济回报,真正做到社会效益和经济效益双丰收。显然,三者之中,最后者最佳。三是"历史厚重感"。从表面上看,新闻与历史似乎是两个完全不同的概念。新闻是关于人们现实生活的报道,而历史则是后人对前人生活的记载和研究。但是,认真思考,我们会发现,它们的关系其实是非常密切的。马克思曾经指出:"我们仅仅知道一门唯一的科学,即历史科学。"按照马克思的意思,所谓历史包括了自然界和人类社会一切事物发生和发展的过程,而且任何一门科学都有自身产生和发展的历史。新闻也不例外,它属于人类历史活动的一部分。意大利历史哲学家贝奈戴托·克罗齐(Benedetto Croce)也强调指出,"一切历史都是当代史"。按照他的观点,历史并不仅仅是人们关于以往历史活动的资料记载（即编年史），而更主要是和当代社会生活密切相关的人类社会以往的经验在当代人心灵的感应和复活。"历史绝不是用叙述写成的，它总是用凭证或变成凭证并被当作凭证使用的叙述写成的。"从这个观点出发，我们不难发现，"昨日之新闻为今日之历史"，"今日之新闻为明日之历史"。因此，人们往往用"新闻即史"来形容新闻和历史的关系。正是由于这种密切的关系，新闻传播者应该具有崇高的历史责任感，以对历史负责的精神来保持新闻的真实性。当具有重大历史意义的事件发生时，新闻传播者应该真实地、准确地、详细地记录事件发生发展的经过，以便为后来的历史研究保留大量的、生动的、准确的第一手资料。当刚刚发生和发现的某一新闻事实和新闻线索与某一重大的历史事件和重要的历史人物相关联时，从历史责任感出发，新闻传播者可以由历史说明新闻，由新闻追溯历史，适当地"回放"历史和"解密"历史细节。当某一重大事件或重要人物已经谢幕，新闻传播者应该具有有历史学家的情怀和胆识，通过新闻报道显现历史的沧桑感和厚重感。

二、新闻精品美在何处

美是人创造的产物，它不仅满足人的生理、心理需要，而且是人的自我实现、自我创造；在美的欣赏和创造过程中，人性臻于完善，从而达到自由的境界。美为人之创造物，能满足人之心理需要。借此，人们实现自我、创造自我、超越自我。在此过程之中，个性得以彰扬，精神趋于自由，人格臻至完美。新闻报道既是一门专业技术，也是一门艺术，或者说是艺术中一种，我们可以把这种艺术叫做新闻艺术或者新闻美。那么，新闻精品美在何处呢？大致说来，新闻美包括新闻内容美、新闻形式美和新闻创意美三个方面。

第一，新闻内容美。所谓新闻内容美，是指新闻报道中包含能够吸引人们关注、介入、想象、创造和愉悦的内在素质。其中又包括新闻正义美、新闻人性美和新闻情感美三个方面。①新闻正义美。新闻正义美是说新闻报道要反映社会正义，新闻记者要抛弃私心杂念，运用自己的良心和理智为大多数人讲话，反映大多数人的利益。新闻记者要坚持社会正义，首先必须存是非之心，去利害之心。所谓存是非之心，就是一事当前要以是非之心为心，对事对人，不从一己之所好恶出发，而纯以客观对象为圭臬。以是非之心为心，则心术正，认识明，处事公，天地和顺，正气沛然。其次必须讲真话、讲真理。新闻报道要求真实，要讲真话，即使出现"文化大革命"那样的特殊时期，记者也要运用自己的理智，少讲话或者不讲话，千万不要跟风起哄，发违心之论。

2003 年初，"非典型肺炎"肆虐之际，北京市政府为遮人眼目，仓促宣布"非典"的病源已找到，是衣原体。但是 2003 年 2 月 19 日的《南方日报》则反其道而行之，刊登独家消息《非典型肺炎病源是衣原体?》，对北京官方的结论表示质疑，认为冠状体病毒引起的可能性极大。实践证明，广东科学家的结论是正确的，《南方日报》的老总、记者和编辑、采编人员勇于坚持科学、坚持真理的胆识是多么难能可贵! ②新闻人性美。所谓人性，是指人类在长期的发展过程中所形成的某些共同的本性，比如对生命的敬畏感、关爱心和助益情，对宇宙万物的理解和包容等。新闻报道的一切事实都是人创造的，或者是围绕人而展开的，是为了人，新闻的本质是对人的关怀，因此体现人文关怀的新闻是美的。新闻的人性美是对人的关怀和爱护，是新闻美的最高境界，是新闻的本质。有无人性美和能否体现人文关怀，是衡量一家新闻媒介品质高下的重要标志，是衡量一个新闻工作者素质优劣的重要指标。要是我们的新闻媒介和全社会每一个人都能尊重人、关心人、帮助人，那么，社会主义和谐社会就能真正实现。令人高兴的是，我国的新闻媒介特别是广东的新闻媒介人文关怀的意识不断增强，这方面的新闻佳作不断涌现。③新闻情感美。新闻既是一种事实的报道和信息的告知，也是一种艺术表现，具有传情达意的功能。新闻能够引发人们的情感，启发人们思考，真正从情感上影响人们的思维和行动。2006 年 2 月，冬季奥运会在意大利都灵举行，中国花样滑冰运动员张昊和张丹意外摔倒受伤，却又勇敢地站起来继续比赛，并且获得银牌。这一壮举震撼世界，广播电视早已现场直播，报纸后发一招，难以占优。但是，《南方日报》却出奇招，以"龙的传人悲壮演出震撼都灵"为通栏标题，用整版篇幅加以全面报道，赢得读者青睐，体现了报纸的后发优势。优势何在? 在于综合信息资源，突出一个"情"字，营造情感之场景。其中，既有比赛之综合消息，又有背景材料之交代，文图相映，声情并茂。由此，形成了一个连通中外、超越时空、情感交融的美妙境界。这样就为读者创造了一个特殊的环境，使新闻具有了特殊的传情达意的作用。处此境界之中，真情实感将赛场内外紧密联系起来，将新闻人物、新闻媒介和广大受众紧密联系起来，将所有美丽而善良的心灵紧密联系起来。新闻情感之美，感人肺腑。

第二，新闻形式美。同其他任何艺术作品一样，新闻的内容美必须通过美的艺术形式表现出来。所谓新闻形式美，是指新闻工作者为表达新闻内容美而采取的恰到好处的各种别出心裁、匠心独运的新闻表现形式。仅就表现形式而言，新闻精品表现美往往采用以下五种表现形式：①新闻繁盛美。新闻媒介为庆祝盛大节日和喜庆之事往往采用喜庆热烈的表达形式，例如报纸抛红刊登报头、鲜艳悦目的主打照片、花边花纹匾饰，以及轻松愉快的描写等。②新闻简约美。与浓墨重彩的繁盛之美迥然不同，新闻的简约美要求清新淡雅的素描，轻描淡写的文笔，以及眉清目秀的版面。2004 年春夏之交，我国大面积发生禽流感疫情，一时风声鹤唳。待到禽流感疫情消除后，大家心情自然轻松愉快。但是怎样报道禽流感疫情解除的消息，怎样表达人们轻松愉快的心情，每一家媒介的做法有所不同。有的报社选用禽流感始发地广西隆安焚烧鸡舍的图片，烈焰熊熊、火光冲天，虽然也是事实，但令人恐惧。但《南方日报》却别出心裁地选用本报记者拍摄的照片———一男一女两个小学生穿着新衣、背着书包，高高兴兴上学去，并标出"禽流感今日解除"的醒目标题。因禽流感而停课在家的小学生能够重新回到学校，心情自然爽快，阳光灿烂。看到这样清新亮丽的新闻报道，人们久受禽流感困扰之后自然也会愁眉舒展，心中为之一快。③新闻对比美。新闻美和新闻的魅力往往要求通过对比的方式表现出来。民谚有云："不怕不识货，就怕货比货"。通过对比，事物之间的优劣一目了然。新闻之美往往通过对比的方式表现出来。这些对比可以是今昔对比、好坏对比、大小对比、内外对比、时空对比等。2003 年全国"两会"期间，朱镕基总理任期届满卸任之际，《羊城晚报》以"铁面斥妄吏，慈怀悯天下"为题刊发新闻，并且刊发朱总理相隔五年的两张照片。一张照片上，朱总理表情激愤、紧握拳头，表示要严厉惩处贪官污吏。另一张照片上，朱总理面对人大代表，神情欣慰，对未来新生活充满向往。标题悚然相对，照片前后相应，图文并茂，爱憎分明，衬托出朱总理鲜明的个性和人格魅力，承载着人民对朱总理深厚之感情。如此之新闻，对比鲜明，情真意切，感人肺腑，焉能不美？④新闻过程之美。凡优秀新闻作品，均能呈现一种美妙过程，吸引人们自觉追寻和体验，并从中获得美的享受。对大众而言，有时终极目标并不一定重要，而享受过程则充满创造和欢乐。曾经红极一时的云南著名女歌手杨洪英，因非法集资诈骗罪而被判死缓。2004 年 7 月，《羊城晚报》刊登新闻《名歌手骗钱过亿被判死缓》，全面回顾杨洪英成长和堕落的过程，并配发两幅照片。一幅是青春靓丽的少女登台表演，一幅是人到中年的囚犯服刑狱中。两幅照片，同为一人，判若天壤，令人深思。人生过程，大起大落，怎不令人感叹和深思？新闻以过程之展示，启示人生，发人深省，美亦在其中矣。⑤新闻视角之美。所谓视角，是指新闻报道切入主题所选取的角度。如前所述，人们观察事物和思考问题的角度有宏观、中观与微观之分，有远距、中距和近距之别，还有正面、反面、侧面、上面、底面之不同。在所有这些视角中，能够引人注目的视角应该是微观、近距、反面和侧面。从这些视觉切入，就能吸引人，就能产生优秀的新闻作品。

第三，新闻创意美。特定的内容须通过特定形式表现出来，形式与内容之完美结合，乃为创意之美。所谓"创"，是指创造和创新，即发现和创造新的内容或形式，使之具有新颖、新奇和新鲜之特点。所谓"意"，是指通过创造和创新形式和内容的完美结合所产生的美妙意念或意境。故创意者，创造性之意念或意境之谓也。因此，新闻创意之美，既表现于新闻报道策划过程之中，也表现于传播者与接受者对新闻报道所创造之意境的接受、理解与再创造过程之中。故所谓新闻创意之美，主要包括新闻策划美和新闻意境美两个方面。新闻策划已经成为当今新闻报道之重要方法，凡质量高、影响大的新闻报道无一不是新闻策划之结果。当前，我国社会全面转型，各种矛盾随时可能发生。新闻媒体不能仅仅满足于被动地获取新闻线索，而应该主动策划新闻，干预生活。新闻信息随时随地发生，但在特定时空中为受众普遍关注的新闻资源毕竟有限。因此，如何充分发掘有限的新闻资源，将新闻做足与做活，就显得非常重要。否则，就会"优材劣用"或"大材小用"。近年来，《南方日报》连续推出"中大学子回家来""救助叶红妹""千里接救中毒女工""广东历史文化行"等一系列高水平新闻策划之作。这些新闻策划选题精当、匠心独运、内容高雅、过程生动，悦人耳目、益人心智，且具历史沧桑之感与人文关怀之情，堪称经典之作。新闻策划有时也能为读者创造一种奇妙的情境，一旦进入此种情境，人们就会自觉地被感染，心灵得以净化，境界得以提升。新闻报道将人们习以为常的事例置于特殊的场景之中，能够引发受众心灵的震撼，使之与作者和新闻人物一道感同身受，从而加强对新闻事实和新闻人物的理解。每年的"六一"国际儿童节是人们习以为常的，如果仅仅反映儿童欢庆节日的场面，未必能引起受众的兴趣。2004 年 6 月 2 日，《南方日报》编发的《关注儿童》专版在"深圳五个孩子的'六一'节"的通栏标题下，分别报道了五个同龄不同命运的孩子的生存状态。教师子弟："我是小球星"；小贩儿子："想要数码霸王龙"；外商女儿："每天都是六一"；孤儿福登："我的风筝飞得最高"；卖花少女："想去公园坐小火车"。在同龄人欢度自己节日的时候，卖花少女李丹却为生活所迫，由"叔叔"监管沿街卖花。她最大的心愿就是"想去公园坐火车，更想牵着妈妈的手"。巨大的反差深深震撼着读者的心灵，他们必然对小女孩寄予深深的同情。有声有色、情真意切，新闻创意之美，感人至深。

三、新闻传情

改革开放以来，随着社会的发展，我国新闻报道大致经历了求真、求新、求快、求多、求美等几个发展阶段。在构建社会主义和谐社会的实践中，新闻报道求美的态势进一步彰显。新闻求美，必须通过新闻报道传达新闻传播者的社会责任感和对人民大众的关爱之情。在这个意义上说，新闻报道除有告知信息的基本功能外，还有传达情感、引导舆论、促进社会和谐发展的功能。所谓新闻信息传情，是指新闻传播者在传播新闻的过程中从内容到形式都赋予新闻以自身的感情，从而深化新闻信息的内涵，引发受众的情感，形成良好的"传—受"互动关系，促进社会和谐发展。

第一，新闻传情的动因。新闻必须真实，必须客观。但是，新闻作为人脑对客观外界的反映，本身具有主观性，属于精神世界的一部分，是一种精神现象。从本质上看，新闻不是物质世界客观存在的事物本身，而是物质世界客观事物的信息在人的头脑中的反映，是人对于客观存在的事物的认识和反映。而且，新闻不仅仅是一种个人意识，也是社会意识的一部分。因此，新闻必须与时代发展要求相一致，并将时代精神正确地传达给受众。也就是说，新闻报道不仅告知信息，而且要强调新闻对受众思想道德、精神情感上的影响。可以说，告知信息是新闻的一项实用功能，而情感传输则是新闻的一项艺术功能，是对新闻报道更高层次的要求。具有美感愉悦功能的新闻报道所隐含的肯定与否定、赞扬与贬斥等情感对受众在真与假、善与恶、美与丑等方面的判断有着极为重要的意义。新闻传情既植根于新闻作为社会意识形态的组成部分的特殊性，也源自新闻传播者对所从事的职业的特殊责任感。心理学研究表明，外界信息进入人脑，其中一部分被主体内化，这部分转化为认知图式储存起来。这些认知图式就包含了人的愉悦、悲伤、赞叹、爱憎等感情。新闻信息的传播模式是：信源—发射器—接收器—信宿。可见，情感的传播实际上就贯穿在信息传播的整个过程之中：不间断地从新闻信息源（新闻事实或新闻人物），经过新闻传播者（记者和编辑）和新闻信息载体（新闻作品），通过一定的传播媒介（报纸、广播、电视等），到新闻接受者的流动和反馈。在这股"情感流"的源头，既包括产生新闻的人（即新闻人物），也包括使新闻产生的"把关人"（即新闻传播者）和接受验证新闻的人（即受众）。新闻传播者具有主观能动性，而优秀的记者正是将这种能动性上升到了一种"社会责任感"的高度。在这个意义上说，新闻传播者要有一颗仁心、一双慧眼和满腔激情。

第二，新闻传情的形式。所谓感情又叫情绪或情感，它是"人们对周围现实（包括人们之间的社会关系和对客观世界的关系）及自己本身态度的体验，往往是社会群体或人们利益需求、兴趣的情感流露，是社会心理的一种具体表现"①。新闻内容属于主观范畴，是新闻传播者主观性（或主动性）的情

---

① 冯契. 哲学大辞典（修订本）. 上海：上海辞书出版社，2001. 1140.

感表达。一般来说，只要是新闻信息都能够或多或少、或隐或显地包含和传递新闻传播者的感情。但是，相比较而言，以下三个方面的新闻信息更具有传递感情的素质和优势：①传情的新闻信息要从总体上体现出一种主题基调，这种主题基调表现为喜悦、悲哀、赞赏或贬斥等态度。《南方日报》2006 年 2 月15 日编发的新闻《龙的传人悲壮演出震撼都灵》以整版篇幅报道优秀滑冰运动员张丹、张昊在世界花样滑冰锦标赛中意外受伤的情况下仍然勇夺银牌的感人事迹。②将人们习以为常的事例置于特殊的场景之中，使新闻信息产生传达感情的强劲动力，从而使受众深受感染。俄国现代文艺理论家维克托·鲍·什克洛夫斯基认为美感产生的动力是"反常性"。所谓反常性，就是把人们本来熟悉的、司空见惯的东西置入一个新的、陌生的环境中来考察，进而使人们得到一种不同寻常的、新的感受。这样，人们就会从新的角度，用新的方式来思考。他认为，审美过程就是人的知觉过程，人的知觉具有机械性，对于多次感受过的事物，人们在开始的时候会用认知的态度来接受它，渐渐地习以为常，最后成为一种习惯的、自动的动作。他把人的这种认知状态称为"自动化"。"自动化"使人的感觉迟钝，对生活和事物失去了诗性的感受，人失去了对世界的审美感受能力，生活消失了，变得什么也不是，人在这个世界中麻木了。"'反常性'能够使人打破'自动化'的束缚，摆脱日常感受的惯常化。它会刺激人们已经麻木的神经，重新唤起人对事物，对世界的新奇感觉，进而获得审美感受和审美愉悦。"① 新闻报道将人们习以为常的事例置于特殊的场景之中，能够引发受众心灵的震撼，使之与作者和新闻人物一道感同身受，从而加强对新闻事实和新闻人物的理解。③新闻信息传情都是通过新闻报道中的典型人物的典型事例来体现的，因此传情的新闻信息主要是对新闻人物报道而言。比如，就人物新闻的表现手法而言，报道普通人民群众应挖掘其闪光点，寓以重大主题；报道领袖人物则要抓住小细节，着眼于其平凡处，"于细微处见精神"。2005 年除夕，国务院总理温家宝来到山东济宁、菏泽与农民一起过春节。细心的读者发现，温总理仍然穿着 10 年前的羽绒服，记者据此采写了《总理羽绒服穿了 10 年》② 的新闻稿。新闻在各大媒体刊播后，好评如潮。新闻心理学研究认为，受众在了解新闻的基本事实之后，普遍存在着进一步探究事实中特殊细节的心理。而新闻人物的细节正好满足受众的这种心理需求，因而有助于增强新闻报道的立体感和鲜活度，提升报道的可读性与影响力。

第三，新闻传情的途径。英国政论家和美学家博克（Edmund Burke，

① 董学文. 西方文学理论史. 北京：北京大学出版社，2005.268.
② 总理羽绒服穿了 10 年. 南方日报，2006 - 02 - 24.

1729—1797）把人类基本情欲分成两类：一类涉及"自体保存"，即要求维持个体生命的本能；一类涉及"社会生活"，即要求维持种族生命的生殖欲以及一般社交愿望或群居本能。大体说来，崇高感所涉及的基本情欲是前一类，美感所涉及的基本情欲是后一类。这第二类基本情欲，即"一般社会生活的情欲"，又分为"同情""模仿"和"抱负"三种情形，而这三种情欲正是新闻信息传情效果赖以产生的途径。所谓同情，是个人道德心理和品质之一，是对他人的不幸遭遇和处境在情感上发生共鸣，并给予道义上支持或物质上帮助的一种态度和行为。博克认为，审美过程是一种由己推彼的同情心所产生的分享旁人或旁物的情感活动过程。因此，同情是艺术作品欣赏中情感传递的主要基础。"由于同情，我们才关心旁人所关心的事物，才被感动旁人的东西所感动。……同情应该看作一种代替，这就是设身处在旁人的地位，在许多事情上旁人怎样感受，我们也就怎样感受。……主要就是根据这种同情原则，诗歌、绘画以及其他感人的艺术才能把感情由一个人心里移注到另一个人心里，而且往往能在烦恼、灾难乃至死亡的根干上接上欢乐的枝苗。"[1] 正是由于有了"同情"的基础，新闻信息就能吸纳受众的情感，使之达到心理认知和态度认同的效果。在这个层面，移情效用成为受众与新闻信息联系的纽带，使新闻发挥其社会功效。新闻信息所引发的情感还可以深化和扩展新闻信息内涵，引起受众在行为方面"有作为"，从而形成良好的"传—受"互动关系。模仿是人们之间最强的社会联系之一，它虽然出自本能，却是艺术力量的主要基础。"同情使我们关切别人的情感，而模仿这种情感使我们去仿效别人的行为。"[2] 模仿使受众将所感知的美感体现在能够表现某种关系的行为上，情感传播的范围也更大了。2002 年 10 月 25 日，《羊城晚报》在显要的版位以"都市'阿炳'"[3] 为题报道了失明艺人高小明带着残疾女儿在广州市卖艺乞讨的新闻。"都市阿炳"父女的命运引起了具有爱心的广州市民的关注与同情。人们自发地行动起来，协助记者继续寻找"阿炳"，并为他捐款。此后的连续报道引起了传播者与受众之间的良性互动。"阿炳"父女的困难在社会和政府的帮助下最终得到了的妥善解决。抱负是模仿的必要补充，所不同的是，模仿只是学习已有的东西，而抱负或竞争心能够不断创新，创造出新的意境，引发出新的情感。博克说："这种感情十分强大，可以使处于不幸中的超群的人们得到安

---

① 朱光潜. 西方美学史（上册）. 北京：人民文学出版社，1979. 239.

② 董学文. 西方文学理论史. 北京：北京大学出版社，2005. 105.

③ 都市"阿炳". 羊城晚报，2002 – 10 – 25.

慰，使落难的英雄可以得到肯定。"① 新闻媒体往往围绕一个中心事件，集中在一个版面空间传播一个或一类新闻，这有利于形成信息强势，拓展新闻的广度和增加新闻的深度，从而增加受众的知识和无穷的想象力及创造性。在这类情况中，新信息不一定是从未出现过的，关键看它们在当前所具有的意义。因此，新闻传情的过程不是一个简单的单向传递过程，而是一个双向互动、不断创新的过程。

四、新闻审美意象

新闻作品和其他形式的艺术作品一样，也是主观世界对客观事物的反映。因此，对新闻作品是否具有艺术价值及其艺术价值高低的判断，亦可适用于审美意象理论。

世事触于耳目，感于心灵，形诸音像图文，艺术作品由是而生焉。然而，事物呈现场景不同，耳目所触焦点各异，心灵感受深浅参差，音像图文表达方式殊途。于是乎，所谓艺术作品，内容真假易分，价值高下立判。有些作品，虽超然物外，形不肖而神相似，生机充盈，神采飞扬，感人至深。有些作品，虽然描绘逼真，形象周正而神韵圆润，却呆板凝滞，毫无生气。艺术作品价值高下悬殊，判若霄壤。此何故？艺术作品审美意象之有无及其高下所致也。

所谓审美意象者，是指客观物象与理性观念相结合之产物。它是由想象力所形成的感性形象，在艺术创作中起灌注生气的作用，并且能够引导人们浮想联翩，幻化万象，穿越时空，沟通人神。德国大哲学家康德有言，所谓天才不过是人借助想象力表达审美意象的功能而已。依康氏之见，人之想象力略可分为复现性想象力和创造性想象力两种类型。所谓复现性想象力，主要根据对经验的记忆，并运用类比和联想，将从外界所吸取的材料或印象复现出来。依靠这种想象力复现出来的作品虽然也可以经验的面貌加以改造，但无法产生新的生命，只能自娱与娱人。创造性想象力则不然，它除借助复现性想象力的方法之外，还要根据更高的理性原则，即人的理性观念，将从外界所吸取的材料加以改造，使之具有新的生命，成为"第二自然"或"超自然"的东西。② 这种新的超自然的东西才是艺术创造，才是审美意象之显现，才是艺术作品之灵魂。由此可见，审美意象之有无及其高下与否，乃是判别艺术作品艺术价值之高下的主要依据。

---

① 董学文. 西方文学理论史. 北京大学出版社，2005，105.
② 朱光潜. 西方美学史（下卷）. 北京：人民文学出版社，1979. 389～392.

审美意象与理性观念相互映照，密不可分。理性观念是审美意象的理念灵魂，审美意象则是理性观念的感性形象。艺术作品审美意象之有无，主要取决于它是否能够通过具体的感性形象表达某种理性观念。审美意象作为所表达的理性观念之感性形象，其表现方式是个别的、具体的，带有特定的时空性，而它所表达的理性观念则是普遍的、抽象的，带有永恒性。一个理性观念可以由无数感性形象来显现，但其中任何一个感性形象都难以显现它所表达的理性观念的全部内涵。于是，审美意象在表达理性观念的过程中便有了强弱之分，便有了高下之别，便有了千差万别的表现形式。因此，艺术创作之源泉无穷无尽而永不枯竭，艺术创作之灵感无生无死，永恒不灭。

艺术作品之中，审美意象由客观物象与理性观念相互结合而生成。意与象合，情形大致有三：一曰有象无意，二曰有象有意，三曰无象有意。有象无意者，有具体物象而无理性观念，因而无审美意象，故毫无艺术价值可言。有象有意者，有具体物象亦有理性观念，因而有审美意象和艺术价值。但因其理性观念之显现与理性观念相距甚远，故其艺术价值亦有限。无象有意者，虽无具体物象但有理性观念，故有审美意象和艺术价值。且因其审美意象为理性观念之自然显现，二者相距甚密，此乃艺术价值之上乘者也。三者之中，唯有无象有意者艺术价值最高，方可称为艺术之精品。由此可见，审美意象与理性观念之距离则决定了艺术作品价值之高低。

大凡对衣食住行之感受，对爱恨情仇之萦绕，对社会时局之褒贬，皆属于有象无意之类。此类艺术作品，大多属于应景急就之作，虽然也能造成感官之刺激，获取一时之名利，但因其反映现实生活直接而浅薄，未能建构审美意象或其审美意象远离相应的理性观念，终究难以深入人心而长久流传。与此相反，凡是对人生意义之体悟，对自然环境之反思，则属于有象有意之类。此类艺术作品，属于作者自我心灵之真情流露，虽然可能因不合时宜而困顿幽隐于一时，但因其反映现实生活间接而深入，因其审美意象显现相应理性观念，必定能够感召众生而传播久远。更有上乘者，凡是对现实物象之超越，对人类情感之升华，或属于无象有意之类。此类艺术作品，属于作者对世界本源之探求，虽然无物无象而空灵幽邃，但因其属于理性观念之自然显现，必定能够抚慰众生而愉悦心灵。

审美意象之所以能够引领人们进入艺术的殿堂，享受那无穷无尽的艺术美，主要在于理性观念早已存在于每个人的潜意识之中。古罗马时代希腊哲学家普洛丁（Plotinus，205—270）把这种理性观念看作是宇宙的本源，是真善美三位一体的纯粹精神。理性观念像太阳一样把它的光芒由近而远逐渐射出来，从而创造世界。理性观念之光最先放射出"理"，接着放射出"世界心灵","个别心灵"与物质相结合最后才产生肉体。① 但是，物欲世界之中，人们的灵魂始终处于躁动与痛苦之中。于是，心灵总是渴望回归理性观念的精神家园，而审美意象正是引导人们心灵回归的希望之光。正是在这种审美意象的引导之下，人们忘却是非，无虑生死，超越自我，超越尘世，自觉追寻那纯真的精神家园。优秀的艺术作品，创意无限，魅力无穷，万古流传。新闻作品虽然很难达到此种艺术高度，但新闻传播者应持有这种理念，不断追求美妙的艺术境界。

思考题

1. 什么叫正面宣传？新闻宣传工作为什么要坚持以正面宣传为主的方针？
2. 在正面宣传中，应该注意哪些基本方法？
3. 什么叫舆论监督？舆论监督和新闻批评有何区别？
4. 舆论监督有哪些特点？其主要内容有哪些？
5. 开展新闻批评应该遵循哪些基本原则，注意哪些方法？
6. 什么叫新闻策划？新闻策划主要有哪些类型？
7. 新闻精品的标准有哪些？
8. 新闻精品的内容美、形式美和创意美分别包括哪些主要内容？
9. 新闻传情的主要动因是什么？其基本途径有哪些？
10. 何谓审美意象，它对新闻艺术创作有何意义？

---

① 朱光潜. 西方美学史（上卷）. 北京：人民文学出版社，1979. 117.

第九章
新闻自由与新闻控制

内容提要

　　新闻传播事业一经产生便遇到了一对尖锐的矛盾，这就是新闻自由和新闻控制。从本质上来说，新闻传播是一种自由的事业，现代民主国家都在宪法中确立了新闻自由原则。但是，人们在行使新闻自由权利的过程中必然会受到控制。这种控制主要包括政治经济利益集团通过新闻法规对媒体实施的外在控制和新闻传播事业通过新闻职业道德实行自我约束的内在控制两种。新闻自由为新闻传播事业明确了权利，提供了发展的动力；新闻控制则为新闻传播事业提供了保护，并设置了规范。新闻传播事业正是在这对矛盾的相互作用下存在和发展的。因此，在当今世界任何国家和任何新闻传播事业，实行绝对自由和绝对控制都是不可取的，也是不可能的。

第一节　新闻自由

一、新闻自由的产生和发展

"自由"（liberty）一词，源于拉丁文"libertas"，意为从被束缚和被虐待的状况中解放出来。在通常情况下，一个人如果做自己喜欢做的事，既不妨碍别人，也不受别人阻挠，那他就会感到是自由的。反之，即使是一个婴儿，如果他的手足被捆绑，也会感到不"自由"，就会大吵大闹。在原始社会，人们享受的社会方面的自由是比较多的，人的思维、语言、行动受同伴和部落的束缚较少。但是，由于生产力低下，人受自然界的束缚比较多。为了排除自然界的束缚，人们团结起来，组成部落，共同生产、共同消费。由此，人们也就将自己的部分自由"转交"给了部落及其管理者。随着财产私有制和家庭的出现，作为阶级压迫工具的国家产生了，人们受到来自社会的束缚日益增多。

随着社会的进步，人们争得了对于自然界较多的自由，却丧失了在社会方面所享有的自由。于是，人们就有了对于自由的要求，有了争取自由的思想。在西方哲学史上，最早提出关于自由思想的是希腊哲学家德谟克利特（Democritus，约前460—前370）和伊壁鸠鲁（Epicurus，约前341—前270）。德谟克利特认为，"在一种民主制度中受贫穷，也比在专制统治下享受幸福好"[①]。伊壁鸠鲁最早提出了关于"社会契约论"的观点，他认为社会秩序是人们为了避免彼此伤害而订立的一种"契约"，不是从来就有的，可以根据公认的原则加以改变。他还提出了一种"快乐主义"的思想：人生的目的就在于追求最大的幸福——快乐，即"身体的无痛苦和灵魂的无纷扰"[②]。

最早以"自由"作为战斗口号和纲领的是古罗马奴隶起义领袖斯巴达克思（Spartacus）。他们的战斗口号是"宁可为自己的自由而战死，绝不为富人

---

① 朱德生. 简明欧洲哲学史. 北京：人民出版社，1979. 21.
② 朱德生. 简明欧洲哲学史. 北京：人民出版社，1979. 21.

的娱乐而卖命"①。在早期基督教教义中，也有关于自由的要求。《启示录》主张财产公有、人人平等、尊重穷人、仇恨富人、反对罗马统治者的压迫。所以，恩格斯指出，基督教"最初是奴隶和被释放的奴隶、穷人和无产者、被罗马征服或驱散的人们的宗教"②。只是到了后来，基督教才被统治阶级用来作为统治劳动人民的工具。

欧洲历史进入中世纪之后，基督教神学和封建专制主义严重地禁锢着人们的思想。占统治地位的是托马斯·阿奎那（Thomas Aquinas，1225—1274）的神学和君主专制主义思想。阿奎那从亚里士多德的"第一推动者""第一原因""最高完善者""最高目的"等论点出发，"论证"了上帝的"存在"③。由此，他在政治上主张神权至上、君权神授。他认为，人的社会生活以追求公共福利为目标，社会内部必须统一；中央集权和君主政体是最好的形式，弑君和革命都是不当的。这种中央集权的封建君主专制思想，被霍布斯（Hobbes Thomas，1588—1679）进一步完善。他认为，在"自然状态"中，人是自私的，"人对人像狼一样"；为避免个人间的争斗，人们把权力交给国家；君主权力至高无上，具有"绝对权威"，臣民不得革命④。

针对霍布斯封建君主的"绝对权威论"，英国哲学家约翰·洛克（John Locke，1632—1704）在荷兰哲学家斯宾诺莎（Spinoza Benedict de，1632—1677）的"自然权利"学说的基础上提出了"天赋人权"和"社会契约论"的观点。他认为，所有的人类，都是绝对独立的、自由的、平等的，除了自然律之外，不受权威的压制；君主不是超乎于契约之上的第三者，而是订约的一方，因此他必然受契约的束缚，履行契约的义务；封建专制主义破坏了人们的自由，违反了"社会契约"，人们有权推翻它。法国启蒙思想家伏尔泰（Voltaire，1694—1778）、卢梭（Jean-Jacques Rousseau，1712—1778）等人进一步发挥"社会契约论"，形成了完整的资产阶级革命的平等自由思想。卢梭认为，在社会和国家产生以前，人们生活在"自然状态"中，享受"自然权利"，充分展示"人类理性"；随着"私有观念"的产生和"私有制"的出现，人类进入"文明社会"，人们处于战争状态；为了保护自己的财产，富人诱骗穷人订立"契约"；人们转让自己的自由权利，不是把它无条件地交给某一个人，而是每个人交出自己的自由权利，组成一个最高的权利来治理社会；

---

① 朱德生. 简明欧洲哲学史. 北京：人民出版社，1979. 43.

② ［德］马克思，［德］恩格斯. 马克思恩格斯全集（第22卷）. 中共中央马克思恩格斯列宁斯大林著作编译局译. 北京：人民出版社，1965. 525.

③ 朱德生. 简明欧洲哲学史. 北京：人民出版社，1979. 66.

④ 朱德生. 简明欧洲哲学史. 北京：人民出版社，1979. 119.

如果国家或者君主破坏了"契约",不能保护个人的平等自由,人民就有权推翻它。这些伟大的资产阶级革命运动的启蒙思想家所表述的观念在美国《独立宣言》中得到了确认:"人人生而平等,他们都从他们'造物主'那边被赋予了某些不可转让的权利,其中包括生命权、自由权和追求幸福的权利。为了保障这些权利,所以才在人们中间成立政府。而政府的正当权利,则系得自被统治者的同意。如果遇有一种形式的政府变成损害这些目的的,那么,人们就有权改变它或废除它,以建立新的政府。"

在此基础上,英国近代著名思想家约翰·斯图尔特·穆勒(John Stuart Mill)于 1859 年出版《论自由》一书,全面论述了言论自由、思想自由与个性解放对人类文明发展的巨大作用。穆勒在《论自由》一书中阐述了以下三个主要观点①:第一,言论思想自由是人类自由领域中最重要的东西。穆勒认为,人类自由首先表现在思想意识领域,在思想意识领域,人类要求具有广泛的心灵自由。事实上,这是一切自由的基础,如果没有思想意识的自由,其他一切自由都无从谈起。而人的其他一切自由权利都是可以被剥夺的,只有思想意识自由永远属于自己。第二,关于少数人的思想和意识与真理的关系。穆勒认为,在任何社会中,如果绝大多数人持有相同的观点,少数人持有不同的意见,那么应该允许少数人的观点继续存在,而不应让其保持沉默。如果它是正确的,则真理可能掌握在少数人手中;如果它是错误的,则其中也可能包含真理的成分。因此,只有允许不同的观点存在,并使对立观点交锋,就可以使真理更明确,而逼迫思想沉没则是对真理的扼杀。第三,对异端思想进行压制,会对人类进步造成危害。穆勒认为,许多人认为压制异端思想是正确的,而没有看到这样做所带来的严重恶果。异端思想不会因为受压制而销声匿迹,反而会得到广泛而迅速的传播。其结果,最大的受害者不是异端思想的持有者,而是持有正统意见的人的心灵。他们由于害怕异端,便极大地限制了自己的精神发展机制,他们的理性弱不禁风,人类独立思考的生机也就丧失了。在精神奴役的氛围中,也可能有个别伟大的思想家,但永远也不会有智力活跃的人民。穆勒在《论自由》一书中所阐述的上述思想,成为西方现代新闻自由思想的理论基础。

第二次世界大战以后,随着科学技术特别是传播技术的发展,西方资本主义新闻传播业垄断化趋势迅速发展,各国政府加强了对新闻传播事业的控制,传统新闻自由理论受到严峻挑战。首先,由于新闻传播媒介日益集中在少数人手中,传统新闻自由理论所依存的"意见的自由市场"已不复存在。其次,

---

① 徐耀魁. 西方新闻理论评析. 北京:新华出版社,1998. 182~184.

由于新闻自由理论没有对新闻传播媒介发表意见的严格限制，新闻自由权利的运用往往流于不负责任的放任自由。在这种背景下，社会责任理论随之产生。如前所述，1947年罗伯特·哈钦斯（Robert Hutching）组织的新闻自由委员会（亦称哈钦斯委员会）发表《一个自由而负责的新闻界》的研究报告。书中提出了四种媒介理论：威权主义理论、自由至上主义理论、社会责任理论、苏联共产主义理论。其中，特别主张社会责任理论。在此基础上，1956年，美国新闻传播学家韦尔伯·施拉姆（Wilbur Lang Schramm）等发表了著名的《报刊的四种理论》，进一步发挥了社会责任理论。他们否认绝对自由的存在，强调自由是伴随着义务和责任的；他们认为报刊自由涉及报刊拥有者、公众和社会三者的利益，社会应当保护公众的"获知权"；他们认为自由有消极和积极之分，为了防止新闻自由的滥用，政府可以对新闻传播媒介加以适当的控制；他们认为社会责任理论应该成为新闻界普遍遵循的准则。社会责任论虽然不同于传统的新闻自由理论，但是它仍然属于新闻自由理论的范畴，是新闻自由理论在新的历史条件下的发展。这种理论适应西方国家垄断资本主义发展的需要，为西方资本主义国家干预和控制新闻传播事业提供了理论支撑。

综上所述，自由主义思想的哲学基础主要有以下四个方面的原则：一是理性原则，即每个正常的人具有理智和控制自己行为的能力，能够运用自己的理性去分辨真伪和善恶。真理是确定无疑的，只要允许自由而公正地讨论，人们就能够根据理性接受真理、抛弃谬误。二是自然法则，即每个人都享有生命、自由和财产权，这些权利是不可剥夺和转让的。三是权力制衡原则，即为了保障自由，必须让权力分离，并且以权力制衡权力。而报刊就是独立于立法、行政和司法之外的"第四种权力"。四是自由与责任、权利与义务相统一的原则，这一点在社会责任理论中表述得尤为突出。在一个社会责任体制中，新闻传播媒介享有某些权利，同时也应该承担相应的责任和义务。"言论自由是以个人对于他的思想、对于他的良心的义务为基础的"①。

二、新闻自由原则的基本内容

新闻自由是近代西方自由思想的一部分，是资产阶级在利用新闻传播事业反对封建统治者的斗争中提出来的。它经历了这样一个发展过程，首先是"出版自由"，其次是"言论自由"，最后才是"新闻自由"。

"出版自由"（freedom of press）的口号首先是由英国诗人、政论家约翰·

---

① ［美］韦尔伯·施拉姆等. 报刊的四种理论. 陈亮等译. 北京：新华出版社，1980. 114.

弥尔顿（John Milton）提出来的。当时，英国实行"出版特许制度"，封建君主和特权阶级对报刊享有绝对统治权。这项制度规定，成立皇室特许出版公司，除公司会员和国王特许外，其他出版活动一律禁止。对出版物的检查包括：一切出版品须送皇家出版公司登记；除牛津、剑桥大学外，一律禁止印刷；任何出版品均须事前许可，并接受检查；对非法出版有搜查、扣押、没收及逮捕嫌疑犯的权力。到 1659 年这项制度废除后，出版自由才得以在英国确立。针对出版物事前检查制度，弥尔顿提出了"观点公开市场"和"真理自我修正"的理论。他指出：报纸应该是独立于政治和自由体，是任何人不经许可都可以发行的东西；在一切自由之中，给我知之自由、说之自由以及凭良心自由辩论之自由。

"言论自由"（freedom of speech）是在一定法律范围内，公民通过口头或书面的方式表达意见的自由。这一口号是在弥尔顿去世一百多年之后才出现的。1855 年以后，英国国会才正式承认"言论自由"。美国独立战争后，联邦党人和民主党人就言论自由的问题也展开了激烈的斗争。1879 年，国会通过了宪法十条修正案（《人权法案》）。其中第一条（《宪法第一修正案》）规定，"国会不得制定法律，建立宗教或禁止宗教信仰自由；剥夺人民言论或报刊自由；剥夺人民和平集会及向政府申冤请愿之权利。"在此期间，托马斯·杰弗逊总统起了重要作用。他提出了这样的名言："民意是我国政府存在的基础，所以我们先于一切的目标就是保持这一权利；若由我来决定我们是要一个没有报纸的政府，还是没有政府的报纸，我会毫不迟疑地立即回答：我宁愿要后者。"① "新闻自由"（freedom of information）是第二次世界大战后期提出来的口号。鉴于德国、日本等法西斯国家在大战中封锁或控制新闻，利用新闻制造战争舆论的教训，1948 年 3 月至 4 月间在日内瓦召开的联合国新闻自由会议通过了《国际新闻自由公约草案》。在此基础上，1951 年召开的国际新闻学会又提出了关于新闻自由的四条标准。新闻自由实际上包括了出版自由和言论自由的意义，并且有所扩大。

依据联合国《国际新闻自由公约草案》② 和国际新闻学会的标准③，新闻自由的基本内容可以归纳为以下五个方面：

第一，创办新闻传播媒介的自由。所谓创办新闻传播媒介的自由，就是指各国政府应该平等地允许本国人民自由地创办新闻传播媒介。《国际新闻自由

---

① 李良荣. 西方新闻事业概论. 上海：复旦大学出版社，1997. 19.
② 孙旭培. 新闻自由论集. 上海：文汇出版社，1988. 278.
③ 李瞻. 新闻学原理. 台北：台湾黎明文化事业股份有限公司，1992. 69.

公约草案》规定，对本国人民或缔约国人民应用各种传播工具，本国政府绝不因政治上的原因而予任何人以差别的待遇。

第二，采访新闻的自由。所谓采访新闻的自由，是指记者对任何新闻事件有采访、了解和发掘的权力，政府机关和有关部门应给予方便，不应进行任何干扰。《国际新闻自由公约草案》规定，各国政府予本国人民及其他缔约国人民在本国境内依法发表和收取各种新闻与意见之自由，本国政府均不得加以干涉；对其他缔约国人民，予以本国人民同量之觅取新闻之自由；对于缔约国间以采访相互间之新闻而传达于公众为职业之人民以鼓励，并予以便利，此等人民请求入境亦将予以便利。

第三，传递新闻的自由。所谓传递新闻的自由，是指记者无论在何时何地采访或写成的新闻，首先应该传播到所属新闻机构的编辑部，方能够进入新闻传播的其他程序，这种工作不应该受到阻挠。《国际新闻自由公约草案》规定，予本国人民或缔约国人民在本国境内或超过本国国界以合法之工具收听或传递新闻及意见，本国政府不得加以干涉。

第四，出版或者发布新闻的自由。所谓出版或者发布新闻的自由，是指报纸（广播电视）可以自由地出版发行或者播出，而不应该受到有关方面的限制或者发布前的检查。

第五，意见批评自由。所谓意见批评自由，是指每一个公民特别是新闻工作者可以通过新闻媒介自由地表达各种意见、评论时政、批评政府和政府官员。

综上所述，所谓新闻自由是指新闻工作者有搜集、发布、传递新闻的自由，以及广大人民群众有创办新闻机构或收受新闻的自由。

三、资本主义社会的新闻自由

新闻自由是资本主义民主政治的一个组成部分，它在历史上曾经起过重要作用。这种作用主要表现在以下三个方面：

第一，新闻自由是社会进步的推动力之一。民主政治是多数人的政治，多数人要了解事实的真相，形成舆论，再由舆论转化为政策。在封建专制主义和法西斯主义的统治之下，是不可能有新闻自由的，因为那里是少数人的天下，而"新闻自由是对付暴君的鞭子"。正如一位美国新闻学家所指出的，"一旦我有新闻自由的武装……我就要向他们（贪污腐化的上议院和俯首听命的下议院以及他们所进行的威胁利诱——引者）所建立的强大体制进攻……把它埋葬在它要庇护的贪权枉法的垃圾堆中"①。没有新闻自由，政治不会民主，社会上的腐败现象没有人去揭发，社会必然停滞不前。如果有了新闻自由，社会弊端就会少得多，社会就会健康发展。所以，列宁指出："'出版自由'这个口号，从中世纪末直到 19 世纪，在全世界成了伟大的口号。为什么呢？因为它反映了资产阶级的进步性，即反映了资产阶级反对僧侣、国王、封建主和地主的斗争。"②

第二，新闻自由是其他自由的保障。新闻自由虽然只是自由中的一种，但它是自由中的最重要的一种，是其他自由的保障。其他各种自由都握在统治者手里，但新闻自由可以使政府忠于自己的职责。如果一个政府连报道事实与发表意见的自由都不允许，人民在其他方面就毫无自由可言了。

第三，新闻自由促进了新闻传播事业的发展。其一，民办报刊大量涌现。在封建社会，只允许官报和经官方特许的报纸出版，而不允许民间办报。新闻自由冲破了"官报独占"的局面，使民办报刊合法化，从而出现了新闻事业的繁荣景象。其二，政治新闻成了一般报刊的主要内容。在封建社会里，政治是君主和官僚的事，平民百姓不得过问，因此报刊不允许刊登政治新闻。英国资产阶级革命胜利后很长一段时间内，国会新闻是禁止报道的。1771 年"威克斯案件"后，英国新闻界才获准报道国会辩论的权利。以后，记者又被允许列席国会会议，成了所谓的"第四等级"。其三，报刊可以发表批评政府的言论。在封建社会里，对朝政稍有异议，就可能招来杀身之祸。资本主义新闻自由确立后，"批评政府无罪"成了一个基本原则，并且成了新闻自由的"试金石"。这一原则首先于 1649 年在英国确立（"李尔本案"），接着，1735 年在美国确立（"僧格案件"）。

新闻自由虽然具有历史进步作用，但它毕竟是一个相对的、阶级的、历史的范畴，具有严重的局限性。这种局限性主要表现在以下三个方面：

首先，新闻自由是一个相对的范畴。同任何事物一样，新闻自由也是相对的，绝对的新闻自由是没有的。那种认为新闻自由可以不负责任、随心所欲的观点是十分浅薄无知的。事实上，标榜新闻自由的美国对新闻的限制是很多的。例如，新闻报道"不得藐视法庭""不得扰乱社会秩序""不得诽谤和诋毁他人""不得触犯他人的隐私权"等。可见，新闻自由是相对的、有条件的。这个条件的最低限度就是，不能"鼓吹使用暴力推翻政府"和造成"明显而现实的危险"。所以，资本主义社会的新闻工作者一般都能够遵守这些法

---

① ［美］埃德温・埃默里等. 美国新闻史. 苏金琥等译. 北京：新华出版社，1982.3.

② 列宁全集（第 32 卷）. 北京：人民出版社，1958.492.

律规定，并且具有比较严格的自律精神。

其次，新闻自由是一个阶级的范畴。新闻自由是在一定的社会经济政治制度下公民的政治权利，它又是一个阶级的范畴。在资本主义社会，新闻自由实质上是资本的自由，是垄断财团收买、兼并新闻媒介的自由，是资产阶级内部各个集团之间相互攻击的自由。随着新闻自由而起的是激烈竞争和兼并。在美国，有 1 600 多家日报，但发行量均非常小，竞争非常激烈，"一城一报"的现象非常普遍。"全美现在只有不到二十个城市有两家规模相当的报纸互相竞争，其余的都变成一家大报垄断的情形。"① 在电视方面，情形更为严重，全美现 1 200 多家电视台中有 770 家属于三大电视网的地方联盟，其中国家广播公司（NBC）215 家，美国广播公司（ABC）206 家，哥伦比亚广播公司（CBS）200家。三大电视网节目的收视率占全美电视节目收视率的 70% 以上②。

再次，新闻自由是一个历史的范畴。在不同的历史时期，资产阶级对新闻自由所采取的态度是不同的。在革命时期，当资产阶级作为社会新生产力的代表出现的时候，为了吸引人民群众参加反封建的斗争，他们把新闻自由当作人民民主权利的一部分，具有进步作用。在自由竞争时期，为了鼓励自由竞争，资产阶级确立了新闻自由的普遍形式，又严格限制新闻自由。在垄断时期，随着新闻传播事业迅速集中，不仅一般人民群众不可能享有真正的新闻自由，就是新闻工作者也不可能真正自由地从事新闻工作。与此相适应，新闻自由的理论也逐渐被"社会责任理论"所代替。可见，资本主义社会虽然确立了新闻自由的普遍形式，但缺乏实现这种自由的物质条件，不可能有真正的新闻自由。只有在社会主义社会，新闻自由既具有自由的普遍形式，又具有实现新闻自由的物质条件。

四、社会主义社会的新闻自由

在社会主义制度之下，需不需要新闻自由，允不允许新闻自由，有没有新闻自由，在这些问题上人们的认识并不是一致的。有些人照搬西方新闻自由的标准，认为社会主义制度下没有新闻自由，他们把新闻自由作为一个攻击共产党的口号。也有些人从"左倾"思想出发，认为新闻自由是资产阶级新闻学的专利品，在社会主义制度之下不应该提倡新闻自由。这两种观点似乎是对立的，其实都是对于社会主义新闻自由的误解。实际上，社会主义社会需要新闻

---

① 郑贞铭. 新闻原理. 台北：台湾五南图书出版公司，1995. 151.
② 郑贞铭. 新闻原理. 台北：台湾五南图书出版公司，1995. 154～155.

自由、允许新闻自由，也有新闻自由。

资产阶级革命之所以能够吸引无产阶级和其他劳动人民参加，主要是因为他们把包括言论自由在内的民主权利写进了自己的纲领。所以说，新闻自由的取得不仅仅是资产阶级的专利，无产阶级也作出了贡献。不仅如此，资本主义确立新闻自由的普遍形式后，无产阶级争取新闻自由的斗争并没有停止。马克思就是从争取新闻自由开始走上革命道路的，他写的《评普鲁士最近的书报检查令》《〈莱比锡总汇报〉的查封》等文章都是专门论述新闻自由问题的。他认为："没有出版自由，其他一切自由都是泡影。自由的一种形式制约着另一种形式，正像身体的这一部分制约着另一部分一样。"① 又说，"没有出版自由、结社权和集会权，就不可能有工人运动"；"政治自由、集会结社的权利和出版自由，就是我们的武器"②。

人民群众是社会的主人，国家的一切权力属于人民。人民群众行使民主自由权利、管理国家事务，有两条主要途径：一条是直接选举自己的代表，组成人民代表大会，直接参与国家的管理；另一条是通过新闻媒介反映人民的心声，沟通党和国家与人民群众之间的联系，自下而上地对各级国家机关工作人员实行舆论监督。两种途径相比，后一种途径更直接、更广泛、更有效。因此，无产阶级政党在取得政权以后明确保障人民群众的言论自由。恩格斯指出："批评是工人运动的生命素，工人运动本身怎么能避免批评，想要禁止争论呢？难道我们要求别人给自己以言论自由，仅仅是为了在我们的队伍中又消灭言论自由吗？"③

在社会主义社会实行新闻自由，也是加强和改善共产党领导的需要。共产党的领导是通过正确的路线、方针和政策来实现的。正确的路线、方针和政策只能是民主化和科学化决策的结果。因此，在任何情况下都要允许人民讲话。邓小平说："一个革命政党，就怕听不到人民的声音，最可怕的是鸦雀无声。"④中共"十三大"的政治报告也指出："各级领导机关的工作，只有建立在倾听群众意见的基础上，才能切合实际，避免失误。领导机关的活动和面临的困难，也只有为群众所了解，才能被群众理解。群众的要求和呼声，必须有渠道经常地顺畅地反映上来，建议有地方提，委屈有地方说。""要通过各种现代化的新

---

① ［德］马克思，［德］恩格斯. 马克思恩格斯全集（第1卷）. 中共中央马克思恩格斯列宁斯大林著作编译局译. 北京：人民出版社，1957.9.

② ［德］马克思，［德］恩格斯. 马克思恩格斯全集（第1卷）. 中共中央马克思恩格斯列宁斯大林著作编译局译. 北京：人民出版社，1957.9.

③ ［德］马克思，［德］恩格斯. 马克思恩格斯全集（第1卷）. 中共中央马克思恩格斯列宁斯大林著作编译局译. 北京：人民出版社，1957.9.

④ 邓小平文选（一九七五——九八二年）. 北京：人民出版社，1983.134.

闻和宣传工具，增加对政务和党务活动的报道，发挥舆论监督的作用。"①

社会主义社会是有新闻自由的，社会主义国家的宪法都规定了人民群众享有新闻自由的权利。

第一，苏联宪法的规定。十月革命胜利后，列宁在签署出版法令时指出："一旦新制度确立起来，对报刊的各种行政干预就必须停止。而将依照最开明与最进步的法律，并在对法庭负责的范围内对出版实行充分的自由。"1918年通过的《俄罗斯社会主义联邦共和国宪法》第二十四条规定："为了保障劳动者享有真正的发表意见的自由，（国家）将出版报纸、书籍和其他一切印刷品所需的各种技术设备和物质交给工人阶级和贫农支配，并保障这些出版物在全国发行。"②

第二，我国宪法的规定。早在延安时期，毛泽东就认为："人民的言论、出版、集会、结社、思想、信仰和身体这几项自由，是最重要的自由。"③1949年颁布的《中国人民政治协商会议共同纲领》第五条规定："中华人民共和国人民有思想、言论、出版、集会、结社、通讯、人身、居住、迁徙、宗教信仰及示威游行的自由权。"第四十九条规定："保护报道真实新闻的自由。禁止利用新闻进行诽谤，破坏国家人民的利益和煽动世界战争。"1954年颁布的《中华人民共和国宪法》第八十七条规定："中华人民共和国公民有言论、出版、集会、结社、游行的自由。""国家供给必需的物质上的便利，以保障公民享受这些自由"。尽管以后我国社会主义建设事业多有曲折，但是历次修改宪法时，这一内容都保留下来了。

和资本主义新闻自由相比，社会主义新闻自由有以下三个基本特征：

第一，社会主义新闻自由是一种更高级、更完备的新闻自由。在社会主义社会，新闻自由既具有普遍形式，又具有实现这些形式的物质条件。生产资料公有制从根本上消除了资本对新闻媒介的控制，从物质上保障了人民群众享有新闻自由。社会主义市场经济体制的建立，特别是公有制实现的多种形式理论的提出，为社会主义新闻自由的普遍实现开辟了新途径。首先，适应以公有制为主体多种经济成分并存的经济结构的变化，新闻媒介结构体系发生了变化。过去那种"党报"的一统天下已不复存在，取而代之的是以"党报"为主体的各级各类传播媒介并存的新闻传播体系。其次，适应利益主体多元化和生活方式多样化的变化，新闻传播的内容发生了变化。过去那种只传播政治新闻的情况已不复存在，取而代之的是既要有政治新闻，又要有经济新闻、社会新

① 中国共产党第十三次全国代表大会文件汇编. 北京：人民出版社，1987. 45.
② 孙旭培. 新闻自由论集. 文汇出版社，1988. 40.
③ 毛泽东选集（第三卷）. 北京：人民出版社，1966. 1019.

闻、科技新闻等丰富内容。再次，适应人民民主法制意识不断增强的变化，新闻传播模式发生了变化。过去那种以传播者为中心、"从上而下""你打我痛"的传播模式已不复存在，取而代之的是以受众为中心、平等对话、互相沟通的新型传播模式。

第二，社会主义新闻自由是大多数人的新闻自由。在资本主义社会，由于受资本主义私有制的制约，新闻自由只能是少数人的自由。在社会主义社会则不然，新闻自由真正成为大多数人的自由，而且享有新闻自由的人越来越广泛。在社会主义制度建立之初，实行"舆论一律"是必要的。但是，"舆论一律"并不是不要言论自由。毛泽东说："我们的舆论，是一律，又是不一律。在人民内部，允许先进的人们和落后的人们自由利用我们的报纸、刊物、讲坛等等去竞争。""在内部，压制自由，压制人民对党和政府的错误缺点的批评，压制学术界的自由讨论，是犯罪的行为。这是我们的制度。"① 随着一代社会主义新人的成长，更多的人乃至社会全体成员将会享有真正的新闻自由。

第三，社会主义新闻自由需要不断完善。社会主义新闻自由还处在发展过程中，其发展趋势是从不完善到逐步完善，由不充分到逐渐充分。从理论上说，社会主义制度的建立为人民群众享有比资本主义社会更多的新闻自由开辟了道路。但是，社会主义社会新闻自由的历史比资本主义社会新闻自由的历史短得多，而且社会主义国家一般是在封建社会历史比较长、经济文化比较落后的社会建立的。因此，在这样的国家民主和法制的实现将是一个长期的过程，新闻自由的普遍实现也将是一个长期的过程。但是，不管历史的积淀有多深厚，社会主义的民主和法制一定会建立起来，社会主义新闻自由一定会不断发展和完善起来。

根据孙旭培教授的研究，新闻自由发展的历程，大致如图 9-1 所示②：

封建社会	无普遍自由的形式
	无普遍自由的条件
资本主义社会	有普遍自由的形式
	无普遍自由的条件
社会主义社会	有普遍自由的形式
	有普遍自由的条件

图 9-1 新闻自由发展历程

---

① 毛泽东选集（第五卷）. 北京：人民出版社，1977. 157～158.
② 孙旭培. 新闻自由论集. 北京：文汇出版社，1988. 25.

第二节　新闻控制

一、新闻传播事业的社会控制

控制（control）一词的本义，是指"掌握住、不使任意活动或超出范围"。有关控制的理论（control theory）是从机械自动化操作数学运算方法而来的。它研究信息在机械自动化系统中和在动物或人体内传递的一般性问题，是指有组织的系统根据内外部的变化而进行调整、使自身保持某种特定的状态。控制有一定的方向和目标，其作用在于使事物之间、系统之间、部门之间相互作用，克服随机因素。控制论的理论应用于社会管理就产生了社会控制。所谓社会控制（society control theory），按照美国社会学家戴维·波普诺的解释，是指"对人们的行动实行制约和限制，使之与社会规范保持一致的任何社会过程"[①]。

新闻控制是社会控制中的一种，它是"指社会中的不同组织、势力，通过各种手段，对新闻传播事业施加压力和影响，使之所传播的内容符合社会或控制者自身的利益和愿望"[②]。一般说来，新闻控制有以下三个特点：一是它的着眼点主要是控制新闻传播的内容而不是新闻传播本身，也就是说新闻控制者主要是利用和操纵新闻传播媒介，而不完全是压制或消除新闻传播媒介；二是它包括内部控制和外部控制两个方面，即既有来自新闻从业人员的职业道德规范作用（自律），也有来自新闻界以外的政府的、政党的和其他社会政治经济势力的控制（他律），而且往往以外力的控制或刚性控制为主；三是新闻控制的目的是使新闻传播事业与社会规范（特别是统治者的要求）保持一致。但是，也应该看到，并不是所有的"社会规范"和统治者的要求都是合理的和进步的，它们对于新闻传播事业的社会控制往往产生一些负面影响。

新闻传播事业之所以必须受到社会的控制，主要是因为它虽然是社会民主

① 黄旦. 新闻传播学. 杭州：杭州大学出版社，1995. 85.
② 黄旦. 新闻传播学. 杭州：杭州大学出版社，1995. 87.

政治的推进器，但并不是一个无往而不胜的武器，它必然受到来自社会各个方面的控制。据联合国国际交流问题研究委员会的报告称，"阻碍信息情报向公众自由流动的障碍几乎是无穷无尽的，障碍的性质、程度、数量和出现率因国而异，但可以看到，他们在所有的社会中毫无例外地大量存在。"① 这说明，新闻的社会控制有其必然性和普遍性。在某种意义上说，没有新闻控制就没有新闻自由。

社会中的各种组织、势力之所以要对新闻传播事业实施控制，主要有以下三个方面的原因：第一，新闻传播事业作为一个社会组织必须承担起一定的与其职责相适应的社会责任，因而必然受到其他部门、组织的控制，使之规范化。第二，新闻传播事业是一个与社会诸方面发生多边关系的组织，它既要依赖于其他组织开展活动，其他组织也要利用新闻传播事业为自己服务。而这种相互依赖性，决定了新闻传播事业必然要受到相应的控制。第三，在新闻传播事业与社会其他系统的联系中，它们所处的地位并不平等，一般来说，新闻传播事业更多地处于从属和被支配的地位，因而也就更多地显示出工具性和被控制的特点来。

社会上各种势力对于新闻传播事业的控制是多种多样的，其中最主要的有政治势力的控制、经济集团的控制和媒介所有者的控制三种。这三种势力对于新闻传播事业控制的方式又是各不相同的。

政治势力对于新闻传播事业的控制主要是通过新闻传播事业来扩大和巩固自己的统治。政治势力对于新闻传播事业的控制可分为政府控制、政党控制和政治团体控制三类，其中以政府控制最为重要。政府控制主要有法律控制、制度控制、信息来源控制三种方式。所谓法律控制是指政府依据有关法律、法令的规定来约束、管理和监督新闻传播的内容，以防止其泄漏国家机密、危害国家安全、妨碍社会稳定及损害公众利益。在这方面使用最多的是对于许可证的控制、诽谤法的运用、藐视法庭原则、防止泄漏"国家机密"等。所谓制度控制是指政府建立相应的制度或者管理机关，以加强对新闻传播事业的管理与领导。这类制度有许可证制度（新闻从业人员须经国家许可方能从事新闻传播活动）、登记制度（成立新闻传播媒介须由政府管理部门登记注册）、检查制度（政府管理部门对新闻媒介实行预先或事后检查）。所谓信息来源控制是指政府机关有意封锁、淡化一些新闻信息，或者故意公开、突出另外一些新闻信息。其常见的手法是提供资料举行新闻发布会，通过官方媒介影响和指导其

---

① 联合国教科文组织. 多种声音，一个世界. 中国对外翻译出版公司第二编译室译. 北京：中国对外翻译出版公司，1981. 190.

他媒介等。

经济集团主要是指大财团、大企业、大公司和大垄断资本家。他们都想通过经济实力获取和支配新闻传播的时间和内容。他们控制新闻传播事业的方式一般分为经济控制和组织控制两种类型。所谓经济控制，是指通过经济力量对新闻传播事业产生影响。例如，通过广告取得对传播时间和内容的支配权，甚至诱惑新闻媒介改变原有的传播方针；又如，通过赞助的形式，换取新闻传播事业对自己的直接或间接的回报。所谓组织控制，是指将自己的经济实力渗透到新闻传播事业中，从组织上控制新闻传播事业。例如，通过资金的投入，得到某一新闻媒介的股票，并且取得其控股权；又例如，通过连锁店的形式，使其他企业的董事兼任新闻媒介企业的董事，或者新闻媒介企业的董事兼任其他企业的董事等。经济集团的控制虽然不如政府的控制那么直接有力，但是由于金钱所具有的诱惑力和威慑力，它也是一种强有力的控制。

媒介所有者的控制是指媒介所有者直接指挥和决定新闻传播的方针、政策与人事等重大事项。在资本主义社会，新闻传播事业属于资本家所有，新闻工作者是老板的雇佣工人。他们必须秉承老板的意志行事，否则就会随时被解雇。联合国国际交流问题研究委员会的报告指出："所有权的集中也能产生同样的障碍，使报道、编辑和表达趋于划一。"① 在社会主义国家，新闻媒介是党和国家的宣传部门，又是独立的信息产业部门，新闻工作者既是党和国家的思想宣传工作者，又是所在新闻媒介的主人和职员。因此，新闻工作者既要接受本单位的技术业务和劳动纪律考核，又要遵守国家的法律和党的宣传纪律。

二、新闻传播法规

一个国家为了维持正常的社会生产生活秩序，必须有一套健全的制度作保障，这种制度就是法律。所谓法律是国家按照统治阶级的意志制定或认可的，并由国家强制力保护其实施的行为规范的总和。它包括宪法、以宪法为基本框架的各种专门法和贯彻各种专门法律条文的以行政命令的形式出现的实施细则（规定、命令、法令）等。宪法是国家的根本大法，是其他法律的母法。各种专门法律是对宪法精神的具体规定，行政命令、法令是对各种专门法的补充和完善。新闻传播法规就是属于贯彻宪法精神的各种专门法律中的一种。

新闻传播事业是社会上的一种独立事业，新闻从业人员是一群从事特定职

---

① 联合国教科文组织. 多种声音，一个世界. 中国对外翻译出版公司第二编译室译. 北京：中国对外翻译出版公司，1981. 193.

业的社会成员。他们既要遵守宪法和各种专门法律，又要遵守有关本职工作的特殊的法律。这种关于新闻传播事业和新闻工作者的特殊的法律，就是新闻法。所谓新闻法，"系指有关规范新闻活动（非一般商业活动部分）与活动成果（新闻内容）以及规定新闻从业人员权利义务的法令"①。这些法律既体现在各国家的宪法中，又体现在各个国家的各项专门法律中，还特别体现在有些国家（成文法系国家）制定的专门的新闻法中或者是在有些国家（大陆法系国家）所遵循的各种判例中，同时还体现在有些国家机关颁布的各种有关新闻法实施的行政命令、规定或者实施细则中。由此，构成了完整的新闻法律体系。

新闻法律的目的或者作用在于保护和限制新闻自由，在于建立一个合理的新闻法律秩序，在于依法调整新闻关系。经过资产阶级民主革命，各个民主国家已在宪法中确立了新闻自由的原则。但是，宪法的规定只是为新闻自由权利的行使提供了合法依据，并不能使新闻自由变为现实。要使新闻自由变为现实或者正确行使新闻自由，还必须建立合理的新闻法律秩序和新闻法律关系。所谓法律秩序，是指"由法律确立和保护的人们相互之间的权利和义务关系或状态"②。据此可知，所谓新闻法律秩序就是由有关新闻法律所确立和保护的人们在行使新闻自由权利和履行新闻传播时所应承担的义务之间的关系。

确立新闻法律秩序的首要问题，就是确立新闻自由在新闻法律关系中的地位或者与其他法律权利的合理关系。权利是利益的法律表现，任何一些权利的行使都会与其他权利的行使发生冲突，由此形成了各种各样的法律关系，新闻关系就是其中的一种。新闻自由确立以来就一直处在各种利益、权利或权力的错综复杂的冲突之中，这种冲突，我们称之为新闻关系。新闻关系主要由新闻界、公民和政府三方面组成，他们是由各自社会地位决定的不同的利益主体。就新闻活动而言，新闻界履行从事新闻活动的社会职能，并且通过自由的新闻活动实现其道德愿望和商业利益；公民拥有不受新闻活动侵犯的个人隐私权和名誉权；政府担负着维护公共秩序、组织社会生产和维护国家安全的职能。三方面既是享受新闻法律权利的主体，又是履行新闻法律义务的主体。就新闻关系的义务层面而言，新闻界自由的新闻活动不得侵害公民和政府的合法权益，否则就是滥用新闻自由；公民和政府不得干涉或取消自由的新闻活动，否则就是滥用权利或权力。由此可见，在新闻关系中，没有哪一方绝对代表社会利益，也没有哪一方绝对代表个体利益。有时，新闻界揭露政府专制、抨击官员

---

① 尤英夫. 新闻法论. 台北：世纪法商杂志社，1996. 3.
② 夏勇. 西方新闻自由探讨. 中国社会科学，1988（5）.

腐败，可能代表社会利益；有时，政府扼制新闻界造谣诬陷、泄漏国家机密，可能代表社会利益；有时，如果政府与新闻界沆瀣一气、祸国殃民，则可能只有公民代表社会利益。要合理解决这些矛盾和冲突，就必须有一个凌驾于三方之上的力量，这个力量就是新闻法律。

如前所述，以调整和解决上述新闻界、公民和政府三个方面利益冲突为目的的新闻法律，既体现在一个国家的宪法中，也体现在一个国家的各项专门法律中（例如，刑法、民法、国家安全法、专门新闻法、著作权法、广告法等等）。一般说来，新闻法律有以下六个方面的内容：

第一，各国宪法所规定的有关新闻自由的权利和义务。新闻自由曾经是推动近代历史进步的一个伟大的口号，因此，各个民主国家都在自己的宪法中明确确立了新闻自由的原则。例如，1789 年法国《人权宣言》第十一条，1791年美国《权利法案》第一条（联邦宪法第一修正案），1899 年日本宪法第二十七条，都明确宣布了新闻自由的原则。英国虽然没有用成文宪法表达新闻自由的理想，但 1689 年的《权利法案》确认国会议员有言论自由，实际上也确认了新闻自由的原则。新闻自由原则的确立并不意味着新闻界可以为所欲为，实际上各国宪法对新闻自由权利的行使又作了许多限制。以美国为例，目前美国联邦最高法院限制新闻自由的原则有所谓"明显而立即危险"的原则和"优先实用"的原则。前者规定，语言文字被取缔和被处罚前，必须先证明它会造成明显而立即的危险（a clear and present danger）。后者规定，法律如果有碍新闻自由，政府必须先证明该法律符合宪法，并且证明被处罚的言论或文字将使社会重要利益遭受危险。我国 1982 年通过的《中华人民共和国宪法》也是符合这种精神的。第三十五条规定："中华人民共和国公民有言论、出版、集会、结社、游行、示威的自由。"第五十一条规定："中华人民共和国公民在行使自由和权利的时候，不得损害国家的、社会的、集体的利益和其他公民的合法的自由和权利。"这就既确立了新闻自由的原则，又规定了行使新闻自由权利所应该履行的义务。

第二，新闻出版管理制度。新闻出版管理制度是国家通过法律规定对新闻传播事业采取的管理制度的形式。各国政府制定的新闻出版管理制度一般可以分为两类：第一类是追惩制或放任制，即国家对于新闻出版物在发行前不加任何限制，听任人民自由出版，只是在出版后如发现出版内容有违反法律规定，才依法加以追诉和惩处。所以，在奉行这种制度的国家内（如英国和美国）没有必要制定专门的新闻出版法。第二类是预防制，即出版品不仅在出版后可能因违法而受到惩处，而且在出版发行前依照一定的法律程序受到国家的干涉和管理。在这种制度之下，国家干涉和管理新闻出版的方式依照程度的不同，又可以分为以下四种：一是检查制，即在出版前将有关内容送主管机关检查，获得通过方可出版发行，未获通过则不能出版发行；二是保证金制度，即新闻出版主持者向主管机关缴纳一定数额的保证金，以便在出版内容一旦违法时即以保证金充作罚款；三是许可制或核准制，即新闻出版品在出版发行前应向主管机关申请，如获许可方能出版发行，否则不能出版发行；四是备查制或登记制，即新闻出版品在出版发行前向主管机关办理备查或登记手续即可。

第三，诽谤罪与新闻自由。诽谤［libel slander（指口头的）］是新闻侵权中最常见的类型，许多"新闻官司"均因"诽谤"而起。无论中外，无论大陆法系国家或海洋法系国家，有关诽谤的规定在新闻法中占有非常重要的地位。美国纽约州关于诽谤的法律解释是："以口语以外的方式，如文字、印刷、图片、雕塑、招牌或其他传播媒介，针对现仍活着的人或已经去世的人，散播仇恨、轻蔑、嘲弄或辱骂的内容，或是以上述的方式，使对方受到排挤或孤立；或任何个人、公司行号、职业团体的成员，因上述行为而名誉受到损害者，皆为诽谤罪。"① 一般来说，新闻诽谤罪的成立要有三个要件：一是将不该传述的事实在新闻媒介上公开传播；二是故意歪曲或捏造事实；三是有足够证据证明所传播事实足以使受害人的名誉和社会评价降低，或者使受害人本来已经低的社会评价进一步降低。

第四，隐私权与新闻采访自由。侵害公民的隐私权也是新闻侵害中常见的一种，所谓隐私权（the right of privacy），是公民拥有的对个人的身体或日常私生活不愿公开（"隐"）的情况（"私"）的权利。但是，如果涉及公众人物与公共利益有关的事实或者是当事人愿意公开的事实，不属于隐私权保护的范围。根据美国威廉·普洛塞教授的研究，新闻媒介侵害隐私权有下列四种情形②：一是侵扰他人的幽居宁静，或窥探他人的隐私秘密；二是违背起码的道德观念，公开宣扬他人遭受困窘的私事；三是发布他人的个人资料，使公众对其产生错误的印象；四是为了自己的利益，擅自利用他人的姓名和肖像。因此，新闻记者在采访和报道新闻时必须严格把握当事人的行为与公众利益有关这个关键。关于隐私权的保护，《中华人民共和国民法通则》第一百〇一条和一百二十条，也仅仅作了原则规定。《民法通则》第一百〇一条规定："公民、法人享有名誉权，公民的人格尊严受法律保护，禁止用侮辱、诽谤等方式损害公民、法人的名誉。"第一百二十条规定："公民的姓名权、肖像权、名誉权、荣誉权受到侵害的，有权要求停止侵害，恢复名誉，消除影响，赔礼道歉，并

① 郑贞铭. 新闻原理. 台北：台湾五南图书出版公司，1995. 182.
② 王利明. 新闻侵权法律辞典. 吉林：吉林人民出版社，1994. 266.

可以要求赔偿损失。"针对网络诉讼案件的日益增多，2013 年 9 月，中华人民共和国最高人民法院和最高人民检察院发布《关于办理利用信息网络实施诽谤等刑事案件适用法律若干问题的解释》。其中明确规定，"同一诽谤信息实际被点击、浏览次数达到 5 000 次以上，或者被转发次数达到 500 次以上"，"造成被害人或者其近亲属精神失常、自残、自杀等严重后果的"，可以诽谤罪追究刑事责任。近些年，针对互联网新闻管理的法律法规逐渐完善，对网络侵权行为进行了有效管理和约束，例如，2017 年 5 月出台的《互联网新闻信息服务管理规定》为保护公民的隐私权、著作权制定了明晰的规定，例如，"互联网新闻信息服务提供者对用户身份信息和日志信息负有保密的义务"；2017 年 6 月开始施行的《互联网安全法》更是对保护公民、法人和其他组织的合法权益进行了清晰的界定，明确反对"侵害他人名誉、隐私、知识产权和其他合法权益等活动"。

第五，舆论监督与司法独立。我国宪法和人民法院组织法、人民检察院组织法明确规定，司法机关独立行使司法权（审判权和检察权），不受行政机关、社会团体和个人的干涉。司法独立，在各国都是一条重要的法制原则。一般情况下，司法界为了提高审判的质量和透明度，愿意和新闻界合作。1998 年 4 月，时任司法部部长的肖扬表示："要自觉接受舆论监督，各类案件除涉及国家机密、公民个人隐私、未成年人犯罪，以及法律另有规定不予公开审理外，一律实行公开审理制度，不允许实行'暗箱操作'，并允许新闻机构以对法律自负其责的态度如实报道。"[1] 新闻媒介对于司法的舆论监督也必须遵守法律的规定，法院为了维护庭审秩序，可以限制新闻记者的采访，甚至控告记者"藐视法庭罪"。这种情形可以由以下四种情况导致：一是未经法官许可，在法庭上使用照相机、摄像机、录音机记录法官审理案件的过程；二是不顾法官要求，与当事人、证人和律师在案件尚未宣判前讨论案件；三是登载或使用法庭明令禁止的资料，对当事人、证人和国家安全造成不利影响；四是由评论案件进而对法庭和法官进行人身攻击。

第六，新闻报道与国家安全和社会稳定。一个国家特别是发展中国家为了保证国家的安全和社会稳定，往往在新闻法律中对新闻自由加以限制。这种限制包括，为国家安全应守秘密之事项，意图煽动他人以武力变更政府或扰乱社会治安者，意图煽惑人民犯罪者，发表不洁、有害青年之文字或供给青年阅读之出版物者。我国的《宪法》《刑法》《保守国家秘密法》《未成年人保护法》《妇女权益保障法》以及《出版管理条例》《广播电视管理条例》《报刊管理

---

① 司法部长谈舆论监督. 南方日报, 1998 - 04 - 16.

暂行规定》等都有这方面的规定。这些规定主要有五个方面：一是不得发表违反宪法和法律的报道。二是不得发表可能有损害国家安全和国家利益的报道。三是不得发表可能妨碍民族感情，有害国家统一的报道。四是不得发表有伤社会风气的报道。五是不得使用不正当的方法如欺骗、敲诈、威胁来获取新闻事实。一个国家特别是发展中国家为了保证国家的安全和社会稳定，往往在新闻法律中对新闻自由加以限制。

第三节　新闻职业道德

一、新闻职业道德的定义、特征和作用

新闻工作者要履行所担负的社会职责，要正确地行使新闻自由的权利，仅仅有外在的新闻法规的保护和制约是不够的，还必须有新闻职业道德的内在的支撑和约束。所谓道德是一定的社会调整人们之间以及个人与社会之间关系的行为规范的总和。在社会生活中，既有一般的为社会全体成员普遍认同的道德规范，又有从事各种不同职业的人们所特有的各种各样的职业道德。职业道德是从事一定正当职业的人们在进行职业活动时，从思想到行为应当遵守的道德规范，是调整该职业内部、该职业与其他职业之间以及该职业与社会之间的各种关系的行为规范。

新闻职业道德是职业道德中的一种，是从事新闻传播事业的人们应当遵守的道德规范，是调整新闻传播事业内部及其与其他职业和整个社会关系之间的行为规范。董炜博士认为："新闻（职业）道德是植根于人们的社会经济关系而直接决定于新闻传播事业的性质，并在新闻传播活动中不断发展变化的，依靠新闻工作者的内心信念、社会舆论和传统习俗进行善恶评价的，调节人们新闻传播关系和规范人们新闻传播行为的一种社会道德现象。"① 新闻职业道德是新闻工作者的一种行为准则和规范，它一般通过"记者守则""记者信条""新闻工作职业道德规范"等形式表达出来。

---

① 中华全国新闻工作者协会. 新闻职业道德. 北京：新华出版社，1996. 43.

根据上述定义，可以推导出新闻职业道德具有以下三个基本特征：

第一，新闻职业道德是由物质生活条件决定的社会意识形态。新闻职业道德同普遍道德现象一样，是一种由社会存在决定的社会意识形态，它的内容和形式都取决于社会存在，取决于社会的物质生活条件。具体说来，社会经济关系对于新闻职业道德的决定作用表现在两个方面：一方面，经济关系的性质决定道德体系的性质，不同经济基础之上的新闻传播事业及其新闻传播活动必定会形成不同的新闻职业道德规范。另一方面，社会经济关系的变化会引起新闻职业道德在价值取向和价值追求方面的相应变化。因此，不同的新闻传播事业具有不同的新闻职业道德要求，不同阶段的新闻传播事业也具有不同的新闻职业道德要求。也就是说，在不同的社会中有不同的新闻职业道德规范，在相同社会的不同阶段中也会有不同的新闻职业道德价值取向或价值追求。甚至还可以说，在不同的社会中也可能有相同或相似的新闻职业道德规范。

第二，新闻职业道德比其他职业道德具有更鲜明的政治色彩。在阶级社会中，不同的阶级具有不同的经济利益，从维护这些利益出发，他们形成了不同的道德规范体系。一般道德是这样，职业道德也是这样。由于新闻传播事业和经济基础的关系比其他上层建筑同经济基础的关系更直接、更密切，和其他职业道德（例如，教师职业道德、医生职业道德、商业职业道德）相比，新闻职业道德对经济基础的作用更明显、更直接，它的政治色彩也就更加鲜明。

第三，新闻职业道德是对新闻传播活动的一种特殊的调节规范体系。新闻职业道德虽然有鲜明的政治色彩，但是它毕竟不是新闻法规，也不是新闻宣传纪律，不能强迫新闻工作者接受或执行。它是一种内化的规范，只有在新闻工作者真心诚意地接受并转化为个人情感、意志和信念时，才可能发挥作用。内化的规范也被称为良心，它是人们的思想、言论和行动的尺度。良心形成特定的动机、意图和目的，从而促使人们自觉地去遵守他所认同的道德规范。因此，这种内在的规范一旦形成，就能够起到比新闻法规和新闻纪律更深刻、更广泛的作用。

新闻职业道德既然是内在的情感、意志和信念，它一旦形成就会在规范人们的新闻传播职业行为方面发挥巨大的作用，并且广泛而深刻地影响整个社会生活的道德面貌。具体说来，新闻职业道德的作用有以下两个方面：

第一，在新闻传播活动中的调节作用。所谓调节作用，就是它具有通过评价、教育、示范、激励、沟通等方式来指导人们在新闻传播活动中的职业行为和调节各方面社会关系的能力。在新闻传播活动中，始终存在着各种复杂的关系，例如，新闻与事实、新闻工作者与受众、新闻工作者相互之间以及新闻工作者与集体、国家之间的关系等。随着社会经济、政治、文化和科学技术水平的不断进步，这些关系将会变得越来越复杂，并且会导致一些新的矛盾产生。例如，新闻媒介之间的竞争问题、文化娱乐与宣传教育的问题、社会效益和经济效益的问题等。所有这些关系和问题，除了按照新闻法规和宣传纪律来解决外，主要靠新闻职业道德加以调节和解决。而且，新闻法规、宣传纪律和新闻职业道德解决问题的方式和手段是不同的。新闻法规和宣传纪律要求人们"必须怎样"，而新闻职业道德则要求人们"应当怎样"。一般来说，新闻职业道德的调节作用是通过诉诸舆论评褒贬、沟通疏导、教育感化等方式实现的，它尤其注重唤起新闻工作者的知耻心、敬业精神、历史沧桑感和社会责任感。

第二，新闻职业道德对于社会道德面貌具有重要影响。新闻媒介是社会信息传递的枢纽，新闻工作者是新闻信息传递的"把关人"，新闻工作者的职业行为关系到整个社会。因此，新闻职业道德的好坏直接反映和影响着社会道德水平的高低。一个积极向上的新闻职业道德风貌能够推动整个社会风气的好转，提高社会整体道德水平。相反，一个道德败坏、利欲熏心的新闻工作者是写不出优秀的新闻作品的，担负不起开启民智、舆论向导作用的。这一点，在由计划经济体制向市场经济体制的转化过程中显得尤为重要。

二、西方新闻自律运动的产生和发展

在西方，新闻职业道德又叫做新闻自律，它是在下列两个背景之下产生的：其一，新闻传播事业商业化趋势的加剧。新闻自由理论的确立极大地推动了新闻传播事业的发展，但是 19 世纪 30 年代以后随着新闻传播事业商业化趋势的加剧，新闻自由理论受到了严重的挑战。首先，新闻传播事业由一种文化性、公益性的社会事业变成了资本家赚钱的工具。报纸以赚钱为目的，广告可以支配新闻。其次，由于新闻媒介之间的激烈竞争，"黄色新闻"成了刺激读者的重要手段，由此导致了报道方法的煽情化和报道内容的庸俗化。再次，新闻对公民和国家造成的威胁越来越大。犯罪新闻、天灾人祸等成了报纸必备的内容，诽谤个人名誉、侵犯个人隐私、泄漏国家机密，甚至利用新闻自由遂其个人野心，成为新闻界普遍的现象。最后，新闻传播事业的商业化必然导致激烈的竞争，从而形成了垄断资本家独占新闻资源和意见市场的局面。极少数报业垄断资本家决定着广大人民知道什么，不知道什么。这一切都严重地威胁着新闻自由的基本原则。其二，社会责任理论的出现。传统的自由主义新闻理论的弊端充分暴露出来，引起新闻界有识之士的反思。他们认为，新闻自由必须加以约束，真正的新闻自由必须是自由与秩序并存的新闻自由，必须是基于社会责任的新闻自由。最早倡导这种理论的是著名的新闻传播事业家约瑟夫·普利策（Joseph Pulitzer），1904 年他在《北美评论》杂志上发表《新闻学院》一文。其中指出："只有最高的理想，兢兢业业的正当行为，对于所涉及的问题具备正确知识及真诚的道德责任感，才能使得报刊不屈从于商业利益，不寻求私自的目的，不反对公众的福利。"① 又经过四十多年的探索，1947 年美国新闻自由委员会在其出版的《一个自由而负责任的新闻界》一书中，正式提出了"社会责任的新闻理论"。社会责任理论强调权利和义务的不可分性，新闻传播事业既享有法律所赋予的新闻自由，相对地也有义务去完成它所应该担负的社会责任。

社会责任理论仍然继承了新闻自由的精神，导致了新闻自律运动的产生。西方新闻自律运动可以追溯到 19 世纪末 20 世纪初，当时随着"黄色新闻"的泛滥和新闻传播事业声誉的堕落，一些新闻传播事业家和新闻学者开始考虑新闻界的道德修养问题。1911 年，美国密苏里大学新闻学院首任院长沃尔特·威廉教授（Walter William）主持制定了《报人守则》八条。其主要内容如下：② 我相信，新闻是一种专门职业；我相信，一个大众的报纸是一个大众的信托，每个人都应完全为大众服务；我相信，清晰的思考、清楚的表白、正确与公平，是良好的基础；我相信，报人只应写作他所深信为真实的东西；我相信，作为一个报人，凡是一位君子所不愿说的就不应该把它写出来，个人所应负的责任不能借口别人的命令而逃避；我相信，广告、新闻与社论都应当为读者的最大利益服务；我相信，新闻传播事业必须敬畏上帝与敬畏人类；我相信，坚持超然地位，不为成见或权力之欲望而有所动摇。这八条守则的提出，为西方资本主义国家的新闻职业道德建设奠定了基础。

美国的新闻自律运动起始于 1923 年，这一年美国报纸编辑人协会（American Society of Newspaper Editors）颁布了《美国报业道德律》③（*Canons of Journalism*）。这是世界第一个新闻职业团体所制定的新闻职业道德规范，因而具有重要意义。这个条例共分责任、新闻自由、独立、诚实、客观、公正和庄重七个方面的内容。

所谓独立，是指除非对公众利益有重大的利害关系，新闻界不受任何强制性义务所束缚。它包括两个方面的基本内容：一是任何谋求个人利益，而不是公众利益的做法，不管理由多么堂皇，都不符合新闻工作的诚信原则。新闻来源如果出自个人，在没有足够的证据证明其新闻价值之前，或是在公众不知道

---

① 李良荣．西方新闻事业概论．上海：复旦大学出版社，1997. 284.
② 周书鸿．新闻伦理学论纲．北京：新华出版社，1995. 259～260.
③ 郑贞铭．新闻原理．台北：台湾五南图书出版公司，1995. 174.

出处的情况下，不宜将之发表。二是任何党派色彩鲜明的评论性文章，如果明知其内容颠倒是非、违背事实，而仍径予发表的话，对新闻传播事业的基本道德是一种暴力行为。

所谓诚实（诚意、真实、正确），是指以读者的最高利益为中心准则，并以此作为新闻传播事业操作的价值基础。它要求做到以下两个方面：一是要达到服务读者的目的，最重要的就是新闻报道必须力求真实完整。二是标题必须符合文章的内容。

所谓客观公正，是指任何足以影响某人名誉或品德的文章，除非给予当事人相同的机会解释，否则不应单方面加以报道。它要求做到以下两个方面：一是报道不得侵害个人的隐私权，同时必须确实掌握读者"知的权利"和读者"好奇心"的分界线。二是文章内容如果发生错误，不管是新闻报道或是社论，也不管犯错误的原因是什么，报社有这项特权，也可有这项义务，迅速并完整地加以更正。

所谓庄重，是指不渲染色情和暴力，如果在描述一件犯罪案件时过于详尽，那么这份报纸将难逃有鼓动煽情的嫌疑。新闻评议制度是由新闻界和社会代表组成的民间评议组织运用自律的方式督促新闻界履行社会责任的监督机制。其主要内容包括建立新闻评议组织、开展日常性的新闻评议活动、出版新闻评议刊物，甚至包括执行裁判结果。这种制度可以追溯到 21 世纪初期瑞典的"报业公正检验委员会"，这一制度的兴起是西方新闻自律运动向纵深发展的表现。它的基本作用是对新闻媒介的表现进行评估，并就一些针对某些新闻媒介所提出的控诉做出非法律性的评议和裁决。有少数国家如日本的新闻评议会不仅可以做出裁决，而且可以执行处罚，处罚的项目包括警告、记过、罚款、开除会籍、取消记者证、向新闻媒介征税等。显然，这已经带上半官方色彩，超出了新闻评议本身的范畴。

在新闻自律由理论倡导变为实际行动的过程中，瑞典是具体实践的国家。1916 年，瑞典报纸发行人协会、编辑人协会和记者工会联合成立了"报业公正检验委员会"，专门负责处理报纸与报纸之间的内部问题。该会后来改组为"报业荣誉法庭"，负责推行报业自律。开始，"荣誉法庭"仅有一名社会代表，采行"告诉乃论"的消极方式，裁决结果也没有强制力。1966 年，瑞典国会通过"报业荣誉法庭改革法案"，增加了社会代表 4 名和报业检查委员 1 名。此举提高了报业荣誉法庭的地位，"法庭"由被动应付变为主动"控诉"，而且拥有了罚款的权力。

"二战"结束后，英国议会鉴于新闻业垄断已导致新闻职业道德水平下降的事实，于 1946 年成立了皇家新闻业协会，对新闻业作深入调查。该协会发表的调查报告提议建立新闻评议会，以维护新闻自由和提高新闻职业道德水平。1953 年，在英国政府的支持下，英国新闻评议会成立。该会由 25 名委员组成，其主要职能是受理外界对报业的控告与申诉，并就此做出裁决或结论。这些裁决或结论只有道义上的权威，并无实际约束力。1963 年，英国新闻评议会实行改组，增加了司法界和社会其他各界的代表，因而更具权威性。在西方各国新闻评议制度中，英国新闻评议会因其体制完备、组成合理、成效显著而为各国所效仿。

美国新闻界虽然倡导新闻自律较早，但是实际行动却非常迟缓，到 1967 年才开始出现地方性的新闻评议会组织。1973 年，美国全国新闻评议会宣告成立，其主要活动是定期或不定期地举行会议，对新闻媒介及其活动进行评估，并将评估结果公开发表，对新闻界的不良现象施以道义上的影响。由于新闻界一部分人反对，1984 年美国新闻评议会宣布解散。也有一些新闻媒介通过聘请专职督察员的方法，加强新闻自律。督察员的职责是搜集、调查受众对新闻媒介的意见与指控，并写成调查报告交给该媒介评议会的主持人。美国新闻评议活动的一个重要活动是出版新闻评议刊物，在这方面最著名的是 1961 年创刊的由哥伦比亚大学新闻研究生院主办的《哥伦比亚新闻学评论》。该刊的宗旨是"评价各种形式的新闻报道工作的表现，指出其缺点和力量所在，并且协助确定或重新确定新闻工作的正直无私和认真负责的准则。"①

中国近代新闻传播事业受西方新闻传播事业的影响较大，因此在新闻职业道德建设方面，中国新闻界除了继承史学家"史德"的传统外，还较多地吸收了欧美的新闻自律精神。一般说来，中国新闻职业道德建设在辛亥革命前主要是继承历史传统，在"五四运动"以后开始借鉴西方的新闻自律。不过，中国新闻自律运动真正开始是在"二次大战"以后。1948 年，南京《中央日报》社长马星野参照西方的记者信条制定了《中国新闻记者信条》十二条②，在新闻界正式提出了新闻职业道德的问题。其主要内容包括：维护民族独立和世界和平；维护民权政治，增进国民素质；维护民生福利，推进经济建设；讲求新闻真实，新闻评论公正第一；排斥一切诲淫诲盗、惊世骇俗之作；广告务求真实，不欺骗读者；不受贿、不媚俗、不敲诈、不畏恶、不挟私；遵守岗位、增强学识、终身以求等等。由于这个"记者信条"是在国民党中央宣传部的指导下制定的，并没有得到全国新闻界的认同。不过，台湾新闻界却一直是以此为基础来开展新闻自律活动的。1963 年台北市报业新闻评议会成立，

---

① 裴正义．欧美各国的新闻评议制度与新闻自律．新闻战线，1996（1）.
② 戴华山．大众传播的责任与自律．台北市新闻记者公会，1982. 333 ~ 334.

该会 1971 年更名为台北市新闻评议会，1974 年再度更名为"中华民国新闻评议会"。其评议对象为台湾岛内所有新闻媒介，成员包括新闻媒介名人、法律专家和社会人士，均为不发薪荣誉职务①。

三、中国社会主义新闻职业道德建设

社会主义制度建立后，中国新闻传播事业在计划经济体制之下，基本上是沿着给定的路线和价值目标运行的。新闻工作者都是以"国家利益""党的利益"和"人民利益"为本位的，不存在个人利益、媒介利益问题，也就不存在道德和利益冲突的问题。但是，自 1978 年改革开放以后，随着社会主义市场经济体制的逐渐建立，传统的价值体系和道德观念受到了严重挑战，新闻工作者的个人利益、新闻媒介的集体利益和国家的整体利益之间的关系等问题逐渐凸现。在计划经济体制向市场经济体制转换的过程之中，新闻界职业道德失衡和错位的现象逐渐显现出来。其中，最为严重的表现是"有偿新闻"现象。所谓有偿新闻，是指新闻媒介向要求刊播新闻的单位或个人收取一定费用的新闻，是一种以金钱为中介买卖新闻的现象，其实质是把新闻的商品性庸俗化，是新闻界最为严重的腐败现象之一。

有偿新闻主要有以下四种表现形式：一是收取新闻刊播费。这是有偿新闻中最早出现的、最直接、最经常和最普遍的一种做法，所刊播的新闻往往是一次一条完成，"买卖"双方的关系大多是一次性的。二是收受礼金，即新闻工作者利用工作之便通过各种方式收取别人的"好处费"。例如，通过参加新闻发布会、庆祝会收取"红包"，收取被采访者发放的"交通费""误餐费"，新闻工作者利用自己的工作之便参与企业的经营活动、接受企业的"回扣"等。三是出卖版面，即新闻媒介利用一定的版面空间和节目时间刊播由"卖"方提供、指定或者认可的新闻报道的内容，以达到获利的目的。这种形式的有偿新闻往往打着协办与赞助的名义，具有一定的欺骗性和掩蔽性。四是转让刊号，即新闻媒介将自己的整个刊物，或者刊物中的某一期，或者是某一个或者几个版面出让给别人，从中牟利。这是有偿新闻中最恶劣的一种，这种做法不仅违反了新闻职业道德，而且直接触犯了国家法律。

"有偿新闻"现象的出现虽然不能完全归咎于新闻媒介和新闻工作者个人，而是有复杂的社会历史原因的，但是某些新闻媒介和新闻工作者品格低下也是不可讳言的事实。这些单位和个人大多没有认识到有偿新闻的严重危害。

① 郑贞铭. 新闻原理. 台北：台湾五南图书出版公司，1995. 176.

有偿新闻的危害，大致说来有以下四个方面：一是损害新闻媒介的权威性。我国的新闻媒介大多数是党和政府的机关报（台），是党和人民的喉舌，在人民群众中享有很高的威信。有偿新闻的泛滥势必会严重地损害新闻媒介的这种威信。二是违背新闻职业道德。新闻报道要求真实，要求有新闻价值，要求客观公正。有偿新闻是为了少数人的私利服务的，如果用金钱能够买到"新闻"，就无新闻可言了。在这个意义上说，有偿新闻是根本违背新闻职业道德的。三是有偿新闻会减少新闻媒介的广告收入。从表面上看，搞有偿新闻的新闻媒介和新闻工作者可以得到眼前的实惠，但是从长远上看，这种做法是得不偿失的。因为一家搞有偿新闻的新闻媒介是不会为受众青睐的，而没有一定的受众影响力，是不能吸引厂家的广告的。另外，厂家的公关广告费是有一定限度的，"公关"费的增加意味着广告费的减少。四是最终会危及新闻工作者本人。这方面的事例很多，触目惊心，1992年北京"沈太福"案中的孙树兴、蔡原冰就是因为有偿新闻而被判刑。盛学友曾是仗义执言、写过200万字新闻稿的记者，受聘为哈尔滨《东北亚经济报》记者后收受有关厂家的"好处费"6.6万元，被判处有期徒刑4年①。类似这样的情况，后来也屡有发生，甚至有的人因新闻采访为名而敲诈勒索，以致付出了生命的代价。2013年10月，羊城晚报社所属《新快报》记者陈永洲因收受巨额贿赂而在《新快报》上连续发表严重损坏某企业声誉的报道而被警方逮捕。消息传出，舆论哗然。此后，随着党风的被严重污染和社会风气的败坏，此类新闻传播者道德滑坡的事件不断发生。有些新闻媒介和新闻工作者公然以黑社会组织形式敲诈钱财，甚至扰乱金融秩序。有的人公然行贿受贿，为虎作伥。有的人甚至在中共"十八"大以后仍然不改正、不收手，最终身败名裂。2016年1月26日，中共中央纪律委员会通报，一直以"舆论导向正确"自居的《环球时报》及其总编辑胡锡进也难以免其恶俗，受到相应的处分。

经过近三十年的发展，流行于新闻界的这种不正之风有所收敛，但腐败之风并未得到根治。由于受经济利益的驱使，新闻传播业界往往将优先目标锁定在赢得最大的商业利润之上。要赢得最大商业利润，就必须避免政治风险，就必须以最少的投入获取最大的广告收入。这一运作方式直接促成了新闻传媒业界娱乐化浪潮的泛滥和对公众利益的忽视。由于过分追求商业利益，媒体过分依赖某些利益集团，过分关注广告商眼中的所谓"三高"群体（高学历、高收入、高消费），而那些老年人、工人、民工、农民、低收入者，被媒体认为是"无效"人群，被排斥于媒体之外。在这种理念之下，媒体重视富人，扶

---

① "有偿新闻"写出人生败笔. 报刊文摘，1998－03－12.

持强势企业，甚至和利益集团共谋，压低农产品价格、哄抬房价、推销伪劣产品，以质量检查为名，使一些企业倾家荡产。专家认为，这是对新闻界"普遍化服务"原则的背离。①

为了克服新闻界的上述不正之风和腐败现象，党和政府以及新闻界的正直之士一直致力于新闻职业道德的建设。1981年中共中央宣传部和中央各新闻单位，拟定了《记者守则》。在此基础上，1991年1月、1994年4月和1997年1月，中华全国新闻工作者协会经过三次修改，制定了较为完整的《中国新闻工作者职业道德准则》②。《中国新闻工作者职业道德准则》分为前言和六个部分，比较全面地规定了中国新闻工作者应遵循的职业道德规范。

前言部分规定了中国新闻传播事业的性质及其基本任务，是整个准则的指导思想，指出"中国新闻传播事业是中国共产党领导的有中国特色社会主义事业的重要组成部分"，中国新闻传播事业的基本任务就是"坚决贯彻执行党的基本路线、基本方针，以科学的理论武装人，以正确的思想引导人，以高尚的精神塑造人，以优秀的作品鼓舞人"，"为推进社会主义物质文明建设和精神文明建设"服务。按照这一指导思想，新闻工作者首先应该明确新闻工作不是什么自由职业，它是中国社会主义事业的一部分。新闻工作者必须旗帜鲜明地时刻同共产党、国家和人民的利益保持一致，不允许个人感情用事。宣传党的路线、方针和政策是我国新闻传播事业的重要任务，党的路线、方针和政策也是搞好新闻工作的依据之一。在这个意义上说，熟悉党的路线、方针和政策是新闻工作者的必修课。

《中国新闻工作者职业道德准则》（以下简称《准则》）第一部分指出，全心全意为人民服务是社会主义道德建设的核心，也是我国新闻工作的根本宗旨。新闻工作者要发挥在党和人民之间的桥梁和纽带作用，把党的方针、政策及时准确地同广大人民群众见面，同时反映群众的愿望、呼声和正当要求，支持符合人民利益的思想和行为，揭露和批判违背人民利益的思想和行为。

《准则》第二部分规定，坚持正确的舆论导向。新闻工作者要有政治意识、大局意识、责任意识和导向意识。在新闻报道中要弘扬爱国主义、集体主义和社会主义的主旋律，要坚持团结稳定鼓劲和正面宣传为主的方针。不得宣扬色情、凶杀、暴力迷信的内容。

《准则》第三部分规定，新闻工作者要遵守宪法、法律和纪律。新闻工作者必须在宪法和法律规定的范围内活动，要维护公民的权利，不揭人隐私、不

---

① 李良荣. 论中国新闻改革的优先目标. 现代传播，2007（47）.

② 中华全国新闻工作者协会. 中国新闻出版工作者职业道德手册. 北京：新华出版社，1997.

诽谤他人，要遵守司法的尊严，不得利用自己所掌握的新闻舆论工具宣传同党中央的决定相违背的内容。坚决维护各民族的团结，严格保守党和国家的机密。

《准则》第四部分，要求新闻工作者维护新闻的真实性。要发扬实事求是的作风，报实情、讲真话，不弄虚作假，要全面地看问题，防止主观片面性，采写和发表新闻要客观公正，不要从个人或者小集团的利益出发，不要利用新闻媒介发泄私愤，如失实应立即更正。

《准则》第五部分，要求新闻工作者保持清正廉洁的作风。新闻工作者自觉抵制拜金主义、享乐主义和个人主义的侵蚀，反对有偿新闻。不要以任何名义索要、接受或者借用采访对象的钱、物、证券、礼金，不得在企业兼职以获取报酬。新闻报道要严格和新闻传播媒介的经营活动分开，不得以新闻的形式刊登广告。记者编辑不得从事广告和其他经营活动。

《准则》第六部分，要求新闻工作者发扬团结协作精神。新闻界同行之间应建立平等、团结、友爱、互助的关系，开展正当的业务竞争。要尊重同行的劳动成果，反对抄袭和剽窃他人的劳动成果。在同国外新闻界的交往中，要维护祖国的尊严，维护中国新闻工作者的尊严。

随着中国社会主义市场经济的不断发展，出现了各种不同的社会特殊利益集团。他们要利用新闻媒介宣传和维护自己的利益，因此他们需要在新闻传播媒介中寻找自己的代言人和发言阵地。是坚决站在社会正义和公众的立场上，揭露各种社会利益集团的违法乱纪活动，还是与某些利益集团的违法乱纪活动沆瀣一气，是新闻传播事业面临的新的重大考验。为了克服这种初露端倪的新的危险，国家新闻出版总署于 2007 年 4 月专门发出通知①，要求进一步规范报社记者站管理。《通知》指出，目前有部分报社记者站存在多种违规问题，主要表现为：记者站从事广告、发行等经营活动；擅自聘用工作人员从事采访活动；以"曝光"相要挟，向采访对象摊派报纸、强拉广告或者索取财物；不按规定参加记者站年度审核等。这些问题干扰了正常新闻采访活动的开展，严重影响了新闻机构和队伍的形象，在基层群众中造成恶劣影响。《通知》要求，报社记者站不得从事与新闻业务无关的其他活动。记者站及其工作人员不得以新闻报道或者记者名义谋取不正当利益，不得有以新闻报道为名要求采访对象订报纸、做广告，或者以"曝光"相要挟向采访对象索取财物等行为。随着社会主义市场经济体制逐步完善和社会主义民主法制的不断进步，新闻界

① 国家新闻出版总署关于进一步规范报社记者站管理的通知．中国新闻网，http：//www.sina.com.cn，2007－04－03.

存在的这些新的行业不正之风，必将得到纠正，中国新闻传播事业将会沿着正确的轨道不断发展和壮大。

思考题

1. 新闻自由经过了哪些发展阶段？其主要内容是什么？
2. 怎样评价资本主义新闻自由？
3. 社会主义为什么需要新闻自由？
4. 社会主义新闻自由有哪些主要的特征？
5. 什么叫新闻控制？为什么要实施新闻控制？
6. 什么叫新闻法律（法规）？实施新闻法律的主要目的何在？
7. 新闻法律（法规）的主要内容有哪些？
8. 什么叫新闻职业道德，新闻职业道德的主要特征和作用是什么？
9. 西方新闻自律运动产生的主要背景是什么？
10. 怎样评价西方的新闻评议制度？
11. 什么叫"有偿新闻"，其主要危害有哪些？
12. 《中国新闻工作者职业道德准则》的指导思想和基本内容是什么？

参考文献

1. ［美］埃德温·埃默里等．美国新闻史．苏金琥等译．北京：新华出版社，1982.

2. 蔡雯．新闻传播的策划与组织．北京：新华出版社，2001.

3. 成美，童兵．新闻理论教程．北京：中国人民大学出版社，1995.

4. 戴华山．大众传播的责任与自律．台北：台北市新闻记者公会，1982.

5. 戴元光．传播学通论．上海：上海交通大学出版社，2000.

6. 邓小平文选（第三卷）．北京：人民出版社，1993.

7. 联合国教科文组织．多种声音，一个世界．中国对外翻译出版公司第二编译室译．北京：中国对外翻译出版公司，1981.

8. 范长江．通讯与论文．北京：新华出版社，1981.

9. 方汉奇．中国新闻事业简史．北京：中国人民大学出版社，1995.

10. 冯健．中国新闻实用大辞典．北京：新华出版社，1996.

11. 复旦大学新闻系．新闻学概论．福州：福建人民出版社，1985.

12. 甘惜分．新闻学大辞典．郑州：河南人民出版社，1993.

13. 郭庆光．传播学教程．北京：中国人民大学出版社，1999.

14. 葛兆光．中国思想史（第一卷）．上海：复旦大学出版社，2001.

15. 胡绩伟．新闻工作论说集．北京：工人出版社，1989.

16. 黄旦．新闻传播学．杭州：杭州大学出版社，1995.

17. 李彬．符号透视：传播内容的本体诠释．上海：复旦大学出版社，2003.

18. 李良荣．西方新闻事业概论．上海：复旦大学出版社，1997.

19. 李良荣．新闻学导论．北京：高等教育出版社，1999.

20. 李良荣．新闻学概论．福州：福建人民出版社，1995.

21. 李茂政．当代新闻学．台北：台湾正中书局，1995.

22. 李元授等．新闻传播学．北京：新华出版社，2001.

23. 李卓钧．新闻理论纲要．武汉：武汉大学出版社，1995.

24. ［美］沃尔特·李普曼．舆论学．林珊译．北京：人民日报出版社，1995.

25. 刘建明．当代新闻学原理．北京：清华大学出版社，2003.

26. 刘少奇选集（上卷）．北京：人民出版社，1981.

27. 刘卫东．新闻传播学概论．天津：天津社会科学院出版社，1999.

28. 陆定一新闻文选．北京：新华出版社，1987.

29. ［加］马歇尔·麦克卢汉．理解媒介．何道宽译．北京：商务印书馆，2000.

30. 毛泽东选集（第四卷）．北京：人民出版社，1966.

31. 毛泽东选集（第五卷）．北京：人民出版社，1977.

32. 毛泽东新闻工作文选．北京：新华出版社，1983.

33. 穆青．新闻散论．北京：新华出版社，1996.

34. 彭家发．新闻客观性原理．台北：台湾三民书局，1994.

35. 商恺．报海帆影．北京：光明日报出版社，1997.

36. ［美］韦尔伯·施拉姆等．传播学概论．陈亮等译．北京：新华出版社，1984.

37. 邵培仁．媒介管理学．北京：高等教育出版社，2002.

38. 孙旭培．新闻自由论集．上海：文汇出版社，1988.

39. 童兵．理论新闻传播学导论．北京：中国人民大学出版社，2001.

40. 童兵．马克思主义新闻思想史稿．北京：中国人民大学出版社，1989.

41. ［美］Werner J. Severin. 传播理论．孟淑华译．台北：台湾五南图书出版公司，1995.

42. 王利明．新闻侵权法律辞典．长春：吉林人民出版社，1994.

43. 王强华．舆论监督与新闻纠纷．上海：复旦大学出版社，2000.

44. 吴高福．新闻学基本原理．武汉：武汉大学出版社，1993.

45. 吴冷西．忆毛主席．北京：新华出版社，1995.

46. 吴文虎．传播学概论．武汉：武汉大学出版社，2000.

47. 徐宝璜．新闻学．北京：中国人民大学出版社，1994.

48. 徐培汀，裘正义．中国新闻传播学说史．重庆：重庆出版社，1994.

49. 中华全国新闻工作者协会．新闻职业道德．北京：新华出版社，1996.

50. 尤英夫．新闻法论．台北：世纪法商杂志社，1996.

51. 张国良. 20 世纪传播学经典文本．上海：复旦大学出版社，2003.

52. 张西民等．新闻侵权：从传统媒体到网络．北京：新华出版社，2000.

53. 郑贞铭．新闻原理．台北：台湾五南图书出版公司，1995.

54. 中国报刊发行史料（第一辑）．北京：光明日报出版社，1987.

55. 中国共产党第十三次全国代表大会文件汇编．北京：人民出版社，1987.

56. 中国共产党第十五次全国代表大会文件汇编．北京：人民出版社，1997.

57. 中国共产党新闻工作文件汇编（上、中、下三卷）．北京：新华出版社，1980.

58. 中国共产党新闻工作文献选编．北京：人民出版社，1990.

59. 中华全国新闻工作者协会：中国新闻出版工作者职业道德手册．北京：新华出版社，1997.

60. 周恩来选集（下卷）．北京：人民出版社，1984.

61. 周书鸿．新闻伦理学论纲．北京：新华出版社，1995.

62. 朱德生．简明欧洲哲学史．北京：人民出版社，1979.

63. 邹韬奋新闻工作文集．北京：新华出版社，1985.

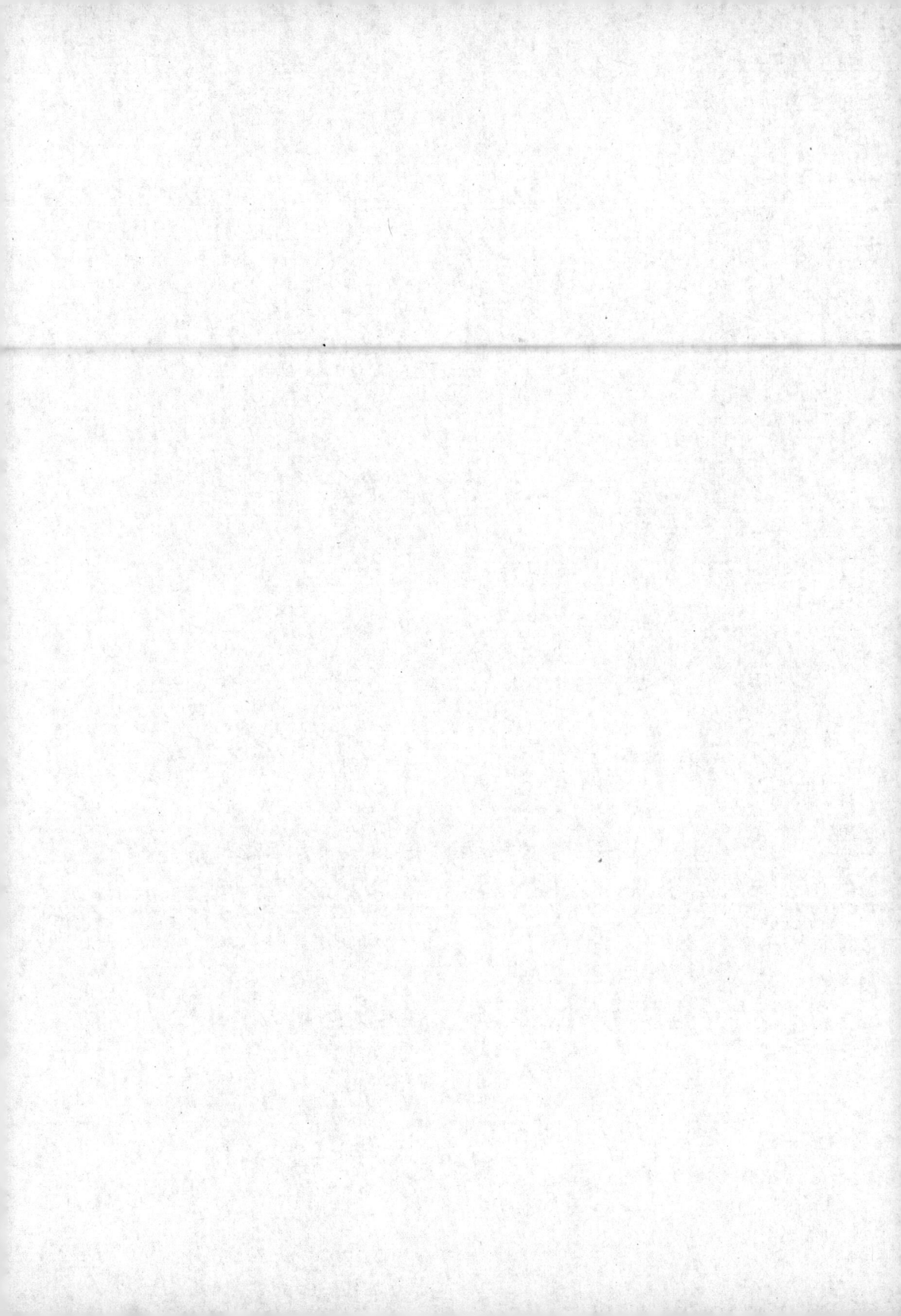